LA NUEVA ENCUESTA GA… TE

NECESIDADES VITALES DE NU… TES

EL CLAMOR DE LOS JÓVENES

ESCUCHE SUS CORAZONES

CONÉCTESE CON ELLOS

TIMOTHY SMITH

CON COMENTARIOS POR GEORGE GALLUP JR.

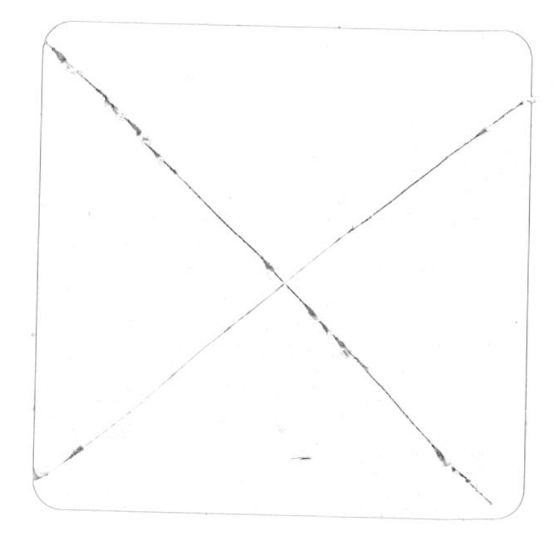

Si me pidieran que hiciera una lista del mejor porcentaje de expertos en familia que conocen los corazones de los jóvenes y pueden expresar esas necesidades a sus padres, Tim Smith encabeza mi lista. Si quiere permanecer cerca y conectado a su ocupado, impulsivo, maravilloso y desafiante hijo adolescente, las verdades de la vida familiar, atadas con gracia y edificadoras de confianza de Tim le ayudarán, al igual que nos han ayudado a Cindy y a mí con nuestros hijos adolescentes. Por si acaso no lo ha oído, ¡su hijo adolescente está "pidiendo a gritos" que obtenga este libro!

John Trent, Ph.D.
Autor de The Light of Home *(*La luz del hogar*)*
y presidente de StrongFamilies.com

El clamor de los jóvenes alerta a los padres y a quienes trabajan con jóvenes de la realidad que viven los adolescentes en una cultura que no los protege, que los apura hacia la madurez y los problemas de adultos sin antes prepararlos para manejarlos. Agradezco el lenguaje esperanzador de que los padres pueden responder a los clamores valorando a sus hijos adolescentes lo suficiente como para no dejarlos solos.

Doug Fields
Pastor de jóvenes de la iglesia Saddleback Community en Lake Forest, California, y autor de Purpose-Driven Youth Ministry (Ministerio de jóvenes con propósito)

Este análisis de los jóvenes de hoy día está basado no solo en las últimas investigaciones disponibles, sino en la atenta observación y experiencia práctica de uno de los profesionales del ministerio de jóvenes de Norteamérica. Tim Smith ha pasado muchos años escuchando los clamores desesperados de los jóvenes que sencillamente quieren que se los escuche. En este libro escuchará sus voces, su mensaje para todos nosotros.

Wayne Rice
Director de Understanding Your Teenager
(Cómo entender a su hijo adolescente)

Este libro no es solamente sólido y esencial, es una guía práctica para llegar al interior de la vida privada del joven norteamericano. Muchos libros sobre la cultura de los jóvenes son difíciles de leer. Tim [illegible] creado un libro absorbente y apasionante. Seguí esperan[illegible] que ocurriría después.

Jim Burns
Presidente de Youthbuilders

Es difícil escuchar el profundo clamor de los corazones de nuestros jóvenes con el trasfondo del estruendo de su cultura. Tim Smith ha elevado el volumen de esos clamores lo suficiente como para que los padres los detecten. Para aquellos padres que estén dispuestos a escuchar, y a hacerlo con atención, Smith ha posibilitado una conexión de corazón que todo joven anhela tener con sus padres.

Tim Kimmel
Autor de Little House on the Freeway
(La casa de la autopista)

He estado escuchando los clamores de la cultura joven de la actualidad por más de dos décadas. Sin ninguna duda, se están haciendo más y más fuertes. Tim Smith nos ha ayudado a mí y a una generación de padres a escuchar, reconocer —y lo que es más importante— y responder de una manera que comenzará a contestar y acallar esos clamores. *El clamor de los jóvenes* no es simplemente una lectura que se hace una vez. Es una herramienta útil a la que regresará una y otra vez.

Walt Mueller
Presidente de The Center for Parent/Youth Understanding
(Centro para el entendimiento entre padres y jóvenes)

Como pastor de jóvenes, busco formas de ayudar a los padres y a quienes trabajan con jóvenes a desarrollar las capacidades para amar, comunicarse y disciplinar a los adolescentes. *El clamor de los jóvenes* es una combinación de experiencia "de trincheras" y un excelente estudio que obliga a todo el que lo lee a remodelar su forma de pensar de los adolescentes. Este libro es un recurso excelente con aplicación práctica, inestimable para cualquier padre, maestro o trabajador con jóvenes.

Michael Katzenberger
Pastor del ministerio estudiantil de la iglesia Calgary Community
(Westlake Village, California)

El clamor de los jóvenes

Timothy Smith

El clamor de los jóvenes por Timothy Smith
Publicado por Casa Creación
Una compañía de Strang Communications
600 Rinehart Road
Lake Mary, Florida 32746
www.casacreacion.com

A menos que se indique lo contrario, todos los textos bíblicos han sido tomados de la versión Reina-Valera de la *Santa Biblia*, revisión 1960.

Publicado originalmente en E.U.A. por Integrity Publishers, Inc. bajo el título *The Seven Cries of Today's Teens*

Traducido por:
Belmonte Traductores

Diseño interior:
Grupo Nivel Uno, Inc.

ISBN: 1-59185-445-8
Library of Congress Control Number: 2004107991

Impreso en los Estados Unidos de América

05 06 07 08 09 — 8 7 6 5 4 3 2

Para Brooke

Que siempre seas una refrescante fuente
de vida y de risas.

Con amor, Papá

Pero si desde allí buscas al SEÑOR *tu Dios con todo tu corazón*
y con toda tu alma, lo encontrarás.
DEUTERONOMIO 4:29 NVI

Índice

PREFACIO

Esperanza y ayuda para el futuro

George Gallup Jr.

El mundo del mañana se verá afectado en gran manera por la forma en que tratemos con los jóvenes hoy. Hay muchas pautas que nos dan una verdadera razón para detenernos y hacer una pausa. Los jóvenes están haciendo preguntas, y no están obteniendo respuestas.

El libro de Tim Smith, *El clamor de los jóvenes*, aparece en el momento oportuno. Tim está bien equipado para escribir este libro. A la hora de determinar cuáles son esos clamores, ha examinado concienzudamente los estudios disponibles sobre el tema, tanto de los expertos como de los jóvenes mismos, y basa esta información en su propia experiencia directa y práctica con familias, que abarca un cuarto de siglo.

Ha sido un placer para mí trabajar junto con Tim en este proyecto y como miembro del Instituto Internacional George H. Gallup. Disfrutamos de una larga y compartida historia de compromiso con la juventud. La Encuesta Gallup de la Juventud, realizada hace veinticinco años, demostró ser de ayuda para que la sociedad cumpliera con su responsabilidad hacia la juventud, proporcionando un control continuo de la realidad acerca de lo que hay en los corazones y mentes de los jóvenes. Durante este período se han publicado más de 1,200 informes semanales a través de la Prensa Asociada

(AP, por sus siglas en inglés). Como aportación a este libro, esta encuesta exploró cuáles son las necesidades vitales de los jóvenes de hoy en una encuesta personalizada y exclusiva: la Encuesta Gallup "El clamor de los jóvenes".

La meta de Tim Smith al escribir este libro es dar esperanza y ayuda práctica a los padres y a otras personas que se preocupan por los jóvenes. Su esperanza y su oración por el libro son que sea una herramienta para fortalecer la salud de nuestros adolescentes: espiritual, emocional y física.

La palabra *clamor* es la adecuada para describir la voz de la juventud hoy día: una expresión —incluso un grito primal— de una emoción tal como el temor o la ira; un ruego o llamamiento urgente; y, hasta cierto grado, un llamamiento a los demás jóvenes. Los siete clamores que Tim describe surgen de la ira, el temor, la angustia, la confusión, y de necesidades profundas.

Los jóvenes de la actualidad —los del milenio— serán los líderes y quienes den forma al siglo XXI. Sin embargo, ¿cuánto conocemos como sociedad acerca de este segmento vital del pueblo norteamericano, el cual tiene el potencial de elevar a nuestro país a nuevos niveles de éxito y salud social? La imagen de los jóvenes de Norteamérica en las encuestas actuales se ha revelado como negativa. Frecuentemente los jóvenes son difamados, no comprendidos, o simplemente ignorados por parte de sus mayores. Adjetivos tales como *inmoral, imprudente* y *poco fiable* se usan para describir a la población joven de la actualidad. Tristemente, los jóvenes son conscientes de que los adultos los ven bajo una luz negativa.

Sin embargo, un cuarto de siglo de la Encuesta Gallup de la Juventud ha proporcionado una amplia evidencia de las cualidades especiales de los jóvenes del país. De hecho, si nuestra sociedad es menos racista, menos sexista, menos contaminada y más amadora de la paz, podemos —en una medida considerable— darles las gracias a nuestros jóvenes, quienes han estado a la vanguardia de estas tendencias. Y esta no es una generación orientada hacia la avaricia: encuesta tras encuesta ha demostrado que los jóvenes tienen un interés entusiasta en ayudar a las personas menos afortunadas que ellos mismos, en especial en su propia comunidad.

Sin embargo, a pesar del gran impacto que los jóvenes están causando en la sociedad —económicamente, socialmente y de otras maneras—, la triste verdad es que *Norteamérica no está satisfaciendo las necesidades de sus hijos.* Los hijos se preocupan por su bienestar físico, son aprensivos en cuanto a su futuro, y entre sus preocupaciones están, sobre todo, el SIDA, las drogas peligrosas, y la muerte y violencia al azar.

Seis años de encuestas Gallup de la juventud identifican diez necesidades recurrentes. Esas diez necesidades fueron planteadas a una nueva muestra de jóvenes, para medir la fuerza relativa de estas necesidades en las mentes de quienes contestaron a la encuesta. Una gran mayoría citó cada una de las diez necesidades, esto es, escogieron la categoría cinco ("necesidad muy fuerte") en una escala de cinco puntos.

Que esas necesidades son necesidades humanas básicas y fundamentales es evidente en el hecho de que los encuestados que escogieron "necesidad muy fuerte" difieren muy poco en términos de características tales como edad, sexo, región geográfica, nivel de ingresos, y estatus económico.

Llamamos a las siete necesidades principales *El clamor de los jóvenes.* En orden de la frecuencia en que se mencionan, son las siguientes:

- *La necesidad de que confíen en ellos.* Los jóvenes creen que sus mayores no confían en ellos y los consideran irresponsables e impredecibles. Los jóvenes quieren que los tomen en serio.
- *La necesidad de ser comprendidos y amados.* Los jóvenes tienden a creer que sus mayores no los comprenden. Anhelan ser escuchados y amados por sus padres o sus tutores.
- *La necesidad de sentirse seguros* donde viven y van a la escuela. Tristemente, este no es siempre el caso.
- *La necesidad de creer que la vida tiene un significado y un propósito.* Las encuestas demuestran que esta es una necesidad que va en incremento en la población como un todo.
- *La necesidad de ser escuchados, de ser oídos.* Los jóvenes tienen mucho que decir, ¿pero los escuchamos?

- *La necesidad de ser apreciados y valorados.* Se halla que aproximadamente un tercio de los jóvenes tienen una baja autoestima, lo cual es, desde luego, un factor clave en el comportamiento antisocial.
- *La necesidad de sentirse apoyados en sus esfuerzos.* Los jóvenes quieren más ayuda de sus padres en sus tareas y más diálogo sobre un amplio abanico de temas.

Las encuestas Gallup subrayan las fascinantes cualidades de la juventud: su idealismo, optimismo, espontaneidad y exuberancia. Los jóvenes nos dicen que son entusiastas acerca de ayudar a los demás, dispuestos a trabajar por la paz mundial, y sienten positivamente acerca de sus escuelas y aun más positivamente acerca de sus maestros.

Los jóvenes quieren normas claras por las cuales vivir; quieren claridad. Están a favor de enseñar valores en las escuelas, lo cual hacen la mitad de las escuelas actualmente. En el área de la educación sexual, a la aplastante mayoría de jóvenes les gustaría que les enseñasen la abstinencia. A las muchachas les gustaría tener más ayuda para saber decir que no. A los jóvenes del milenio les gustaría que el divorcio fuese más difícil de conseguir; les gustaría ver más consejería antes del matrimonio. En su inmensa mayoría, quieren reducir el nivel de violencia en la televisión.

Casi la mitad de todos los jóvenes de hoy día realizan trabajo voluntario. La mitad de las escuelas tienen un programa de voluntariado. A una mayoría de jóvenes les gustaría ver que tales programas fuesen obligatorios. (Si un niño se involucra en el voluntariado antes de tener una edad de once años, éste se convierte en un hábito de por vida). Los jóvenes parecen saber lo que es mejor para ellos mismos y para el país. Entonces, ¿por qué no los estamos escuchando?

Los jóvenes permanecen eternamente optimistas, en particular acerca de su futuro personal. Sin embargo, son aprensivos acerca del futuro de la sociedad y de muchos problemas que no estaban en escena hace solamente unas cuantas décadas.

En realidad, los jóvenes de hoy día se enfrentan a un difícil futuro; un futuro en el que al menos la mitad de todos los matrimonios se romperá, en el que el abuso del alcohol y el alcoholismo continuarán asolando la sociedad, en el que los delitos seguirán en sus altos niveles. Desgraciadamente, esta lista de tendencias negativas puede ampliarse mucho más.

Hay que hacer un llamamiento, por tanto, a los jóvenes norteamericanos; no simplemente a adecuarse a las normas sociales —a adaptarse— sino a ser los ayudadores y sanadores que comenzarán a cambiar nuestra sociedad. Necesitamos ver que los jóvenes trasciendan a la cultura, y no simplemente que se adapten a ella.

¿Cómo preparamos a nuestra juventud para que adopte este papel? ¿Cómo cumplimos la promesa de nuestros hijos? Además, ¿hay algún tema más importante o más apremiante? ¿Puede alguien negar que nuestros hijos necesitan una porción mayor de nuestro tiempo, energía y recursos?

Queda mucho por hacer. Un informe reciente de la Hermandad Luterana y el Instituto de Investigación, basado en una encuesta Gallup del año 2000, nota: "Vivimos en una sociedad (donde), a pesar de la preocupación tan extendida por los niños y los adolescentes, la vasta mayoría de adultos no están activamente implicados en las vidas de los jóvenes fuera de sus propias familias. Esta realidad causa un profundo impacto en la vida comunitaria y en el desarrollo de los jóvenes. Sin las atenciones de muchos adultos en todas las áreas de sus vidas y en la comunidad, los jóvenes se ven privados de importantes fuentes de guianza, alimento, cuidado y socialización".

Sin embargo, también se producen maravillosas historias de éxitos de programas que trabajan para evitar que los jóvenes corran riesgos, teniendo en mente que los jóvenes no deberían ser considerados como patologías en espera de desarrollo, sino como chispas de gozo para ser desarrolladas y alimentadas. Cuando la gente se preocupa acerca de los niños lo suficiente para invertir en sus vidas, algo mágico ocurre. Estamos viendo una tendencia hacia maneras prácticas y personales de trabajo voluntario, incluyendo el trabajo de apoyo, el contacto directo entre los privilegiados y quienes no lo son, y la caída de muros de indiferencia. Nada menos que eso aliviará las enfermedades sociales que afectan a nuestra sociedad. Nuestros hijos no merecen nada menos.

Los jóvenes de las áreas pobres del centro, en especial, viven en una atmósfera que dice: "Tú no puedes lograrlo". Están rodeados de gente que no lo ha logrado. El mensaje que reciben es implacablemente negativo. Esos jóvenes tienen una necesidad en particular de que los adultos maduros puedan llevarlos a un lado, darles un abrazo y contarles, de forma tranquila y convincente, una historia completamente diferente.

El libro de Tim Smith llama a los adultos a volver a escuchar los clamores de los jóvenes de hoy, y hacerlo con un sentido de urgencia porque, tal como un observador social ha notado, los jóvenes constituyen una quinta parte de la población pero un cien por cien del futuro.

George Gallup Jr.
Princeton, New Jersey

INTRODUCCIÓN

¿QUÉ ES UN "JOVEN DEL MILENIO"?

Los jóvenes de hoy han sido llamados *la generación del milenio*: la generación que emerge al final de un milenio y el comienzo de otro, una generación de extremos.

Los deportes de alto riesgo están de moda. Los juegos extremos fueron hechos para la generación extrema: esquí en línea de alto riesgo y bicicleta sobre rampas verticales; monopatinaje de alto riesgo; montañismo y paracaidismo de alto riesgo. Quizá la imagen más fuerte que refleje a los jóvenes del milenio sea montar en monopatín. Este deporte de alto riesgo nació a la vez que ellos. La moda, el equipo, el lenguaje, la cultura, los saltos que desafían a la muerte y una actitud de "a la cara" capturan la esencia de los jóvenes del milenio; al menos de uno de los lados del continuo.

En el otro lado tenemos a los jóvenes comprometidos con empezar grupos de oración en sus escuelas, que pasan sus sábados trabajando en comedores populares y sus vacaciones enseñando a niños en los barrios céntricos pobres o en países del extranjero. Y para hacer más complejo aún todo el tema, ¡algunos de estos muchachos montan en monopatín!

Los jóvenes del milenio no encajan en los estereotipos tradicionales que tenemos para los adolescentes. Tienden a estar fuera de la caja del "adolescente", razón por la cual a menudo se refieren a ellos como radicales. Para algunos, ellos parecen ser una paradoja, que hablan de deportes de alto riesgo y al minuto siguiente están sirviendo a Cristo en alguna región remota.

La violencia y la angustia de los jóvenes han penetrado en el alma de nuestro país. Los jóvenes norteamericanos han captado nuestra atención. Imágenes de dolor y angustia surgen al instante de mencionar Littleton, Colorado; Pearl, Mississippi; West Paducah, Kentucky; Jonesboro, Arkansas; Springfield, Oregon. Trágicamente, la lista continúa. Aunque esta pueda ser la generación más violenta de jóvenes, puede que también sea la más espiritual. Es, después de todo, una generación de extremos. Debido a este grupo espiritual, algunos se refieren a ellos como la *generación del avivamiento.*

¿Qué es lo que produce la diferencia entre los jóvenes del milenio que disparan en sus escuelas y los jóvenes del milenio que están de pie en círculos de oración en sus escuelas? ¿Qué podemos hacer como padres, obreros de jóvenes y tutores, para comprender y provocar un impacto positivo en la generación del milenio?

El propósito de este libro es abordar estas cuestiones. Quiero ayudarle a comprender la emergente cultura de la juventud de hoy y a descubrir cómo relacionarse de forma eficaz con los jóvenes del milenio.

Un joven del milenio se define generalmente como una persona joven que nació durante el año 1982 o después. Los primeros jóvenes del milenio se graduaron en la clase del año 2000.

Para comprender las características de esta generación, hice una evaluación de los últimos años de investigación completada por el Instituto Internacional George H. Gallup y recopilada a través de la Encuesta Gallup de la Juventud. El Instituto Internacional George H. Gallup, una organización sin ánimo de lucro, fue fundado en 1988 en memoria de un hombre que buscó desarrollar las encuestas de opinión como herramienta para la edificación de una sociedad progresista. Su misión es "descubrir, probar y fomentar la aplicación de nuevas formas de enfocar los problemas sociales en la educación, el medioambiente, la salud, la religión y los valores humanos". Tengo el honor de ser miembro del Instituto Gallup, parte de un diverso grupo de hombres y mujeres que buscan ser agentes de un cambio positivo en Norteamérica. Además de permitirme revisar los datos existentes, George Gallup Jr. tuvo la gentileza de ayudarme a diseñar y llevar a cabo una encuesta a jóvenes específicamente para este libro. Debido a su apoyo y generosidad, soy capaz de escribir con confianza acerca de la generación del milenio. Para obtener más información, consulte la página de la Organización Gallup en www.gallup.com.

Mi objetivo ha sido el de producir un libro basado en descubrimientos sólidos y firmes, y no solo en simples anécdotas y opiniones. Se han seguido normas científicas y metodologías de investigación; las mismas normas y metodologías utilizadas en encuestas para la CNN, *Newsweek*, *USA Today* y otros medios de comunicación que colaboran con Gallup.

Resumen del estudio

Los jóvenes han captado nuestra atención. Algunos adultos sostienen que los jóvenes son "peores que nunca", mientras que otros son más optimistas y positivos, llamando a los jóvenes de hoy "sinceros, conservadores y espirituales". Ya que la Organización Gallup me dio acceso exclusivo a su investigación, descubrí temas recurrentes, fácilmente identificables como temas importantes a causa de la posición que obtuvieron y la frecuencia en que los jóvenes los citaron. Además, el exclusivo estudio realizado para este libro por Gallup rodea estos clamores.

De esos temas más importantes, siete resaltaron de forma dramática del resto, a los cuales llamamos *El clamor de los jóvenes*. Defino la palabra *clamor* como un signo, un grito pidiendo ayuda o una demanda de atención. No tiene que ser necesariamente un clamor de tristeza o dolor, pero se convertirá en ello si nadie responde. Utilizo la palabra *clamor* como un aviso. Necesitamos apartarnos de las distracciones y escuchar los clamores de la generación del milenio.

¿Por qué cosas están clamando?

—¿Qué quieren los jóvenes? Yo tengo dos en casa, y no puedo comprenderlos.

Todd era el presentador en un programa de entrevistas matinal de radio de alcance nacional, y quedé sorprendido por su pregunta. Quizá fuese por ser demasiado temprano, o quizá porque yo necesitaba otra taza de café.

—Quiero decir, ¿son de la misma manera los jóvenes de hoy de lo que lo éramos nosotros cuando éramos también jóvenes?

—De algunas maneras son exactamente igual que nosotros, y en otras son diferentes. Una cosa que es drásticamente diferente es la cultura. Vivimos actualmente en una cultura relativista. No estamos de acuerdo en lo que está bien y mal. Vivimos en un mundo con un tipo de moralidad "diseñada a la carta" por cada uno.

—¿Y la distancia generacional?—preguntó Todd.—¿Sigue existiendo?

—Cuando nosotros éramos adolescentes, batallábamos por diferenciarnos *de* nuestros padres, y ahora los adolescentes esperan poder cenar *con* sus padres. La distancia generacional ya no existe, excepto en las mentes de algunos padres. Una reciente Encuesta Gallup de la Juventud indica que aproximadamente a tres de cada cuatro de nuestros adolescentes les gustaría pasar más tiempo con sus padres, no menos.

—Entonces, ¿quieren salir con nosotros?

—No, no necesariamente. No es probable que quieran pasear por el centro comercial con nosotros agarrados de nuestra mano.

—¿Por qué ocurre eso? ¿Por qué no quieren ser vistos con nosotros en público?

—Es normal. Los adolescentes están en busca de sí mismos y, en ese camino, necesitan independizarse y separarse de nosotros. Están en un viaje para descubrir la persona única que Dios ha creado. No están seguros de quién es esa persona, pero saben una cosa: ¡no quieren ser nosotros!

Todd no se rió, sino que continuó con su búsqueda.

—Por eso organicé esta entrevista. Parece que los jóvenes están destinados a rebelarse o convertir sus vidas en un desastre.

—No necesariamente. Nos mandan signos y señales de aviso. Los adolescentes nos comunican lo que necesitan y, si nosotros respondemos a esas necesidades, no es tan probable que se rebelen; es más probable que ellos hagan buenas elecciones.

—¿Qué señales? ¿Quiere decir que mis hijos adolescentes podrían estar enviándome una señal y que yo ni siquiera lo sé? ¿Por qué no puedo simplemente ser padre de la forma en que mis padres lo fueron conmigo?

—Porque este es un mundo diferente. Sus hijos son jóvenes del milenio; son diferentes.

Pensé que resultaba irónico que aquel presentador de un programa de entrevistas conocido nacionalmente, de mucha reputación por su perspicacia, estuviese perplejo por sus propios hijos adolescentes. No se lo dije, pero pensé: *¡Nuestros jóvenes pueden ponernos en ridículo a todos nosotros!*

—¿Cómo sabemos cuáles son esas señales?

—Descubrimos los siete clamores de los jóvenes de hoy y los vemos como indicativos de las necesidades de nuestros jóvenes. Como padres que los queremos, intentamos responder a su clamor y satisfacer muchas de sus necesidades.

Presenté a Tod los siete clamores de los jóvenes de hoy, y concluimos la entrevista de radio. Y cuando hubo finalizado, sentí que Tod había adquirido una nueva perspectiva acerca de sus hijos adolescentes.

Espero que este libro tenga el mismo efecto en usted.

La pregunta de los padres

Al estar trabajando en el manuscrito para este libro, presenté los descubrimientos a varios grupos de padres. De forma invariable, alguien siempre preguntaba: "¿Cómo llegó a los siete? ¿Hay más?".

—Claro que hay más de siete; de hecho, nuestro estudio indica docenas de necesidades, pero esas son las siete más importantes y todas ellas están notablemente por encima de las otras. Son válidas en una variedad diversa de ambientes —urbanos, rurales, suburbanos— y en el espectro socioeconómico y educativo. Si podemos tratar esos siete con nuestros jóvenes, estaremos haciendo mucho para ayudarlos a navegar a través de la adolescencia.

—¿No son esas las mismas necesidades que nosotros teníamos cuando éramos adolescentes?

—En algunas maneras lo son, pero el volumen es mucho más alto, al igual que los aparatos estéreos que pueden alterar los latidos del corazón con el sonido de los bajos. Son mucho más potentes que los diminutos casetes de nuestra era. Es mucho lo que está en juego, y las consecuencias son mayores. Si ignorásemos las necesidades de los jóvenes de hace una década, podrían desfogarse y salir a tomar una cerveza. Si sus necesidades son ignoradas ahora, podrían desfogarse con nosotros con un arma.

—¿Por qué? ¿Acaso los muchachos son peores hoy?

—No necesariamente. Nosotros tenemos más recursos y hay más padres que intentan ser unos padres eficaces. Es simplemente que en nuestra cultura tenemos muchos elementos en contra de la familia. Muchos de esos jóvenes están creciendo como hijos de padres divorciados y con sus mamás trabajando. Regresan a sus casas y las encuentran vacías, y la mayoría de ellos no tienen adultos que sean un ejemplo positivo a seguir, digamos un abuelo, tío o tía a quien poder dirigir su mirada. De hecho, ahora parece que estar a favor de la familia no es políticamente correcto.

—¿No son desalentadores los descubrimientos?

—No. A pesar de llamarlos *clamores*, realmente no son las siete quejas de los jóvenes de hoy. Piensen en ellos como alarmas o avisos. El estudio indica que a muchos de nuestros jóvenes les va muy bien, son optimistas y más tradicionales.

—¿Cómo podemos responder a ese clamor?

—Lean *El clamor de los jóvenes* y hablen de él con otros padres. Apliquen algunas de las sugerencias prácticas que se ofrecen en cada capítulo.

El clamor de los jóvenes de hoy

Clamor por confianza
Clamor por amor
Clamor por seguridad
Clamor por propósito
Clamor por ser escuchados
Clamor por ser valorados
Clamor por apoyo

¿Quiénes son esos jóvenes del milenio?

Durante los últimos años, nuestra atención nacional ha variado dirigiéndose hacia los más de setenta millones de muchachos llamados también *la generación Y*. ¿Quiénes son esos muchachos nacidos entre los años 1982 y 2002? ¿Son la descendencia consentida y hastiada de una sociedad que está demasiado ocupada, tiene demasiada abundancia y es demasiado narcisista?

No exactamente. Los jóvenes del milenio tienden a ser optimistas, independientes, ambiciosos y entendidos en cuanto a la inundación de mensajes que los engullen. No se ven enredados en el credo que dice: yo soy más estupendo que tú, y por el que se guió la generación X. A ellos de verdad les importan las cosas, y típicamente adoptan los valores tradicionales de comunidad, estabilidad, hogar, vida familiar y educación.

Nuestro estudio ofrece perspectiva acerca de las cualidades morales y prácticas de los jóvenes del milenio y sus metas para el futuro. Quieren tener trabajos bien remunerados, respeto por parte de los demás, y buenas relaciones con sus padres. El futuro, pues, es más brillante de lo que creíamos. ¡Ellos quieren buenas relaciones con nosotros! (¡Y nosotros queremos que ellos tengan trabajos bien remunerados para que nos apoyen cuando seamos ancianos!)

Rompa los bordes del caniche

En cierta manera estamos volviendo a vivir los años cincuenta. Puede que los jóvenes del milenio sean más como Ricky Nelson, Dobie Gillis y Bud Anderson que los hippies de los sesenta, los discotequeros de los setenta, los yuppies de los ochenta y los de la Nueva Era de los noventa. Los jóvenes de hoy, como Ricky, Dobie y Bud, son alegres y optimistas, y agradecerían un poco más de respeto y guía por parte de los adultos. No son todo lo amenazadores y psicópatas deprimidos frecuentemente retratados por los medios de comunicación mayoritarios. No buscan revolucionar el mundo o escapar de él. Son, en una palabra, *neotradicionalistas.* Puede que parezcan radicales con sus cortes de cabello, modas y su predilección por los flequillos, pero en lo profundo de su ser hay un anhelo de ideales por los cuales vivir, un propósito que perseguir, y una familia o grupo de amigos que los acompañen.

Un joven del milenio puede parecer un feroz inconformista, pero debajo del cabello teñido y el piercing en su cuerpo hay un corazón con probabilidades de ser apasionado por Dios, por el país y por la familia.

Los descubrimientos de nuestra encuesta se ven reforzados por los datos del Departamento de Educación de los Estados Unidos. El anterior secretario de Educación, Richard Riley, habló de los resultados: "Puede que se vistan de manera diferente, que se vean diferentes y que escuchen música que sencillamente nos sobrepasa, pero no son una generación perdida o una generación negativa". La mayoría de los jóvenes son ambiciosos, luchadores y abiertos al futuro. Ellos mismos dijeron que es más probable que estén aburridos (57 por ciento) que enojados (37 por ciento), deprimidos (24 por ciento) o solos (23 por ciento). Cuando se les preguntó a quién acuden en

> Los puntos de vista de los jóvenes de hoy han cambiado desde que comenzara la EGJ (Encuesta Gallup de la Juventud) hace veinticinco años. De hecho, el cambio ha sido bastante dramático. Uno podría decir: "Aquí llegan los tradicionalistas". Los jóvenes norteamericanos de edades entre 15 a 18 años y el siguiente grupo de edad (están) destinados a poner su huella en la escena norteamericana. Quizá reaccionando a lo que podría describirse como los excesos de la generación de sus padres, los jóvenes de hoy son decididamente más tradicionales de lo que lo fueron sus mayores, tanto en su estilo de vida como en sus actitudes. Los datos de la EGJ de los pasados 25 años revelan que los jóvenes de hoy tienen muchas menos probabilidades de las que tuvieron sus padres de tomar alcohol, cigarrillos y marihuana. Además, tienen menos probabilidad que sus padres aun hoy, de aprobar el sexo antes del matrimonio y tener hijos fuera del matrimonio.
>
> *Informe Gallup del martes,* 30 de julio de 2002

busca de apoyo y dirección, una inmensa mayoría dijeron que confían "mucho" o "bastante" en sus padres (78 por ciento) o sus amigos (75 por ciento).[1]

Descubriremos que esta es solo una parte del cuadro. No todo es alegre, y no todo es sombrío. El cuadro completo se encuentra en alguna parte en la mitad (como generalmente ocurre).

El denominador común

Obtener un entendimiento concluyente de los jóvenes de milenio es un poco como intentar lanzar gelatina por una canasta de baloncesto: en teoría es posible, pero muy difícil. Por un lado, los jóvenes del milenio parecen optimistas y conservadores; por otro lado, aparentan estar malhumorados y fuera de control. Pero hay una palabra que incluye a los jóvenes de hoy:

Radicales

Como mencioné anteriormente, *radical* es un concepto que parece funcionar cuando intentamos encasillar a esta generación. En la popular canción del grupo pop cristiano dc Talk, "Loco por Jesús", el cantante pregunta:

¿Qué pensará la gente cuando oiga que estoy loco por Jesús?
¿Qué hará la gente cuando descubra que es verdad?
Realmente no me importa si me tachan de loco por Jesús
La verdad no se disfraza.

"Busqué la palabra *loco* (en el diccionario) —dice el miembro del grupo Toby McKeehan—, y decía: "un ardiente entusiasta". Comprendí que ser un loco por Jesús es algo más profundo que ser un ardiente entusiasta. Estos son los máximos locos por Jesús: las personas que están dispuestas a morir por su fe. Cuando uno ve las matanzas en la iglesia Wedgwood Baptist Church y Columbine, creo que la gente va a tener que comenzar a considerar el costo de decir: "Soy cristiano". *Esta generación va a los extremos.* Hay deportes radicales, y Hollywood está lanzándonos cosas radicales. Yo creo que los cristianos se adecuarán a esos extremos porque es eso a lo que la cultura nos llama. Como creyentes, necesitamos ser igual de potentes".[2]

Otra palabra que describe a los jóvenes del milenio podría ser *intensidad*.

"Hay una intensidad entre los cristianos que no estaba ahí cuando yo era más joven —dice el cantante de dc Talk, Michal Tait, de los fans que acuden a los conciertos del grupo—, y que casi me deja mudo. Esos chicos y chicas tienen quince y dieciséis años y van en serio con su fe. Al mismo tiempo, eso te demuestra cómo es uno mismo de verdad".[3]

He trabajado con jóvenes desde el año 1974 y nunca he visto un grupo de adolescentes tan radicales, tan intensos y tan diversos. Algunos de ellos demuestran una valentía, tenacidad y compromiso que yo —un adulto mucho mayor— no tengo. Ellos reflejan valores de los años cincuenta, más parecidos a la generación G.I. de sus abuelos. En respuesta a los ataques terroristas a las Torres Gemelas y al Pentágono, los jóvenes del milenio respondieron con patriotismo y un celo por justicia, de forma muy similar a lo que hicieron sus abuelos durante la Segunda Guerra Mundial. Los jóvenes del milenio serán nuestros nuevos héroes.

Según los autores Neil Howe y William Strauss, los jóvenes del milenio "entrarán a la adolescencia viéndose y comportándose mejor de lo que ningunos otros lo hicieron durante décadas... Esta generación se ganará una reputación por cumplir y sobrepasar las expectativas de los adultos".[4]

Estos dos respetados sociólogos han hecho predicciones que han demostrado ser exactas. Las tendencias en cuanto a música y ropa son más brillantes y felices, la presión de grupo se ha convertido en una fuerza positiva, los delitos entre adolescentes han descendido, y el romance (en lugar del sexo rápido) ha regresado a las relaciones. El baile 'swing' ha tenido un gran resurgimiento. Los embarazos de adolescentes y los abortos han descendido, y existe la tendencia al matrimonio joven.

A los jóvenes del milenio se los etiqueta adecuadamente de *neotradicionalistas* debido también a otras razones. Ellos tienen más probabilidad que sus padres de decir que establecer una familia y tener una buena posición económica es muy importante. De hecho, los jóvenes del milenio escogen ir a la universidad para hacer más dinero y prepararse para hacer estudios de posgrado. Con todo esto jugando a su favor, parece que la vida debiera ser serena, pero los jóvenes del milenio se enfrentan a problemas más graves que los que tuvieron que enfrentar sus padres cuando tenían su edad (y probablemente aun ahora): la desintegración de la familia, el impacto a largo plazo del divorcio, el SIDA, la violencia, el crimen, y el creciente abismo existente entre la clase baja y la clase media.

La MTV ha homogeneizado las diferencias regionales. Antes solía ocurrir que a los jóvenes de Texas les gustaba cierto programa de televisión y vestían una marca de vaqueros en particular, diferentes a las de los muchachos de California o Michigan. Ahora todos ellos siguen el ejemplo de la MTV. A medida que viajo por todo el país, me doy cuenta que las diferencias regionales se han minimizado. Es probable que los jóvenes se vistan de forma similar, hablen de forma similar y valoren las mismas cosas, basados en gran manera en el tipo de música que escuchan. Los fans del 'hip hop' en Texas se ven como los de Michigan. Los fans de los 40 mejores en Carolina del Norte se mezclan bien con los de Nuevo México. La música impulsa a la cultura de la juventud más que el lugar donde viven. Los jóvenes del milenio viven en un mundo que está étnicamente mucho menos aislado de lo que lo estaban sus padres cuando eran adolescentes. Peter Zollo, de Teenage Research Unlimited dice: "La cultura joven de las minorías ejerce una influencia increíble en los adolescentes de raza blanca".[5] Los tejanos anchos, las camisas demasiado grandes, las zapatillas de baloncesto y las joyas de oro estuvieron en un tiempo restringidos a los raperos, pero ahora han pasado a ser dominantes, gracias a la popularidad del 'hip hop' y la música 'dance'.

Debido a que valoran la diversidad, los jóvenes del milenio están dispuestos a traspasar las anteriores barreras de raza, religión y estilos de vida alternativos. Esta mentalidad de cruce puede verse en su música. La música 'country' y 'pop' al estilo Dixie Chicks y Faith Hill es popular actualmente entre algunos jóvenes, y lo mismo es cierto de parte de la música 'rap-hip hop-dance'. La música solía estar categorizada de forma más estricta; ahora la música se está haciendo más ecléctica. A algunos grupos les gusta integrar música de la "vieja escuela" de los años setenta en sus nuevos proyectos. A los jóvenes del milenio les gusta la variedad; les gusta la perspectiva tipo buffet en cuanto a su forma de entretenimiento: un poco de algo nuevo, mezclado con algo de otro estilo, con un ejemplo de un sonido bonito de una era anterior; todo mezclado con su ritmo favorito.

La siguiente tabla compara y contrasta tres generaciones:

Boomers, Generación X y Jóvenes del milenio

Boomers	Gen. X	J. del milenio
Prefieren claros valores morales.	Valoran un mundo gris: sin absolutos.	Cómodos con la paradoja: prefieren claridad.
Son idealistas.	Son cínicos.	Son optimistas.
Valoran las palabras de las personas.	Valoran los actos de las personas.	Valoran a la gente (comunidad).
Valoran lo que es correcto.	Valoran lo que es auténtico.	Valoran el trabajo en equipo.
Eligen basados en la pasión.	Eligen basados en lo real y práctico.	Eligen basados en un criterio cambiante.
Se enfocan en filosofías.	Se enfocan en resultados.	Se enfocan en el cambio social.
Ven la conformidad como unidad.	Ven la diversidad como unidad.	Ven la conformidad pasada de moda.
Valoran las causas.	Valoran las relaciones.	Valoran las relaciones productivas.
Se enfocan en el grupo.	Se enfocan en la persona.	Se enfocan en la supervivencia y el éxito del yo.
Hallan significado en el pensamiento abstracto.	Hallan significado en lo que pueden experimentar.	Hallan significado en el control de la información útil.
Viven para trabajar.	Trabajan para vivir.	Viven para conocer.
Regresaron a la fe al ser padres.	Son "sensores espirituales".	Son "buscadores espirituales".

Entraré en más detalles acerca de las características de los jóvenes del milenio en los capítulos siguientes. Los doce puntos que describen a las generaciones en la tabla son generales. Algunos jóvenes del milenio puede que reflejen algunos aspectos de la lista de la generación X, en particular si son más mayores. Los jóvenes del milenio y los de la generación X comparten muchos rasgos comunes:

- Se sienten cómodos con las contradicciones.
- Son muy relacionales.
- Abrigan sentimientos de abandono.
- Tienen un gran interés en la espiritualidad.
- Soportan estar expuestos masivamente a los medios de comunicación.
- Buscan la comodidad sin tener que vender sus valores.
- Valoran mucho la familia.
- Están confusos en cuanto al propósito de la vida.
- Aceptan el cambio como una constante en la vida.
- La tecnología es una parte natural de su existencia.

Resumen de los clamores de los jóvenes de hoy

Clamor por confianza

Los jóvenes del milenio tienen una idea bastante clara de lo que quieren en el futuro, pero no saben cómo llegar allí o quién los ayudará. La mayoría de ellos están abiertos a una relación más cercana con sus padres, o con un tutor, o con ambos. No son tan cínicos como sus hermanos y hermanas de la generación X. Están dispuestos a confiar en alguien, pero no están seguros de cómo es eso. Después de todo, la confianza es un elemento crítico en el matrimonio, y ellos son hijos del divorcio. Ellos están abiertos a dar una oportunidad a la confianza, pero están buscando modelos de esa confianza. Son lo bastante ambiciosos para tener éxito, pero están confundidos acerca del significado, el propósito y la dirección de la vida. Necesitan guías confiables que conozcan el camino, pero para muchos, no hay ningún adulto a su lado para protegerlos o mostrarles el camino.

Clamor por amor

Descubrimos que muchos jóvenes no se sienten amados aun cuando sus padres les dicen *te quiero* o les abrazan regularmente. Para sentirse amados, necesitan experimentar amor en *su* clave de amor (ver las páginas 52-69 para hallar una explicación extensa de las claves del amor). Algunas de ellas no les resultan lógicas a los padres, y ese es el punto. La relación exitosa con los adolescentes no se basa en la lógica. No siempre uno puede pensar junto con su hijo adolescente en la manera de salir de un problema o razonar cuál es su forma de establecer una relación más cercana. Algunas veces, con los jóvenes del milenio es mejor que uno *sienta* cuál es su manera.

Clamor por seguridad

Inmediatamente después de los ataques terroristas del 11 de septiembre de 2001, aconsejé a muchos jóvenes que estaban desconcertados por el trauma de lo que habían visto en televisión. En algunos casos, los jóvenes estaban más estresados que los niños; y esto pudiera deberse a que los jóvenes creen a menudo en el mito de que ellos son inmortales. Cuando vieron la realidad en televisión, aviones chocando contra torres y personas saltando de edificios en llamas, su mundo con la idea de que "yo siempre estaré a salvo" se desmoronó.

A pesar del reciente terrorismo y las matanzas en escuelas, la mayoría de los jóvenes se sienten seguros. Ellos están buscando fronteras. Las fronteras protegen a nuestros jóvenes y les permiten sentirse relativamente descuidados a medida que atraviesan la última etapa de su niñez. Los adolescentes sienten miedo de vivir en una cultura que no los proteja, que los apure a adentrarse en la edad adulta y en los problemas de los adultos, y que no los equipe para manejar los problemas de adultos.

Clamor por propósito

Nuestros jóvenes necesitan creer que la vida tiene significado y un propósito. Cuando los jóvenes sienten que sus vidas tienen propósito, se sienten más capaces y equipados de ocuparse de las demandas de la adolescencia. El propósito se desarrolla a medida que los jóvenes descubren las tres palabras del propósito:

Diseño Dios nos hizo a cada uno de nosotros según su plan maestro.

Destino Descubrimos nuestro propósito en una relación con Dios.

Obligación Nuestro propósito se desarrolla más a medida que descubrimos lo que podemos ofrecer en servicio a Dios y a los demás.

Una razón de la falta de propósito es que muchos jóvenes no se toman tiempo para reflexionar. Sus activos calendarios y el clamor de los medios de comunicación no permiten tiempo para la reflexión seria. Como resultado, los jóvenes toman decisiones con una *mentalidad de mosaico*: un poco de esto combinado con un poco de aquello. Los jóvenes del milenio desean significado y normas morales, pero a menudo les falta el tiempo, la energía y los ejemplos para construir una base moral integrada. Ya que toman decisiones basados en criterios siempre cambiantes, a menudo quedan decepcionados con los resultados.

Clamor por ser escuchados

Los jóvenes del milenio están muy cómodos viviendo en la actual "era de la información". La tecnología resulta tan familiar para ellos como lo eran sus chupetes. Sin embargo, en medio de este torrente de datos, su voz se ahoga. Muchos jóvenes del milenio sienten que "no tienen voz" y quieren ser escuchados por encima del ruido. Tienen muchas esperanzas para el futuro, pero se sienten "más o menos" acerca del presente. La mayoría de jóvenes del milenio desearían tener una discusión seria con un adulto que se preocupe por ellos. Anhelan compartir sus opiniones y están buscando adultos compasivos con quienes relacionarse. Los jóvenes del milenio claman por ser escuchados.

Clamor por ser valorados

Vivimos en una creciente cultura antiniños. Los padres que son "boomers", en su ruta al éxito, a veces han abrazado los valores de la cultura por encima del valor de atender las necesidades de sus hijos. Muchos de nuestros jóvenes se sienten solos. No se han alejado de sus padres tanto como sus padres se han alejado de ellos, dejándolos como una *tribu aparte* (como los describe Patricia Hersch en su libro *Tribe Apart*). ¿Cómo nuestros jóvenes descubrirán, examinarán y abrazarán los valores que son importantes para nosotros, si no estamos a su lado para pasárselos a ellos?

Generalmente, nuestros jóvenes están bien. Están en el lugar correcto, en el momento correcto, pero no llegan a las conclusiones correctas. Ellos necesitan mentores y guías que los protejan y ayuden a procesar las ideas y forjar esos valores en ellos. Nuestros adolescentes están buscando el camino que afirme su progreso mientras ellos van desarrollándose.

Clamor por apoyo

El proverbio africano: "Se necesita toda una aldea para educar a un niño" podría adaptarse y decir: "Se necesita toda una red comunitaria para educar a un adolescente". Nuestros jóvenes anhelan tener apoyo, y enseguida admiten que lo necesitan. Quieren estar conectados y están abiertos a aprender de aquellos que han pasado antes por el camino. Quieren ser incluidos y causar una diferencia. Se sienten apoyados cuando son incluidos en nuestros procesos y se les permite tener algo de autonomía para tomar decisiones. Debido a nuestra cultura, los jóvenes corren más riesgo. Necesitamos compensarlo desarrollando redes que edifiquen la comunidad y ayuden a nuestra juventud. Necesitamos asociaciones entre los padres y las escuelas, entre los negocios y los programas de después de clase, entre los sectores público y privado, y entre la iglesia y el hogar. Necesitamos planificar estratégicamente el apoyo para nuestros jóvenes, porque muchos de ellos sienten que gastamos todo nuestro esfuerzo en el trabajo y que tenemos poco tiempo que ofrecerles a ellos en sus aspiraciones.

Mi oración es que este libro le informe sobre la necesidad de conectarse con su hijo o hija adolescente y le inspire a trabajar en ello. Nuestra cultura va a la carrera con imágenes espeluznantes que bombardean a nuestros jóvenes, y ellos han aprendido a manejarlas funcionando en los extremos. Para ellos, lo que experimentan es

Mi oración es que este libro le informe sobre la necesidad de conectarse con su hijo o hija adolescente y le inspire a trabajar en ello. Nuestra cultura va a la carrera con imágenes espeluznantes que bombardean a nuestros jóvenes, y ellos han aprendido a manejarlas funcionando en los extremos. Para ellos, lo que experimentan es algo normal. Las borrosas fronteras hacen que ellos quieran claridad y decisión. Su anhelo espiritual los prepara para ser dedicados en su búsqueda de Dios. Es tiempo de que los padres y los obreros de jóvenes agarren el momento: para atraer a nuestros jóvenes mientras están buscando a Dios, para edificar confianza, para expresar amor, y para proporcionar un lugar seguro para ayudar a nuestros jóvenes a descubrir el propósito y el significado. Nuestros jóvenes están clamando.

¿Quiere usted responder?

CAPÍTULO 1

CLAMOR POR CONFIANZA

—Mamá, este es mi amigo Dominick. ¿Podemos llevarlo a su casa?—rogó Ryan mientras miraba por la puerta abierta del auto—. Él vive al lado nuestro.

—Claro, Ryan. Entra, Dominick. Me alegro de conocerte.—A Audrey le agarró fuera de guardia el nuevo amigo de su hijo. Él vestía un chaleco de piel y una camiseta con las mangas cortadas, dejando ver dos inmensos tatuajes, uno en cada brazo.

—Gracias, señora Hopper. Se lo agradezco.

—No hay problema—. Audrey miraba dos veces el espejo lateral de la camioneta a la vez que atravesaba el parking de la escuela, echándose a un lado y frenando a medida que los adolescentes corrían en círculo alrededor de los vehículos. Era como un juego de vídeo. Intentar salir del parking sin atropellar a un alumno de la escuela o sin que otro te golpee con su auto a la vez que acelera cruzando el parking alardeando de su destreza al conducir adquirida hace dos meses. Hoy, Audrey obtuvo 500 puntos: ningún golpe ni arañazo. Al salir a la carretera, miró por el espejo retrovisor. *¡Dominick lleva aretes y un adorno de nariz! ¿Por qué va Ryan con él?*

Dominick vio sus ojos en el espejo y sonrió.

—Oye Ryan, ¿qué te parecerían algunas canciones?

Cuando él hablaba, ella vio un metal luminoso en su boca. *La lengua de Dominick también tenía un piercing. ¡Qué asco! ¿Dónde conoció Ryan a ese muchacho?*

—Entonces Ryan, ¿dónde se conocieron ustedes?

—En clase de educación física. Nuestras dos taquillas están cerca—.Ryan jugueteaba con el estéreo.

—Dominick, ¿vives aquí desde hace mucho? No te he visto por aquí.

—Desde mitad de curso. Nunca antes había ido a clase con Ryan, pero he estado por aquí.

—¿Haces algún deporte o alguna otra cosa después de las clases?

—No, no soy muy deportista, como Ryan aquí—flexionó su brazo y sonrió a Ryan, que iba sentado en el asiento delantero.

—¿Qué te gusta hacer?

Ryan hizo una mueca; podía decir que su mamá estaba siguiendo su clásico estilo FBI. Él se aclaró la garganta, pero ella lo ignoró.

Dominick sonrió a Ryan y elevó su ceja.

—Bien, digamos que me gusta el 'rock and roll'—dijo emitiendo una risita al decir *roll*.

¡Drogas! ¡Adicto! ¡Perdedor! ¡Drogas! Las palabras se movían en círculo dentro de la cabeza de Audrey. *En verdad parece un adicto. No hay ningún deporte ni ninguna otra cosa que lo mantenga ocupado. Oh, cielos. ¡Mi hijo es amigo de un consumidor de drogas!* Se calmó el tiempo suficiente para preguntar:

—Ah, ¿entonces estás en la banda?

—No en la banda de la escuela, mamá. ¡Estoy seguro!—corrigió Ryan. Él y Dominick se rieron al imaginar a Dominick en la banda de música de la escuela.

—No, señora Hopper, no estoy en la maravillosa banda de los Mustang—se burló Dominick.

—Mamá, la banda de la escuela es para perdedores. Dominick está en una banda genial de rock, a la que llaman *Blade*.

Audrey intentó recuperarse a la vez que conducía la camioneta y daba la vuelta a la esquina. De alguna manera, su hijo tenía el don de hacerla sentir estúpida, y eso le irritaba.

—¿Desde cuándo son las bandas y los deportes para perdedores?

—Yo no dije que los deportes fuesen para perdedores, simplemente que los cretinos que marchan por el campo en la segunda mitad vistiendo uniformes extraños sí que lo son.

—¿Y los que están en bandas de rock no llevan uniformes?—. El sarcasmo se alejó de sus labios cuando miró por el espejo la respuesta de Dominick.

—Supongo que sí, pero la diferencia está en que nosotros los escogemos, y no algún director de banda de hace una década.

—Sí, mamá. Blade hace giras, y ya tienen un CD.

—Estoy segura de que serán los próximos Back Street Boys.

Ryan se ofendió por el sarcasmo de su mamá y su sutil humillación, pero Dominick quería discutir con ella.

—Oh, nosotros no hacemos esa música para gallinitas; hacemos verdadero rock and roll. Ya sabe, rock clásico. Música de su tiempo.

Dejaron a Dominick en su casa y continuaron hasta la suya en silencio. Finalmente, Audrey rompió la quietud.

—¿Conoces bien a Dominick?

—Sí, bastante bien. Es muy divertido.

—Él es distinto a tus otros amigos.

—Sí, eso es lo que me gusta. Él no es aburrido.

—¿Está de verdad en la escena del rock and roll?

—Sí, y quiere dedicar a ello todo su tiempo después de graduarse este año.

—¿Graduarse? ¿Aprobará sus asignaturas?

—¡Mamá!—. Irritado, Ryan se dio la vuelta en su asiento para situarse cara a cara.

—Dominick tiene matrículas de honor. Siempre saca A y tiene universidades que están detrás de él.

—Tiene la apariencia de un drogadicto.

—Tú siempre eres muy crítica. Ni siquiera lo conoces.

—Lleva tatuajes y un arete en la nariz.

—Ese es su estilo. ¿Quieres que se vea como un niño bien y esté en una banda de rock?

—No quiero que vuelvas a verlo, Ryan. Él causará problemas.

—¿Qué? ¿Te has vuelto completamente loca? No puedes decirme quiénes son mis amigos. ¡Tengo casi diecisiete años! ¿Qué has estado fumando?

—Lo que me preocupa es lo que haya estado fumando ese amigo tuyo con un piercing en la lengua. ¡Te prohibo que vuelvas a verlo!

—¿*Prohibir*? ¿Cuándo has comenzado a seguir el ejemplo de Shakespeare? “Le insto a que olvide esas problemáticas compañías”.

¡Has perdido la cabeza! Se dio la vuelta y comenzó a mirar por la ventanilla.

—Oh, ¡estás exagerando! Tienes muchos otros amigos. ¿Por qué no invitas a Jim a jugar juegos de vídeo? No lo has hecho por meses.

Silencio. Ryan se retiró a su propio mundo y no tenía la menor intención de salir de él para nadie, en especial para su molesta mamá.

La mayor necesidad

¿Le resulta familiar? ¿Ha intentado alguna vez entrar en el mundo de su hijo adolescente solo para ser rechazado? Encontrar el equilibrio es complicado. Si mostramos demasiado interés, ellos llegan a la conclusión de que nos da lo mismo. Educar a hijos adolescentes requiere diplomacia y delicadeza: el arte de saber cuándo implicarse y cuándo alejarse. En el centro de este equilibrio está la confianza. Los jóvenes quieren nuestra confianza con todas sus fuerzas. Según nuestra exclusiva Encuesta Gallup de la Juventud, la necesidad de ser de confianza es la mayor necesidad entre los adolescentes de hoy. El 93% de ellos respondió que la confianza es una necesidad "muy fuerte" o "fuerte" en sus vidas. Uno podría haber imaginado que el primer lugar lo ocuparía otra necesidad —la necesidad de amor o de amigos—, pero en los cálculos de los jóvenes:

Confianza = Libertad

Los jóvenes razonan: *si tus padres confían en ti, tendrás más libertad.* Además, a los jóvenes les gusta sentir que se puede confiar en ellos, que ellos son responsables, capaces y honestos; pero a veces para nosotros resulta difícil confiar en nuestros hijos adolescentes. Ellos no son responsables; no son capaces; no son honestos. Pero siguen queriendo que confiemos en ellos. Quieren la libertad que conlleva la confianza, aun cuando no se hayan ganado esa confianza.

¿Qué es la confianza?

La mayoría de los jóvenes se sienten inseguros con las relaciones. Simplemente no han tenido mucha experiencia en ellas. No están seguros de cuánto dar, qué decir o cuánto recibir en una relación y, como resultado, es difícil para ellos establecer la confianza.

La confianza es la clave de las relaciones eficaces. Podría definirse con esta fórmula:

Confianza = Verdad aplicada a la relación

La confianza se produce en una relación cuando la verdad es la base. Los padres tienen más probabilidad de confiar en sus hijos adolescentes cuando conocen la verdad sobre ellos. Los jóvenes tienen más probabilidad de confiar en sus padres cuando conocen la verdad sobre ellos. Fingir y ser deshonesto se interpone en el camino de las relaciones sanas.

Uno de los objetivos de este libro es ayudar a los padres a tener un punto de vista preciso y acertado de lo que está ocurriendo con los jóvenes de hoy: la generación del milenio. Mirar las cosas a las que se enfrentan miles de jóvenes es probable que le ayude a captar lo que está ocurriendo con su hijo o hija adolescente. Le elogio por tomarse el tiempo para comprender lo que ocurre en el mundo de su hijo. Si conoce la verdad sobre sus hijos adolescentes estará usted más capacitado para confiar en ellos, pero si se siente inseguro de lo que ocurre en realidad con ellos, es más probable que sea usted desconfiado y receloso.

Por ejemplo, descubriremos que los jóvenes del milenio no tan cínicos ni tan distantes como los de la generación de los busters. Desean que las verdaderas relaciones estén forjadas en la confianza. Los jóvenes del milenio quieren conectar con sus padres y con otros adultos. Puede que esto le sorprenda, porque muchos de nosotros hemos sido influenciados para creer que los jóvenes quieren que los dejen en paz; pero esto no es del todo cierto. Ellos no quieren salir con nosotros las noches de los viernes, pero sí que quieren tiempo para hablar con nosotros y construir una relación de confianza. Simplemente no saben cómo hacerlo.

El primer clamor de los jóvenes del milenio es un llamado a la confianza. Cinco ladrones de la confianza provocan a los jóvenes y les roban la confianza.

Cinco maneras de frustrar a su hijo adolescente

> Y ustedes, padres, no hagan enojar a sus hijos,
> sino críenlos según la disciplina e instrucción del
> Señor. (Efesios 6:4 NVI)

¿Qué significa *enojar* (o *exasperar*) a nuestros jóvenes? Una definición frecuente es *frustrarlos.* Nos sentimos frustrados cuando alguien se interpone en el camino de nuestros objetivos. Nuestros jóvenes se sienten frustrados cuando nos relacionamos con ellos en maneras que los provocan. La raíz latina de la palabra *exasperar* viene de la palabra *aspirate*, que significa ayudar a respirar o añadir oxígeno. El prefijo *ex* significa sacar; por tanto, *exasperar o enojar* significaba originariamente sacar el aire de alguien.

¿Recuerda aquella vez en que se cayó en el parque y esa caída hizo que se quedara sin respiración? ¿Le ayudó en algo que su amigo se acercara y preguntara: "¿Qué sucede"? ¿Necesitó que su maestro le diera una charla sobre elevarse demasiado en el columpio? ¿Qué es lo que necesitaba?

Aire, ¿no es así?

Cuando se queda sin aire, usted no necesita preguntas, charlas o advertencias. Usted necesita aire.

Lo mismo es cierto de nuestros jóvenes. A veces los dejamos sin aire. Los arrollamos y aplastamos sus espíritus. Cuando enojamos a nuestros jóvenes, les robamos su deseo y apagamos su motivación. Por eso Dios nos advierte en la Escritura que no enojemos a nuestros hijos, sino que, en cambio, los eduquemos en la instrucción y los mandamientos del Señor.

Enojamos a nuestros jóvenes de estas cinco formas:

1) *Juzgando a los jóvenes por su aspecto o por lo que los medios de comunicación nos presentan.* Audrey juzgó a Dominick por su aspecto; él parecía estar descontrolado y ser un drogadicto basándose en lo que ella había experimentado y había visto en los medios de comunicación. Pero Dominick no abusaba de ninguna sustancia, y Ryan se sintió frustrado por los prejuicios de su mamá. La tolerancia y la aceptación son valores importantes para los jóvenes del milenio. Juzgar sin conocer realmente a alguien se considera algo malo.

2) *Hablando con sarcasmo y humillando.* Incluso si se hace un comentario con la intención de que sea divertido, al provenir de un adulto, el sarcasmo y las humillaciones corren el riesgo de ser tomados como desaprobación. Uno puede decir: "Esta camisa te sienta como una tienda de campaña". Pero el joven escucha: "Ellos creen que no sé cómo vestirme". Ryan se enojó con su mamá por su comentario sarcástico acerca de la banda de Dominick. El sarcasmo podría haber funcionado mejor con la generación de los boomers y los adultos de la generación X con un sentido humorístico, pero la mayoría de los jóvenes del milenio toman el sarcasmo como signo de desaprobación o condescendencia.

3) *Esperando que los jóvenes actúen como adultos porque lo parecen.* Puede que los jóvenes tengan cuerpos maduros, pero sus emociones y sus pensamientos puede que necesiten algo de tiempo para ponerse a la misma altura. Esperar que los jóvenes vivan según las expectativas de los adultos crea frustración. A veces necesitan expresar sus emociones más como niños que como adultos.

4) *Minimizando los sentimientos.* Audrey cayó en esta trampa cuando no consideró la evaluación de su hijo y su lealtad hacia su amigo Dominick. Ella descartó el que él fuera capaz de hacer una buena elección y ser fiel a ella. Algunas veces los adultos no se sienten cómodos con la arrolladora variedad de sentimientos que tienen los jóvenes y, por tanto, desechan esos sentimientos. En lugar de ayudar a los jóvenes a procesar y comprender sus sentimientos, los adultos los minimizan. Los jóvenes lo consideran condescendencia, y eso hace que se sientan frustrados.

5) *Asumiendo que lo que funcionó anteriormente funcionará también después.* Audrey exasperó a su hijo cuando le prohibió ver a Dominick; y por si eso fuera poco, ella recurrió a la vieja e ineficaz herramienta de volver a lo que solía funcionar: sugirió que jugase a un juego de vídeo con Jim. Eso frustra a los jóvenes porque indica que los padres no tienen ni idea de lo que sus hijos quieren en la actualidad o de las personas en que se han convertido. Tratar a los jóvenes como a niños e intentar ordenar sus amistades de la forma en que se hace con quienes están en primer grado es la receta para el enojo y garantiza una erosión de la confianza.

Me gusta lo que el consejero de familia John Rosemond escribe sobre el tema de inquietar a nuestros jóvenes: "Brevemente, en la actualidad empujamos a los hijos al período más vulnerable de sus vidas habiéndolos privado de las defensas que necesitarán para tomar buenas decisiones mientras que, al mismo tiempo, los bombardeamos con miles de tentaciones. Unas inadecuadas defensas morales, emocionales, intelectuales y de comportamiento dejan a cualquiera, y más aún a un niño, muy susceptible ante los intensos sentimientos de inseguridad".[1]

Lo que los jóvenes quieren en sus padres

"Los padres de adolescentes se enfrentan a un difícil dilema: cómo ayudar cuando esa ayuda resulta molesta; cómo guiar cuando esa

¿Cómo respondemos al clamor por confianza? Yo creo que necesitamos dar a los jóvenes la oportunidad de que se pueda confiar en ellos. Las encuestas revelan que muchos adultos malinterpretan a los jóvenes y no son justos con ellos, rechazándolos como rebeldes, irresponsables y equivocados. Deberían emprenderse acciones correctivas y nuevas asociaciones entre norteamericanos jóvenes y mayores con una nueva urgencia, para reunir a los norteamericanos de todas las edades y restaurar un sentido vital de comunidad. Nuestros jóvenes uniéndonos como nación: ¡qué idea tan estimulante!

Informe Gallup del martes, 30 de julio de 2002, adaptado

guía es rechazada; cómo comunicar cuando la atención se toma como ataque".[2] El psicólogo Haim Ginnott reflejó perfectamente el dilema con esta afirmación. Criar a un adolescente requiere capacidades y delicadeza, y plantea la pregunta: "¿Qué quieren los jóvenes en sus padres?".

En *Understanding Today's Youth Culture* (Cómo entender la cultura de la juventud de hoy), Walt Mueller afirma que les preguntaron a los jóvenes lo que más querían de sus padres. Las siguientes son las diez respuestas más repetidas:

Los jóvenes quieren padres que...

- No discutan delante de ellos
- Traten de igual forma a todos los miembros de la familia
- Sean honestos
- Sean tolerantes
- Acepten en su casa a sus amigos
- Construyan un espíritu de equipo entre sus hijos
- Respondan a sus preguntas
- Castiguen cuando sea necesario, pero no delante de los demás, en especial de sus amigos
- Se concentren en los puntos fuertes en lugar de en las debilidades
- Sean consecuentes.[3]

Se puede hacer cualquier cosa con esta lista —leer libros, unirse a grupos, escuchar casetes, y comprometerse a ser los mejores padres— y seguir teniendo un hijo o hija que no coopere. Considere el consejo de Rosemond:

> Los padres pueden hacer lo correcto, y las cosas pueden seguir yendo mal; al menos durante un tiempo, o quizá siempre. ¿Quién sabe? Esta idea —de que haciendo lo adecuado como padres, todo discurrirá suavemente durante los años de adolescencia— se encuentra "entre líneas" en más de un libro o artículo sobre los jóvenes. Es —y escúchenme atentamente— tan patentemente absurda como hacer que uno se pregunte cómo si no personas inteligentes (los autores de esos libros y artículos) podrían siquiera sugerirla. Implica no solo que los padres sean omnipotentes, sino también que un hijo no tiene ninguna responsabilidad respecto a la dirección y el tono de la relación padre-hijo... Un hijo no es un muñeco en manos de sus padres, al igual que un empleado no es un muñeco en manos de su patrón. Un niño humano es un agente independiente (otra manera de decir que tiene una mente propia). Al ser humano, es imperfecto; en términos teológicos: *pecador*. No es imperfecto-pecador *debido a* sus padres; más bien es imperfecto *debido a que es humano*. Por todas estas razones, un niño es perfectamente capaz, a una temprana edad, de hacer cosas que tienen muy poca relación con lo bien (o con lo mal) que haya sido "educado" según ciertas normas. Ser padres no es esculpir; es dirigir... *ser buenos padres no garantiza un buen resultado.*[4]

Falsas expectativas

Quizá una de las razones por que los jóvenes no se llevan bien con los padres sea que esperamos que así sea. Los padres de los adolescentes de hoy crecieron durante los turbulentos años sesenta y setenta. La brecha generacional entre los padres y los jóvenes se estaba haciendo mayor entonces, pero esa brecha actualmente ya no existe. Gallup dice:

La brecha generacional que acosaba a las familias en los años sesenta ya ha desaparecido. La gran mayoría de los adolescentes dicen llevarse al menos bastante bien con sus padres, aunque más a menudo se llevan mejor con mamá que con papá. Sin embargo, las relaciones son aún mejores entre los adolescentes y sus abuelos. La mayoría de los adolescentes (54%) dicen llevarse "muy bien" con sus padres, y otro 43% dice que sus relaciones marchan "bastante bien". Solamente un 2% de los adolescentes dicen que las relaciones con sus padres se han deteriorado hasta el punto de no llevarse bien en absoluto.[5]

Si esperamos tener conflictos con nuestros hijos adolescentes, probablemente los tendremos. Si esperamos que sean rebeldes, es probable que lo sean. Si esperamos que nuestros hijos desarrollen capacidades para resolver los conflictos, es probable que las desarrollen. Si esperamos que ellos resuelvan problemas, es probable que así suceda. Nuestros hijos adolescentes tienden a cumplir con nuestras expectativas, sean buenas o malas.

Como dice el mito urbano: "Todos los jóvenes se rebelan; es lo que ellos hacen". Otro es: "Su hijo adolescente está al otro lado de la brecha, y usted no puede alcanzarlo. Usted está destinado a estar alejado".

Yo no me creo ninguno de los dos mitos.

Tendremos conflictos con nuestros hijos adolescentes, al igual que los tendremos en la mayoría de las relaciones humanas, pero esos conflictos no tienen que ser peores que en las relaciones con adultos. En otras palabras, la relación entre padre-adolescente no está destinada a la miseria y el dolor. Además, usted no tiene por qué estar alejado de hijo o hija adolescente.

Me molesta cuando los padres se lamentan: "Sí, ella tiene ahora once años. Es mejor que yo disfrute de estos últimos años antes de que entre en la adolescencia", como si ella fuera a convertirse en algún monstruo terrible. No todos los adolescentes son rebeldes, maníacos que abusan de las drogas y que llevan armas automáticas a la escuela.

Nuestros hijos tienen tendencia a cumplir o no con nuestras expectativas. Nosotros debemos tener expectativas elevadas —aunque no poco realistas— para ellos. Nosotros mejoramos las posibilidades de tener una relación favorable entre padres e hijos cuando somos positivos y ayudamos a nuestros hijos adolescentes a navegar por la adolescencia en lugar de retorcernos las manos y preocuparnos por cada imperfección.

Nuestros hijos nos miran a nosotros para obtener el ejemplo de cómo arreglárselas en sus años de adolescencia. Si les damos una perspectiva que transmita que pueden hacerlo, o que intenten esto o aquello, es más probable que tanto ellos como nosotros disfrutemos más del proceso.

A mí me encantan los adolescentes. Escojo pasar mi vida con ellos. No me preocupé porque nuestras hijas fueran a llegar a la adolescencia; simplemente pensaba que intentaría relacionarme con ellas como lo hacía con otros adolescentes. (Todos los padres deberían involucrarse en el ministerio de jóvenes. ¡Experimente con los jóvenes de otros antes de hacerlo con los suyos propios!). Yo esperaba relacionarme bien y divertirme con nuestras hijas adolescentes, y la mayor parte del tiempo ha sido así.

Nadie batea nunca cien veces seguidas. Cualquiera que diga que lo hace, o miente o se encuentra en un profundo estado de no querer reconocerlo.

Si está usted nervioso acerca de relacionarse con su hijo o hija adolescente, recuerde una cosa: *Él o ella es más parecido a usted de lo que usted está dispuesto a admitir.*

El adolescente de cuarenta años

Me gusta llamar a los padres de los jóvenes "adolescentes de cuarenta años". A ellos, en general, no les gusta, pero describe a muchos de ellos. Mi teoría es que los padres y los jóvenes se enfrentan a problemas comunes de las etapas de la vida al mismo tiempo.

Por ejemplo, físicamente, los jóvenes descubren que son más fuertes, más rápidos y más grandes de lo que lo eran como niños. Mientras tanto, sus padres descubren que son más débiles, más lentos, más anchos y más bajos.

Emocionalmente, los jóvenes experimentan una amplia gama de sentimientos humanos, a veces todos en una misma tarde. Sus padres enfrentan problemas emocionales: temor, enojo, rechazo, inseguridad y problemas de rendimiento; aun antes de irse al trabajo.

Los jóvenes son curiosos en cuanto a su propia sexualidad. Están emocionados con su nuevo "equipo" y ansiosos por probarlo.

Los padres también están preocupados por su propia sexualidad: ¡se preguntan dónde se habrá ido!

A los jóvenes les importa su familia. A pesar de cuál sea su experiencia personal, los jóvenes realmente piensan en su familia y les importa. A los padres también les importa su familia (esa es la razón de que usted esté leyendo este libro).

Los jóvenes son optimistas respecto al futuro y se sienten abrumados por la cantidad de elecciones que hay a su disposición. Mientras tanto, sus padres puede que se preocupen por el futuro y el rápido descenso de la cantidad de elecciones que ellos tienen.

El ascenso de sus hijos adolescentes puede entrar en conflicto con la valoración que usted haga de su vida hasta los cuarenta años, pero ambos se están enfrentando a los mismos asuntos básicos. Puede que usted se haga las mismas preguntas que su hijo o hija:

- ¿Quién soy?
- ¿A qué lugar pertenezco?
- ¿Qué se me da bien?
- ¿Cuán capacitado estoy?
- ¿Cómo será el futuro?
- ¿Con quién pasaré el futuro?

Justo en el momento en que necesitamos ser comprensivos y apoyar a nuestros hijos adolescentes, a menudo nos encontramos ante nuestros propios problemas parecidos a los de ellos. Yo creo que Dios lo diseñó de esa forma para hacernos más sensibles y comprensivos con nuestros hijos.

En lugar, pues, de luchar contra esos problemas de desarrollo, acéptelos y hable sobre ellos con sus hijos adolescentes. Ambos tienen más cosas en común de las que usted cree. La adolescencia es un tiempo de cambio tanto para los padres como para los hijos, y hablar de esos cambios fortalecerá la confianza en su relación padre-adolescente.

Eduque a su hijo adolescente en la confianza

Para construir confianza en las relaciones con los jóvenes, necesitamos evitar los ladrones de confianza que destruyen sus espíritus, y necesitamos ofrecerles dirección que esté basada en la Palabra de Dios. Recuerde Efesios 6:4: "Y ustedes, padres, no hagan enojar a sus hijos, sino críenlos según la disciplina e instrucción del Señor". Nuestro papel como padres, dado por Dios, es formar e instruir a nuestros hijos.

La formación implica demostraciones repetitivas físicas y visuales. Usted no puede enseñar a su hijo a montar en bicicleta usando libros, vídeos y charlas; debe salir con él o ella a un parque con una bicicleta si es que quiere que aprenda. Quizá tenga que comenzar poniendo ruedas pequeñas a los lados, pero pronto llegará el día en que tenga que quitarlas e ir corriendo a su lado, agarrando el asiento a la vez que él o ella sigue adelante tambaleándose. Cuando consigue mantener el equilibrio, usted lo suelta, y él o ella se aleja entre gritos de alegría.

Necesitamos formar a nuestros hijos adolescentes de la misma manera. Utilizamos las ruedas pequeñas para comenzar, y pronto corremos a su lado y luego los soltamos. Puede que se caigan; puede que se magullen las rodillas; pero la formación conlleva riesgos y fracasos. A menos que estemos dispuestos a permitirlos montar solos, nunca aprenderán. Cuando nos tomamos tiempo para formar a nuestros jóvenes demostramos nuestra confianza. Podría ser algo tan sencillo como enseñarlos a lavar un auto, a hacer cuadrar las cuentas, o a preparar una comida que les guste. Para instruir a nuestros jóvenes "en el Señor", nosotros somos su ejemplo de cómo adorar, cómo servir, y cómo tener un tiempo de oración y estudio de la Palabra de Dios.

La instrucción es más formal que la formación; implica una perspectiva académica del aprendizaje. Nuestros jóvenes necesitan saber ciertas cosas para poder tomar buenas decisiones y para ser capaces de navegar por la vida. Cuando los preparamos para la vida mediante la instrucción, demostramos nuestra confianza y enviamos un mensaje: *Creo en ti. Puedes hacer esto. Estás capacitado.*

Una de las capacidades fundamentales que nuestros jóvenes necesitan es la capacidad para resolver conflictos. Si podemos ayudarlos a que aprendan a resolver conflictos en sus relaciones, les proporcionaremos una capacidad que fomenta la confianza.

El conflicto puede acelerar la confianza

Las familias sanas han descubierto maneras sanas de manejar los conflictos. Las familias poco sanas ocultan los conflictos o fingen que no los hay. Con los jóvenes, usted *tendrá* conflictos. Prepárelos para la vida enseñándolos cómo manejar los conflictos. Imagine la cantidad de problemas relacionales que sus hijos o hijas adolescentes serán capaces de resolver si son capaces de manejar el conflicto de manera adecuada. Podemos equipar a nuestros jóvenes para que tengan un matrimonio exitoso y hagan descender las probabilidades de divorcio si los enseñamos a procesar sus conflictos.

A veces ni siquiera somos conscientes de cuáles son las fuentes de conflicto con nuestros jóvenes. Simplemente sabemos que algo anda mal; nos sentimos inquietos cuando nuestro hijo o hija adolescente entra en la habitación. Sus voces nos destrozan los nervios; su música es cada vez más molesta. Esos son signos de conflicto. Para ayudarlo a evaluar el conflicto, tengo un pedazo de pastel: el pastel de conflictos (vea la página siguiente).

Uno de los pasos más eficaces para reducir el conflicto es comprender de dónde proviene. A menudo experimentamos conflictos pero no nos hemos tomado el tiempo de evaluar cuál es la fuente; por tanto, una vez rellenada la hoja del "pastel", hablen juntos de los resultados. ¿Cuáles son los pedazos más grandes del "pastel de conflictos"? ¿Cuáles son las posibles soluciones para cada uno de ellos?

Cuando hablemos de áreas de conflicto, nuestros jóvenes se enojarán y nosotros nos enojaremos. Necesitamos hallar maneras de expresar el enojo y resolver conflictos que no oculten las emociones ni sean destructivas. El conflicto no es un pecado; de hecho, puede refinarnos y hacernos desarrollar un carácter que no habríamos tenido si no hubiéramos experimentado esa lucha. Algunos padres se desaniman porque no saben cómo resolver los conflictos con sus hijos o hijas adolescentes. El desafío es resolverlos sin exasperar o corregir demasiado a nuestros hijos.

La mejor forma de manejar el conflicto es hablando de antemano con su hijo o hija adolescente acerca de cómo discutir o estar en desacuerdo. Establezca algunas pautas sobre cómo luchar de forma justa, por ejemplo: no gritar, no insultar, y fijar un tiempo para tratar con el asunto en privado y sin apurarse. Todas las familias tienen conflictos. Las familias sanas tienen un plan para resolverlos cuando surgen. Esto les ayudará a crecer juntos y aprender de los conflictos, en lugar de crear distancia en su relación.

El pastel de conflictos

Divida el círculo en pedazos en forma de cuña que reflejan las áreas de conflicto mayores y menores en su relación padre-adolescente. Si tiene usted muchas áreas de conflicto, puede que quiera enfocarse solamente en las principales. Marque cada pedazo del pastel según el conflicto específico que represente, y dele el tamaño según la intensidad de la categoría de ese conflicto. Puede usted utilizar las categorías enumeradas o crear las suyas propias.

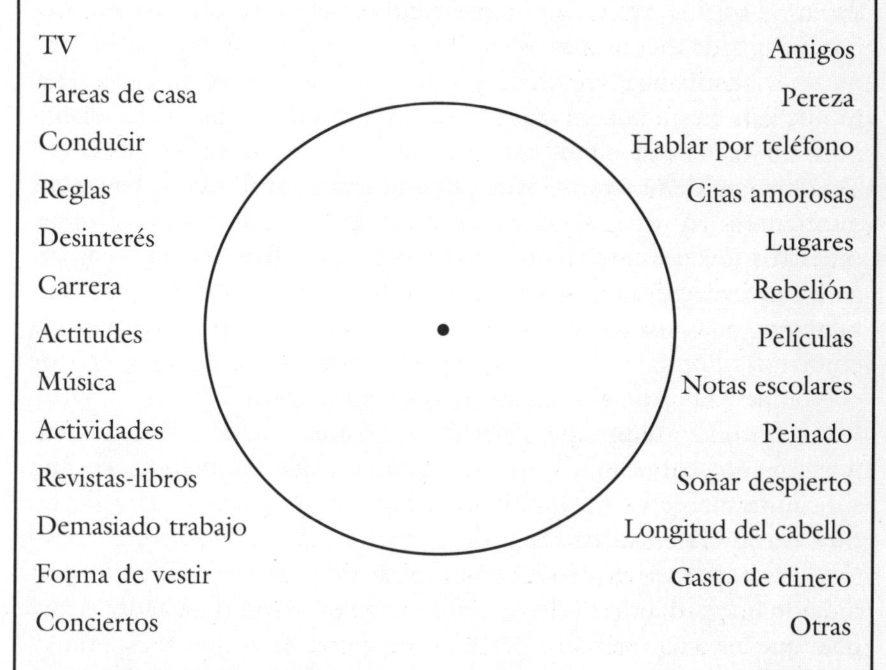

En el Apéndice A se encuentra una hoja para fotocopiar de "El pastel de conflictos" (página 215). Puede hacer copias y escribir en ellas.

Confianza: ¿ofrecida o merecida?

—¿Cómo puedo confiar en ella después de lo que ha hecho?— preguntó Jasmine Bailey a la vez que se limpiaba los rabillos de sus ojos—. Nunca esperé algo así. Somos cristianos, y siempre hemos hablado con nuestros hijos sobre las drogas y el alcohol. ¡Y ahora esto!

—Sé que lo han hecho—traté de animarla.

Una ligera sonrisa apareció en su rostro lleno de lágrimas.

—Estoy avergonzada del comportamiento de LaShauna. Nunca esperé de ella que fuese a una fiesta desenfrenada y se emborrachase. ¿Hicimos algo mal? ¿Somos unos malos padres?

—Ustedes pueden hacer todo correctamente y seguir teniendo una hija adolescente que escoja hacer algo estúpido o malo—. Eso no pareció consolarla.

—Bien, ¿y qué debo hacer? Ha destruido mi confianza en ella.

Yo traté de consolar a la señora Bailey cuando ella estaba sentada en mi oficina, turbada por el incidente del fin de semana anterior con su hija de dieciséis años.

—La confianza se ofrece y al mismo tiempo se merece. Hay momentos en que usted dice: "tu comportamiento ha hecho disminuir mi confianza en ti, así que tendrás que volver a ganártela. Tendrás que demostrarme que puedo confiar en ti". Pero hay otros momentos en que sencillamente tenemos que dar confianza. Nuestros jóvenes necesitan cierto nivel de confianza para ser libres para tomar decisiones. Si les quitamos toda su libertad, les quitamos también todas sus elecciones y ellos no pueden volver a ganarse la confianza. Por tanto, a veces tenemos que ofrecerles un poco de confianza y libertad aun cuando no se la merezcan.

—Entonces tengo que decirle a LaShauna que debido a su comportamiento habrá una consecuencia, pero que también le daré un suficiente margen para que pueda moverse un poco y no estar un mes encerrada en su cuarto.

—Eso es; creo que lo ha comprendido—dije yo—.Hay una pérdida de libertad a causa de su comportamiento, pero no tanta como para que haya también una pérdida de esperanza. Usted le está transmitiendo a LaShauna que cree en ella, que la perdona, y que tiene confianza en ella aprenderá de ese incidente.

—Guau, eso parece muy razonable.

—¡Claro que sí! ¡Ella no es hija mía!

Ella sonrió.

—Sinceramente, ¿de dónde sacó la idea de que la confianza se ofrece a la vez que se gana?

—Directamente de la Biblia. Dios nos amó tanto que entregó a su Hijo. Nos entregó su posesión más preciosa, y nosotros lo rechazamos. Pero Dios no dijo: "¡Ustedes son unos perdedores!" y nos

apartó de Él. En cambio, nos dijo que habría consecue
tro pecado, pero que también había perdón y un camino d
De eso se trata la gracia. La gracia es amor en la relación. La gra
es la manera que Dios tiene de darnos confianza cuando nosotros no la merecemos. Ser padres basados en la gracia hace lo mismo.

—Um... me gusta esa idea: *ser padres basados en la gracia*. Parece que el enfoque está en construir confianza en lugar de castigar la mala obra.

—Eso es. Se enfoca en los corazones de nuestros jóvenes y no solo en su comportamiento.

PREGUNTAS PARA FOMENTAR EL DIÁLOGO

De padre a padre

1. ¿Ha tenido una experiencia similar a la experiencia de Audrey con Dominick, el nuevo amigo de su hijo? ¿Cómo trató con ella?
2. ¿En cuál de las cinco maneras de frustrar a su hijo o hija adolescente (páginas 28-29) le resulta fácil a usted caer? ¿Cómo podría evitarla en el futuro?
3. Lea la lista de las 10 cosas principales que los jóvenes quieren de sus padres en la página 30. ¿Por qué cree usted que cada una de ellas está en la lista?
4. Hablen de la afirmación de John Rosemond: "Ser buenos padres no garantiza un buen resultado".
5. ¿Cuáles son las fuentes frecuentes de conflicto en sus relaciones como padres?

Para hablar con su hijo o hija

1. Muéstrele a su hijo o hija el material de las "cinco maneras de frustrar" en las páginas 28-29. Pídale ejemplos de cada una de ellas.
2. Pregunte a su hijo o hija: "¿Cuáles serían maneras eficaces en las que yo te ayudara a motivarte?".
3. Repase las 10 cosas principales que los jóvenes quieren de sus padres (página 30). Píale a su hijo o hija que haga su propia lista. Discutan y comparen las listas.
4. Haga una copia de "El pastel de conflictos" para su hijo o hija (página 215) y que él o ella la rellene. Discútanla juntos.

5. Escoja una de las ideas en la sección "Ideas para fortalecer la confianza para padres y jóvenes (páginas 43-44) y llévela a cabo.

CÓMO RESPONDER AL CLAMOR

El clamor

Clamor por confianza.

El desafío

Confiar en nuestros jóvenes cuando no sentimos que ellos estén preparados para los correspondientes privilegios.

Herramientas para usar en casa

1. Haga dos tablas con la palabra CONFIANZA en la mitad de cada una y la palabra DESCONFIANZA en la otra mitad. Dele una copia a su hijo o hija adolescente y quédese una para usted mismo. Haga una lista bajo cada encabezamiento de lo que les provoca confiar o desconfiar en el otro grupo de edad (los padres escriben sobre los jóvenes; los jóvenes escriben sobre los padres). Por ejemplo, bajo la palabra DESCONFIANZA, los padres podrían escribir: "Jóvenes con piercing". Tomen unos cuantos minutos para hablar de sus listas. Hagan preguntas como: "¿Por qué (mencione el objeto) te hace ser menos confiado en mí?".
2. Construyan juntos varios castillos de arena. Si no viven cerca de una playa o un lago, consigan algo de arena en un almacén de materiales. Cuando terminen de construirlo, agarren un cubo de agua y echen un poco cerca de la base de su castillo. Hablen de cómo la confianza es la base de todas las relaciones. Cuando no tenemos confianza, no podemos tener confianza. Cuando perdemos la confianza, se erosiona la base de una relación. Una relación puede aguantar un poco de erosión, como un poco de agua.

   Eche un poco más de agua. Señale cómo el castillo se hace frágil cuando la base está erosionada. Lo mismo es cierto de nuestras relaciones. La verdad cimienta la confianza y las mentiras la erosionan. Eche el resto del agua sobre la base y vea cómo el castillo se destruye.

Discutan esta pregunta: "¿Qué podemos hacer para cimentar la base en lugar de erosionarla?".

3. Según la Encuesta Gallup de la Juventud, la necesidad de confianza es la necesidad mayor para los jóvenes. Trabaje para fortalecer la confianza con un ejercicio que puede que haya hecho antes: confiar y caer.

   Póngase detrás de su hijo o hija y pídale que se quede bien derecho con las rodillas juntas, como si fuera una tabla. Con los brazos cruzados sobre el pecho, él o ella se deja caer de espaldas hacia usted y usted lo agarra. La primera vez, agarre a su hijo o hija desde unos 30 centímetros de distancia. Repita el proceso varias veces, incrementando la distancia hasta llegar a unos 60 centímetros y luego hasta un metro y medio. Haga que se dejen caer con los ojos cerrados, y asegúrese de agarrar a su hijo cada vez. Ni siquiera finja que lo deja caer (¡usted será el siguiente!). Tomen turnos.

   Discutan preguntas como éstas:

   - ¿Cómo podría un adolescente fallar y destruir la confianza que tiene con sus padres?
   - ¿Cómo podría un adolescente fortalecer la confianza de sus padres?

Ahora traten de hacer el juego "confiar y caer" delante de un espejo grande, para que así su hijo o hija pueda ver que usted está detrás. Haga un comentario como este: "Cuando tenemos verdad, podemos obtener verdad. Tú puedes verme en el espejo, y así sabes lo que es verdad. Tú *sabes* que estoy detrás de ti y que te agarraré".

Haga a su hijo o hija otras dos preguntas:

- ¿Puedes confiar más en mí cuando me ves?
- ¿Qué podría representar el espejo en nuestra relación? (Honestidad y comunicación continua)

4. En un hogar que observa el judaísmo se hallará una pequeña placa, una *mezuzah*, al lado de la puerta con la Escritura en ella.

Escoja junto con su hijo o hija un dicho positivo para ponerlo al lado de la puerta de su hogar. Por ejemplo: "Confianza = verdad aplicada a la relación". Hagan su propia *mezuzah* con papel, madera, cerámica u otro material. Utilícenla como recordatorio para animarse el uno al otro.

5. Jueguen al "asiento caliente". Compre algo caliente para comer o beber, como café con leche, tamales calientes o comida mexicana picante. Hágale a su hijo o hija una pregunta que le ponga en el asiento caliente, pero que no lo meta en problemas. Una pregunta de ejemplo es: "¿Por qué tus amigos ya no van con Terry?". Después que conteste la pregunta, dele como recompensa una bebida o comida caliente. Luego es el turno de que usted se siente en el asiento caliente, y su hijo o hija le hará una pregunta. Cualquier cosa de la que se entere es confidencial y no podrá ser usada contra el joven para disciplinarlo.

Herramientas para usar en la iglesia

1. Haga su propia encuesta de padres y jóvenes en su iglesia. Pregunte a los adolescentes lo que más quieren de sus padres. Pregunte a los padres lo que más quieren de sus jóvenes. Pida al menos cinco cualidades. Deje que los padres y los jóvenes hablen juntos de los resultados.
2. Compre plastilina o pídala prestada de la clase de niños. Recuerde a los padres y a los jóvenes: "Ser padres no es esculpir, es dirigir. Ser buenos padres no garantiza un buen resultado". Haga que los jóvenes den un ejemplo del padre perfecto y que los padres creen al joven perfecto. Discutan las cualidades esculpidas en las obras de arte.
3. Jueguen a *Brecha generacional* basándose en algún concurso de televisión como *Jeopardy* (Cadena ABC). Contraste la generación de los padres con la generación de los jóvenes. Haga preguntas acerca de la música, la cultura, la televisión, los acontecimientos mundiales, la comida y otros temas representativos de cada generación.
4. Muestre los momentos más interesantes de los combates de la Federación Mundial de Lucha grabados de la televisión. Ofrezca una divertida y relajante lucha con globos de agua. O quizá quiera usar bates de goma —cortos y cubiertos de

goma que se venden en tiendas de juguetes— o pistolas que disparan colores. Utilice equipos de seguridad cuando sea adecuado. Hagan los equipos combinados, como los papás y las hijas contra las mamás y los hijos. Enfrente en la última ronda a los padres contra los jóvenes.

5. Escoja una idea de entre la lista que se da a continuación (Ideas constructoras de confianza para padres y jóvenes) para realizarla junto con otros padres y jóvenes. Cuando la actividad finalice, reúnanse para tomar un refrigerio. Pongan una cinta de vídeo de algún programa antiguo de televisión (*Andy Griffith* o *El show de Cosby*) como fondo para crear un ambiente de confianza.

Ideas constructoras de confianza para padres y jóvenes

Para aumentar la probabilidad de pasar tiempo de calidad, usted necesita pasar una cantidad de tiempo con su hijo o hija adolescente. Los jóvenes piensan: *Yo paso tiempo con aquellos en quienes confío.* Fortalezca el nivel de confianza padre-adolescente en su relación con las siguientes ideas:

- Salgan a jugar a los bolos, pero háganlo con su mano más débil.
- Escojan un lugar en el mapa (en un área de unos 30 kilómetros) donde no hayan estado nunca y disfruten de un viaje hasta allí. Exploren la ciudad cuando lleguen.
- Hagan un póster, incluyendo a personas que se consideran "peces gordos" —o que sean tratados como tales— pero que no viven según las normas éticas.
- Hagan una excursión a pie a un monte en la noche. Escriban en una tarjeta las palabras de Mateo 5:14-16 y lleven con ustedes una linterna. Hablen de lo que significa ser una luz sobre un monte.
- Salgan a comer a un restaurante bonito. Después de la comida, pidan al camarero que les traiga la bandeja de los postres, hablen unos minutos y miren pero sin pedir nada. Después discutan sobre resistir la tentación.

- Vayan a una tienda de música y escuchen con los audífonos tres de los nuevos CDs de la música favorita del otro.
- Saque su libro anual de la escuela y haga un corto viaje por los recuerdos junto con su hijo o hija. Comparta historias sobre sus maestros favoritos y los menos preferidos. Comparen las modas de entonces y de ahora.
- Visiten un cementerio. Lleven una Biblia para poder hablar de 1 Corintios 15:35-37. Compartan respuestas a esta pregunta: "¿Qué diferencia causa Jesús?".
- Vean un programa de televisión que sea popular entre los adolescentes con un cuaderno en la mano. Trace una línea en mitad de la hoja. En un lado, enumere referencias o escenas que sean positivas sobre el cristianismo o los valores cristianos. En el otro lado, enumere las que van en contra de ellos (o puede simplemente escribir referencias a ellas). Luego hablen de los resultados.
- Intenten hacer algún deporte o hobby nuevo juntos. Si no saben qué intentar, visiten una tienda de hobbies o de deportes y decidan conjuntamente.

Ahí las tiene, diez ideas para construir confianza con su hijo o hija adolescente. No se preocupe si su hijo o hija le causa tristeza, ya que eso es parte de la rutina. En su interior estará pensando: *A mis padres de verdad les gusto. Quiero decir que de verdad quieren hacer algo divertido conmigo. Deben de amarme*. A otro nivel, estarán pensando: *¡Deben de estar perdiendo la cabeza! Creo que se les ha fundido algún circuito. Debe ser la edad. ¿Por qué iba a querer yo que me vean en público con ellos?* ¡Pero no permita que eso les despiste!

Sean persistentes. Permanezcan en el camino.

Recuerden: ustedes son los padres. Cuando su hijo o hija les haga pasar un tiempo difícil, respondan con sabiduría y madurez, y expresen: "¡Tú no eres quien manda en mí!".

CAPÍTULO 2

CLAMOR POR AMOR

—Le damos todo lo que necesita. Tiene ropa bonita. Acabamos de comprarle unos zapatos que costaron más de cien dólares—. Tracy, una mamá de cuarenta y tantos años, señaló hacia las nuevas Nike de su hijo de quince años.

—Hace deporte, está involucrado en el grupo de jóvenes aquí en la iglesia, y tiene muchos amigos; pero hay algo que falta.

—¿Cómo lo ve usted?—dirigí mi pregunta a Rich, el papá de Connor.

—Bien, parece que Connor tiene un problema de autoestima, y no sé por qué. Siempre lo animamos e intentamos decirle cosas positivas. Siempre le hemos dado todo lo que ha querido, pero lo que sí sé es que algo falla. Supongo que podría estar en nosotros, y por eso estamos aquí.

—Me alegro de que los tres hayan venido para hablar. Creo que eso ayudará. ¿Hay algo más que quieran decirme?

—Yo trabajo—dijo Tracy—, pero para mí sigue siendo una prioridad asegurarme de que él tenga comida en casa y ropa limpia que ponerse. Quiero que sepa que le amo, y que por eso hago todas esas cosas—. Miró al otro lado de mi oficina, donde estaba Connor mirando fijamente los cordones de sus zapatos. Ella lo miró a los ojos.

Connor se ruborizó y volvió a fijar su mirada en sus pies.

—Connor, ¿qué piensas tú? ¿Te comprenden ellos?

—No, no lo hacen—levantó la mirada—. Están totalmente equivocados. Yo no tengo un problema de autoestima, papá; me siento bien conmigo mismo. No tengo que tener un montón de cosas o que me preparen todo. Puedo cuidar de mí mismo.

—Entonces, ¿cuál es el problema?—le pregunté.

Quedé sorprendido por el repentino aumento de volumen en su voz.

—Justo lo que yo pensaba—musitó Rich entre dientes.

—Este es el tipo de reacción que obtenemos siempre—explicó Tracy.

—Rich, Tracy, ¿aman ustedes a Connor?

—Claro que sí.

—Desde luego.

—¿Le *dicen* que lo quieren?

—Todo el tiempo.

Rich asintió con la cabeza de acuerdo con su esposa.

—¿Cuándo fue la última vez que le dijeron a su hijo que lo quieren?

—Hace unos días, cuando fui a llevarlo a su entrenamiento de fútbol.

—¿Y usted, Rich?

—Pudo haber sido hace unas semanas, cuando llegó más tarde de lo que debía. Le recordé cual sería la consecuencia, pero le dije que le quería.

—Connor, ¿recuerdas esas ocasiones?

—Sí.

—¿Significan algo para ti?

Él se encogió de hombros.

—¿Acaso no es exactamente lo que necesitas?

—No, realmente no.

—¿Te sientes querido por tus padres?

—Mm... bueno... no... quiero decir que sé que me quieren y todo eso, pero no me *siento* querido. Es como si yo fuera una posesión o una responsabilidad para ellos.

Rich levantó las cejas y se echó hacia atrás en la silla.

Tracy hizo un gesto con su frente y dio un suspiro.

—A pesar de todos sus intentos por expresar amor, Connor no se siente querido por ustedes. ¿Les sorprende eso?

—¡Claro que sí! Le decimos que le queremos; le damos palabras de ánimo; le compramos cosas bonitas; le llevamos a todas partes y le ayudamos con todo tipo de cosas, ¿y aun así no se siente querido?—preguntó Tracy. Yo podía sentir el dolor en su voz.

—¿Qué necesita para sentirse querido? Estoy perdido—admitió Rich, arrugando la frente.

—Hay llaves para el amor, y ustedes deben utilizar la llave adecuada para abrir su corazón. Por eso Connor no se siente querido. Si ustedes le expresan amor utilizando la llave incorrecta, no abrirá su corazón. Ustedes no podrán entrar y darle la luz de su amor; podrían intentar entrar por la fuerza, pero a menos que tengan la llave que abre el candado, no lo lograrán.

Connor levantó la mirada, me sonrió, luego se volvió hacia sus padres y asintió.

Yo me sentí alentado por su afirmación.

—Las siete llaves del amor están basadas en mi investigación sobre "El clamor de los jóvenes". Cada grito es, de alguna manera, una expresión de amor. Hay siete clamores y siete maneras de responder con amor. Imagino que ustedes no han estado usando la llave del amor de Connor.

—¿Qué podemos hacer? Quiero decir que yo creía que estaba haciendo lo correcto—dijo Tracy.

—No es cuestión de correcto o incorrecto; es lo que funciona, lo que hace que una persona se sienta querida. Por ejemplo, tendemos a expresar el amor en la manera en que deseamos recibirlo. Supongo que su llave del amor es el apoyo. Ustedes probablemente se sientan queridos cuando alguien les sirve de manera que hace que se sientan apoyados. ¿Estoy en lo correcto, Tracy?

—Exactamente.

—Rich, imagino que usted se siente de verdad querido cuando alguien le anima escuchándole y respondiendo con palabras amables.

—Así es.

—Connor, sé que tus padres te quieren; no hay duda en mi mente. Ellos simplemente tienen que descubrir una manera de expresarlo que a ti te haga sentirte querido. Yo diría que tu llave del amor es distinta a la de tu mamá y tu papá. ¿Te sentirías querido por tus padres si ellos pasaran tiempo contigo, sin interrupciones por sus teléfonos celulares, la televisión u otras distracciones? ¿O para ti sentirte querido significa un abrazo o simplemente estar cerca los unos de los otros?

—Sí... creo que mi llave del amor es una mezcla entre las dos cosas. El mío es un enfoque físico; practico deporte y me gusta entrenar. Ir con alguien significa que es importante. Estar cerca porque quieres estarlo, no porque tengas que hacerlo. Me gustaría que mis padres pasaran más tiempo conmigo, quizá encontrar algo que pudiéramos hacer juntos, simplemente por diversión.

—Entonces, cuando tus padres hacen cosas para ti o te dan palabras de ánimo o te hacen un regalo, eso no te hace sentirte querido; al menos, no tanto como si te dan un abrazo o pasan tiempo contigo.

—Sí, probablemente. Me sentiría querido si ellos apartaran tiempo para mí, tiempo de verdad. No esos momentos intensos y apresurados de pasar tres minutos cara a cara; simplemente estar relajados, de la forma en que puedes estar con un buen amigo. Ya sabe, estar los unos con los otros no significa que tengas que tener "algo que decir".

—Rich, ¿cree usted que podría programar un tiempo semanal para estar a solas con Connor durante las tres próximas semanas?

—Claro, pero yo creía que los jóvenes no querían estar con sus padres.

—Todo se trata del tiempo y el lugar. Usted debe tener en cuenta cuándo y dónde están juntos. Asegúrese de que Connor exprese su opinión, pero nuestro estudio indica que a los jóvenes les gustaría pasar *más* tiempo con sus padres, no menos.

—Entonces, ¿se sentirá querido mi hijo si paso más tiempo con él? Y algunos de estos problemas... ¿qué hacemos con ellos?

—Si un joven se siente querido, la mayoría de los problemas se resuelven por sí solos. Si no se siente querido, los problemas se hacen importantes. La clave con los jóvenes es utilizar la llave del amor de ellos para abrir sus corazones. Por ejemplo, a Connor le gustaría que usted le diera un abrazo.

Rich se movió en su silla.

—Bien, yo... no estoy seguro de sentirme cómodo con eso. Después de todo, él tiene quince años; es prácticamente un hombre.

—No estamos hablando de la comodidad de *usted*; hablamos de cómo hacer que su hijo se sienta querido. A veces eso será incómodo.

Expresar amor es una elección; no es simplemente una expresión de un sentimiento.

—Muy bien, claro—. De manera vacilante, se levantó y se acercó a su hijo. Le dio un rígido abrazo de medio lado y luego volvió a su silla.

—Connor, ¿cómo te hizo sentir?

—Raro, pero me gusta.

—¿Qué te pareció?

—Bueno, se sintió como amor; me hizo sentirme querido.

Rich me miró con desánimo y dio un suspiro.

—Desearía haber sabido esto mucho antes. Él parecía estar completamente cerrado a nosotros.

—Utilizar la llave correcta abre su corazón. Intenten hallar formas nuevas de expresar su amor a Connor mediante la llave del amor *de él.* Choquen las manos, dénle una palmada en la espalda, frótenle los hombros, o luchen con él. Los jóvenes lo que más necesitan son toques de amor durante el período de sus vidas en que la mayoría de los padres se apartan. Razonamos que somos demasiado mayores para ellos, pero cuando tocan a su hijo de la forma en que lo hacían cuando era un niño, le ayudan a sentirse seguro y querido. Ahora su desafío para la semana será descubrir maneras en que puedan expresar amor a Connor en sus llaves de tiempo y toque. Yo creo que mientras él se sienta querido, la mayoría de estos asuntos secundarios se resolverán por sí solos.

Una necesidad universal

Cuando preguntamos a los jóvenes con la Encuesta Gallup de la Juventud, les pedimos que nos dijeran cuán fuertes eran ciertas necesidades en sus vidas. El 93% dijo que "la necesidad de ser comprendido y querido" era importante, lo cual significa que es el clamor que ocupa la segunda posición, según nuestra encuesta. La única necesidad que se situó por encima —la necesidad de confianza— lo hizo solo medio punto por encima.[1] La distinción es prácticamente irrelevante. Se puede decir con certeza que nuestros jóvenes quieren tener confianza *y* amor.

Al igual que los padres de Connor, a veces nos sentimos perdidos en cuanto a cómo amar a nuestros jóvenes. ¿Cómo podemos amar a nuestros jóvenes de maneras en que ellos se sientan queridos?

Las siete llaves del amor de los adolescentes

Una de las principales fuentes de conflicto entre padres y adolescentes viene porque los padres siguen queriendo educar a sus hijos adolescentes de la misma forma en que lo hicieron cuando los muchachos eran más jóvenes; pero los adolescentes no son niños, están en el camino hacia la madurez. Una de sus metas es perseguir su independencia e identidad. Yo bromeo con los padres de adolescentes, diciéndoles: "Su hijo tiene una meta principal en su búsqueda para descubrir quién es: *no ser usted*".

Cuando podemos afirmar la unicidad de nuestros jóvenes amándolos con sus propias llaves del amor, logramos dos cosas: amarlos de maneras en que ellos se sienten queridos y afirmar y aceptar sus identidades aparte de nosotros. No hacer eso es preparar la escena para el conflicto.

Nueve de cada diez de nuestros jóvenes sienten que el amor es una necesidad importante en sus vidas. Muchos de los jóvenes se sienten solos, en la oscuridad y no queridos. Cuando usamos sus propias llaves del amor para abrir las puertas de sus corazones, dejamos entrar la luz y la comodidad que ellos necesitan. Es como si ellos funcionaran con energía solar y necesitaran una recarga de rayos de sol. Con la llave adecuada, podemos abrir sus corazones y recargar sus células solares de amor.

Cada día la vida agota las células solares de nuestro corazón. Necesitamos una recarga regular de amor que venga desde fuera de

Las siete llaves del amor de los jóvenes

Clamor	Llaves del amor	Palabras claves
Por confianza	tiempo	estar ahí, conectar
Por amor	compromiso	promesa, devoción
Por seguridad	toque	cercanía y presencia física
Por propósito	misión	dirección, guía, destino
Por ser escuchado	palabras	palabras de ánimo y afirmación
Por ser valorado	regalos	honor, consideración
Por apoyo	apoyo	servicio, ayuda

nosotros mismos. Sin abrir primero la puerta del corazón con la llave del amor adecuada, el corazón se vuelve cerrado, oscuro y frío. Uno de los clamores más intensos de nuestros jóvenes es el clamor por amor. Leyendo el gráfico de la página siguiente, considere cómo "Los siete clamores" se relacionan con las siete llaves del amor.

Utilizar las siete llaves del amor puede afirmar la unicidad de su hijo o hija adolescente y hacerlo sentir querido. Considerémoslas una por una.

Primera clave del amor: Tiempo

La confianza es el primer clamor de los jóvenes, y parte de ese clamor es el llamado a los padres y los adultos a estar al lado de los adolescentes. Se necesita tiempo para construir la confianza, la cual no puede producirse a velocidad de horno microondas. La confianza es orgánica; crece a medida que invertimos depósitos valiosos depósitos de tiempo en la relación. El tiempo centrado significa darle a su hijo o hija adolescente su completa atención. Durante los momentos que estén juntos, ninguna otra cosa importa. El tiempo comunica amor al joven con esta llave de la confianza.

En nuestra época de la información, inmersa en los medios de comunicación, podemos sobrevalorar las palabras. Los mensajes nos bombardean desde todos los ángulos: televisión, Internet, periódicos, revistas, teléfono, radio, correo basura y asistentes personales y digitales. Es fácil pensar que el mundo de las palabras es el más importante; pero eso no es necesariamente así. A veces podemos enviar un mensaje poderoso —un mensaje de amor— simplemente pasando tiempo con alguien. No llenándolo de conversación intensa sino sencillamente pasando el tiempo juntos.

No crea en el mito del tiempo de calidad cuando se trata de su hijo o hija adolescente. Usted no puede decir: "Tengo treinta minutos. Tengamos una conversación intensa antes de irme". Con los jóvenes, generalmente no ocurre así.

Para tener tiempo de calidad, usted debe tener cantidades considerables de tiempo. Es como si necesitara tener "tiempo basura" para refinar como la escoria para sacar el oro del tiempo de calidad.

Cuando los jóvenes sienten que usted los incluye en un bloque de tiempo, es más probable que se abran. Por ejemplo, ¿se ha dado cuenta de lo abiertos que están a hablar mientras van con usted en el auto en un viaje largo? Se sienten seguros; el auto es un ecualizador estupendo. No se sienten sobrepasados por la autoridad de los padres o sus capacidades de comunicación. En cualquier momento dado, el joven puede decir: "Oye, ¡mira eso!". Hay un escape automático para el joven mientras va en el auto con papá o mamá.

Eso es lo que quiero decir con la expresión: "la calidad viene con la cantidad". Usted tiene que plantar algunos minutos, aparentemente desperdiciados, para cosechar unos cuantos momentos especiales. Sabrá que lo está haciendo cuando su hijo o hija adolescente hable en tono monótono y luego deje caer una perla: "Bien, entonces fuimos al centro comercial, pero no pasó nada de especial a excepción de unas ofertas en la tienda de Old Navy, y yo encontré la camiseta más bonita pero no tenían mi talla. Bueno, luego fuimos a esa fiesta en casa de Melissa. ¿Te acuerdas de su hermana? Hace unos años fue animadora. Ella —me refiero a Melissa— vive cerca del 7-Eleven. Su hermana ahora está en la universidad, pero bueno, algunos muchachos que generalmente están por el 7-Eleven y fuman allí oyeron de la fiesta en casa de Melissa y se colaron. Nadie los conoce, pero ellos simplemente aparecieron allí. Y no vas a creer lo que pasó...".

¿Capté su atención? Usted tiene que aguantar muchas ostras para conseguir unas pocas perlas.

Mi amigo John Trent lo describe de esta forma: estar ahí se trata de ir más allá de ser conocidos para realizar conexiones profundas y duraderas. Estar al lado de alguien añade un sentido de misión y propósito a nuestras vidas, aun cuando sustrae temor y aislamiento. Nos ayuda a enfocar nuestros días y mantenernos maravillados a medida que envejecemos. Estar ahí es estar emocionalmente y espiritualmente en el momento presente para sus hijos, su cónyuge y usted mismo.[2]

Estar ahí con nuestros jóvenes significa pasar tiempo con ellos. Cuando realizamos el esfuerzo de estar al lado de nuestros hijos e hijas adolescentes, enviamos el mensaje que dice que ellos son importantes para nosotros. Los ayuda a sentirse conectados, desde luego, y no tan solos en territorio inexplorado. Cuando invertimos tiempo con nuestro hijo o hija adolescente, estamos aumentando el nivel de confianza. Un clamor por confianza es a menudo un clamor por amor. "¿Me quieres lo bastante para confiarme algo de tu tiempo?".

Segunda llave del amor: Compromiso

La segunda respuesta más alta en nuestra encuesta fue el clamor por amor, al cual respondemos con la clave del amor del compromiso.

Cuando hablamos de *amor* en un mundo donde muchos jóvenes han experimentado el divorcio, puede que ellos respondan: "Eso es lo que mis padres tenían antes de que las cosas fuesen mal y se separaran". Pero eso no convierte a los jóvenes del milenio en personas hastiadas y cínicas. La mayoría de ellos esperan tener un matrimonio exitoso y duradero. En un mundo tecnológico rápido y continuamente cambiante, hay algo suave y consolador en mantener una sencilla promesa. Para algunos jóvenes, su llave del amor está en que mantengamos nuestras promesas, haciendo un compromiso con ellos y cumpliéndolo.

Para las muchachas, esto podría considerarse como la satisfacción de sus necesidades emocionales de estabilidad y consistencia. "Si alguien me quiere y me comprende, hará el compromiso de estar conmigo". El compromiso —un valor tradicional— está extendido entre los jóvenes de hoy, quienes buscan desesperadamente formalidad y constancia.

El amor es una promesa cumplida, un voto que se aprecia, se protege y se mantiene. Usted podría decir que los jóvenes con esta llave del amor son de Missouri, que es conocido como el estado del "muéstrame". Los jóvenes con la llave del amor del compromiso quieren ver el amor en acción en forma de promesas cumplidas. Las palabras, los regalos, el tiempo, la misión y el toque no significan tanto para estos jóvenes. Ellos buscan devoción.

La llave del amor puede verse fácilmente en las concentraciones masivas de castidad, donde miles de jóvenes se comprometen a la abstinencia. Millones de jóvenes han escrito la promesa de permanecer vírgenes hasta el matrimonio. La mayoría de ellos lo hacen como una expresión de su fe cristiana, la cual enseña que el sexo está reservado para las parejas casadas. Algunos llevan con orgullo anillos o collares, los cuales simbolizan su compromiso con la pureza. En años recientes, hemos visto a adolescentes, que son conocidas celebridades nacionales, declarar su compromiso a la abstinencia y señalar a sus anillos o sus collares, que son un símbolo de su compromiso. Piense en dar a su hijo o hija adolescente algún tipo de ceremonia, completándolo con alhajas y un compromiso por escrito.

Un paso más pequeño podría ser el de evaluar las promesas que usted le haya hecho a su hijo o hija. Escríbalas y póngase nota en cuanto a lo bien que las ha cumplido. Si su nota es baja, pregúntese: "¿Qué se interpone en el camino para que yo cumpla las promesas hechas a mi hijo o hija?". Exprese a su hijo o hija su deseo de ser un padre que cumple sus promesas, y pregúntele: "¿Cuáles son las dos o tres promesas principales que te gustaría que yo cumpliese como evidencia de mi amor por ti?".

Algunas veces el clamor por amor es simplemente un clamor por que cumplamos nuestras promesas.

Tercera llave del amor: Toque

El tercer clamor del joven de hoy es un clamor por seguridad. Es un clamor por seguridad física y emocional. Para las muchachas, la seguridad es especialmente importante, con un 85% que dice que "sentirme segura donde vivo y voy a la escuela" es una necesidad "muy fuerte".

Cuando un joven ha tenido un día confuso en la escuela y un amigo le ha dicho algo que le ha herido, las palabras de los padres pueden o no ayudar, pero algunas veces un toque apropiado puede hacer maravillas. Cuando reflexionamos en los años en que nuestros hijos no estaban aún en edad escolar, traemos a nuestras memorias estar abrazados a nuestros hijos, leerles a la vez que acariciábamos sus cabellos, luchar con ellos y empujarlos en los columpios. Cada uno de esos recuerdos implica toque. El toque puede ser un medio eficaz de recargar los corazones de nuestros jóvenes.

Yo he observado que muchos padres tocan menos a sus hijos adolescentes de lo que lo hacían cuando estaban el la primaria. Esto es desalentador, porque creo que el toque apropiado se necesita *más* en los años de adolescencia, y no menos. Garantizado: usted no puede abrazar a su hijo o hija adolescente y darle un beso cuando lo deja en la puerta de la escuela, pero puede darle una palmadita en el hombro cuando conduce, antes de entrar en la zona escolar de "padres que no tocan" (la cual es más o menos lo mismo que la zona "libre de humo" en la mayoría de las escuelas).

"Recuerden el tiempo y el lugar", les advierto a los padres. Cuando usted expresa afecto hacia su hijo o hija adolescente, asegúrese de que es el momento y el lugar apropiados. Si no está seguro, pregunte a su hijo o hija. Generalmente, a los jóvenes no les gusta mucho el toque en público, pero podrían estar más abiertos a él en la intimidad de su hogar. Asegúrese de que no tengan a sus amigos en casa cuando usted plante grandes besos en sus mejillas, ya que esto es embarazoso para la mayoría de los jóvenes.

Cuando yo era pastor de jóvenes, hice el hábito de memorizar los nombres de los jóvenes de mi grupo, saludarlos por nombre y tocarlos de alguna manera apropiada cada semana. Para la mayoría era un apretón de manos modificado o una palmada en el hombro cuando pasaban por mi lado. Para algunos, era un rápido abrazo o una palmadita en la espalda: cualquier cosa con la que ellos se sintieran cómodos. ¿Agarró usted eso? Cualquier cosa con la que *ellos* se sintieran cómodos. Me tomó algún tiempo, pero al final llegué a conocer el nivel de comodidad de cada alumno que asistía regularmente a nuestro grupo, y yo establecí con ellos el contacto físico apropiado.

Años después, estaba hablando con algunos de nuestros graduados que se habían convertido en adultos jóvenes. Pregunté:

—¿Qué es lo que recuerdas de nuestro grupo de jóvenes?

—Tu saludo, que me llamases por mi nombre, y tu apretón de manos.

—Lo más destacado para mí era tu choque de manos y que conocieras mi nombre.

—Tim, tus abrazos fueron los únicos que yo recibí nunca. Mis padres nunca me abrazaban. Recuerdo esos abrazos más que tus charlas.

—No puedo creer que memorizaras cientos de nuestros nombres y tomaras el tiempo, cada semana, para saludarnos a cada uno y hacer nuestro bobo apretón de manos de siete puntos. Sé que trabajaste mucho para preparar tus lecciones y todo lo demás, pero ese apretón de manos y tu sonrisa me hacía sentirme querido.

La Encuesta Gallup de la Juventud dice que tres de cada cuatro jóvenes creen que los padres deberían abrazar a sus hijos o hijas adolescentes al menos una vez por semana. El 55% de esos mismos jóvenes dijo que sus propios padres les dan un abrazo al menos una vez por semana.

¡Anímese! La mayoría de los jóvenes quieren un abrazo y creen que obtienen lo que necesitan. ¡No tenga miedo de extender su mano y hacer cosquillas a su hijo o hija!

Cuarta llave del amor: misión

El cuarto clamor de los jóvenes es "creer que la vida tiene sentido y un propósito". Si consideramos a los jóvenes que respondieron a este tema como una "necesidad muy fuerte", estaría solamente a un punto en cuanto a porcentaje por detrás de las necesidades más altas de confianza, amor y seguridad. El 77% de los jóvenes encuestados respondió que creer "que la vida tiene significado y propósito" es una necesidad "muy fuerte". Un adicional 14.5 % lo consideró una "necesidad fuerte", dándonos un total de un 91.5% de los jóvenes que indican que esto es esencial en sus vidas. En otras palabras, tener un propósito en la vida es muy importante para los jóvenes del milenio. Ellos están en una misión en búsqueda de significado.

Los jóvenes del milenio buscan desesperadamente héroes. No es probable que muchos encuentren a uno, y entonces intentan convertirse ellos mismos en uno. Debido a la obvia ausencia de ejemplos positivos a seguir para los jóvenes, la generación del milenio responderá al llamado al heroísmo y surgirá como la siguiente generación de héroes.

Al mirar más de cerca de los jóvenes de hoy, podemos observar semillas de heroísmo:

- Los jóvenes de hoy están muy preocupados por el declive en los valores morales y sociales.
- Quieren ver líderes con un fuerte carácter moral.
- Un menor número de ellos son sexualmente activos. Muchos están comprometidos a la abstinencia.
- Un menor número de ellos beben cerveza, la droga que primero eligen.
- Hay un aumento del voluntariado.
- Un mayor número de ellos están comprometidos a ir más allá de los puntos de vista de sus padres en cuanto a la raza y afirman la diversidad.[3]

Los jóvenes del milenio podrían ser encasillados como neotradicionalistas. Les gustan algunos de los viejos valores de sus abuelos y los fuertes héroes arquetípicos de la generación G.I., como John F. Kennedy, John Wayne y Ronald Reagan. Se sienten atraídos hacia líderes con un fuerte sentido de propósito. Su clamor es por propósito, y su llave del amor es que se les ofrezca una misión que esté más allá de ellos mismos. Para ellos, el amor significa estar involucrados en una causa digna.

Esto puede llegar a ser particularmente confuso para los padres, que no comprenden el clamor por propósito. El éxito para muchos de esos padres significa verse jóvenes, exitosos y con logros. No pueden comprender a sus hijos e hijas adolescentes, cuya llave del amor es un "sentido de destino en mi vida". Pero comprenderlos es algo crítico. Muchos padres de la generación de los boomers pueden llegar a marginar la llave del amor de sus hijos porque es difícil comprenderla y apoyarla. Cuando somos capaces de ir más allá de nuestra zona cómoda y expresar amor a nuestros jóvenes en maneras que abran sus corazones, estamos utilizando la llave del amor correcta.

En la discusión sobre el amor, es vital guiar a nuestros jóvenes con un sentido de destino. Los padres cristianos pueden usar el concepto de vivir de acuerdo al diseño dado por Dios. Dios nos ha creado de tal manera que, cuando vivimos de acuerdo a su diseño único para nosotros, vivimos vidas de eficacia, la pasamos bien y agradamos a Dios.

Una manera en que podemos ayudar a expresar amor a los jóvenes con esta llave es convertirnos en un apoyo o buscar a otras personas que los apoyen. Yo defino el apoyo como *una conexión entre el joven y un adulto que se preocupe por él del cual ellos puedan aprender y recibir formación, ánimo, apoyo y dirección.* Todos los jóvenes buscan dirección, pero aquellos que tienen la misión como su llave del amor necesitan desesperadamente a alguien que los ayude a aclarar su propósito y los dirija en su destino dado por Dios. Para esos jóvenes, misión es amor.

Quinta llave del amor: Palabras

El quinto clamor de los jóvenes de hoy es ser escuchados. Los jóvenes quieren tener voz; quieren que se les escuche por encima del ruido. Cuando escuchamos a nuestros jóvenes, les demostramos que ellos son importantes, que vale la pena escuchar sus palabras. Demostramos valía a una persona prestando atención a lo que dice. También podemos demostrar amor y valía con las palabras que decimos a nuestros jóvenes. La adolescencia es la etapa de la vida que más necesita palabras de afirmación. Los jóvenes batallan con la competencia, la identidad, la aceptación y la comparación. La adolescencia es un tiempo de prueba emocional. Una palabra de afirmación puede causar la diferencia en la vida de su hijo o hija adolescente.

Una manera de afirmar a su hijo o hija es con palabras de elogio. Busque formas de reconocer los logros de él o ella y elógielo. Asegúrese de ser sincero y específico. Es mejor decir: "Me gusta la forma en que te preparas para cuidar a los niños pensando en juegos y actividades para realizar con ellos" que: "eres buena cuidando niños".

Cuando somos específicos, estamos afirmando y dirigiendo. Siempre estamos buscando formas de dirigir e influenciar a los jóvenes sin recibir reacciones por parte de ellos. Una de las maneras de eficacia probada es dirigir con palabras específicas de elogio.

Nuestra hija Brooke juega en el equipo de baloncesto de su escuela. En un partido reciente, fueron derrotadas por otro equipo rival. Yo intenté animarla después del partido cuando caminábamos hacia el auto.

—Siento que no ganaran ustedes.

—Deberíamos haberlo hecho.

—Sí, ya lo sé. Pero creo que tú jugaste bien; te moviste por toda la cancha. Agarraste diez rebotes.

—¿De verdad? No sabía que habían sido tantos. Nunca los cuento, simplemente juego.

—Tus rebotes nos mantuvieron en el juego. Nos dieron la oportunidad de tirar.

—Nuestros tiros fueron horrorosos.

—Tienes razón. Tu equipo generalmente tira mejor, pero tú no siempre puedes tener influencia en eso. No podía creer lo alto que saltabas para rebasar a esa muchacha alta del otro equipo.

Una amplia sonrisa se dibujó en su cara.

—Sí, ¡eso fue divertido!

A veces nuestros jóvenes ganan; a veces pierden. No siempre podemos afirmar los resultados. En cualquiera de las situaciones, podemos afirmar sus esfuerzos y su progreso. Cuando no afirmamos el esfuerzo y el progreso, establecemos una atmósfera de perfeccionismo. Si solo expresamos palabras de elogio cuando nuestros jóvenes tienen éxito (el resultado final), les arrebatamos lo que pueden aprender a través del *proceso*. Nos convertimos en personas orientadas hacia el producto, en lugar de estar orientadas hacia el proceso.

Algunos padres se centran en el fracaso de sus hijos para obtener el producto final, y lo único que ellos ven es el fracaso; no son capaces de ver el esfuerzo. Debido a que están enfocados hacia el éxito, no pueden afirmar a sus hijos por haberlo intentado. Cuando esos jóvenes necesitan una palabra de ánimo de mamá o papá, no la reciben: porque no cumplieron con las expectativas de sus padres. En lugar de ofrecer palabras de elogio, esos padres orientados hacia el producto ofrecen crítica o comentarios negativos. Eso puede ser destructivo para los jóvenes, en especial para aquellos cuya llave del amor son las palabras. Un joven podría pensar: *La razón por la que intenté pasar las pruebas para la orquesta fue por el ánimo de mis padres. Ahora, cuando no puedo estar en la fila primera, todo son críticas. Nunca estoy a la altura. ¿Por qué no pueden alegrarse de que esté tocando mejor y de que haya llegado a la fila segunda? ¿Por qué siempre tengo que ser perfecto?*

Elogien el proceso. Elogien cualquier progreso. Celebren cualquier movimiento en la dirección correcta. Yo he notado que los jóvenes responden a ese tipo de palabras de ánimo.

Las palabras de afecto son otra manera de expresar amor. El elogio se centra en el comportamiento y el progreso del joven, pero las palabras de afecto se centran en el joven mismo. *Te quiero* es una frase común que expresa afecto, pero a veces suena incómoda cuando es dirigida hacia su hijo o hija adolescente.

Seamos claros: es más fácil decírsela a un adorable niño o niña de tres años que a un desgarbado muchacho de trece años con granitos en la cara que continúa tomando prestada su ropa sin permiso.

Muchos jóvenes tienen padres que les dicen a sus hijos que los aman al menos una vez por semana. Según la Encuesta Gallup de la Juventud, el 66% de los jóvenes encuestados dijeron que sus padres categóricamente les dicen a sus hijos que los aman al menos una vez por semana.[4] Esto da mucho ánimo y poder. ¿Pero y el otro 34% que pasa semanas, meses o años sin recibir una palabra de afecto por parte de sus papás o sus mamás? Esos son los jóvenes que con toda probabilidad no se sienten queridos.

Puede que usted no se sienta cómodo diciendo *te quiero* a su hijo o hija adolescente. Intente estas alternativas:

- Estoy orgulloso de ti.
- Me gusta la forma en que te manejaste en esa situación.
- Disfruté de nuestro tiempo juntos.
- Eres una persona con quien es divertido estar.
- Veo que en realidad has estado pensando.
- Si pudiera escoger a cualquier muchacho en el mundo, te escogería a ti.

¿Se ha dado cuenta de que a veces los jóvenes de todas formas descartan las palabras *te quiero*? Ellos razonan: *Claro que me quieres. Tú eres mi padre, y tu trabajo es quererme.* Una manera de expresar amor a su hijo o hija adolescente con palabras de afirmación es usar un cuadro impactante. En lugar de decir claramente: "Te quiero", puede intentar un enfoque lateral, que no sea tan directo, que se acerque sigilosamente a ellos. Creo que podría llamarlo *afirmación sigilosa*.

Un cuadro es una analogía que puede usted usar para expresar palabras de afirmación a su hijo o hija adolescente. Es un cuadro que iguala las palabras de afirmación que usted quiera darle a su hijo o hija. Permita que le dé algunos ejemplos.

- "Antes de ver la cocina, estaba agotada del trabajo y me sentía como un barco de vela detenido en medio del mar y sin nada de viento a la vista. Cuando tú limpiaste la cocina sin que te lo dijera, me hizo sentir como un barco de vela con un fuerte viento llenando las velas. Gracias. Tu consideración de verdad me ha reanimado."
- "Me he dado cuenta de que te tomas tiempo para jugar al baloncesto con el vecino. Sé que él puede ser quejoso y molestoso. Probablemente llegue a su casa cada día de la escuela deseando que su papá siguiera viviendo allí. Apuesto a que se siente como una estrella de la NBA cuando te gana. Eres muy generoso al tomar de tu tiempo para jugar baloncesto con él."

Las comparaciones sencillas a veces producen mayor impacto que los elogios directos. Un cuadro mental, ofrecido con amor, abre el corazón de un joven que podría estar cerrado a otras expresiones de amor.

Otra manera de usar la llave del amor de las palabras es preguntando la opinión de su hijo o hija. Recuerde: el clamor por ser escuchado se relaciona con esta llave del amor. Los jóvenes quieren tener voz; quieren expresar sus opiniones y valores. Ofrézcales un fórum para hacerlo. Yo estoy convencido de que algunos jóvenes no se sienten queridos a menos que tengan la oportunidad de compartir sus puntos de vista. Para ellos, el amor es igual a una audiencia que escucha. No se sienten queridos a menos que tengan a una o más personas dispuestas a escucharlos y dialogar con ellos acerca de temas importantes.

Para experimentar con esto, escoja un tema de los titulares de las noticias y dígale a su hijo o hija durante la comida que exprese su opinión sobre ello. Esté listo para una viva conversación y posiblemente algo de controversia.

Sexta llave del amor: Regalos

El sexto clamor de los jóvenes es ser valorados. El 68% de los jóvenes encuestados dijeron que era una "necesidad muy fuerte" el ser "apreciados o valorados". Otro 21% la situó como una "fuerte necesidad", con un total de un 89% de jóvenes que dijeron querer ser valorados.

Haciendo regalos podemos usar una llave del amor para expresar valor. Para algunos jóvenes, un regalo barato pero considerado puede hacer que se sientan queridos, más que cualquier otra llave del amor. Es la llave que encaja en la puerta de su corazón. No todos los jóvenes son verbales o expresivos. Puede que se sientan más cómodos con expresiones de afecto no verbales.

Yo soy parte del movimiento Heritage Builder, papás y mamás que se toman en serio su responsabilidad de construir una familia de fe. En nuestro estudio, hemos descubierto que una de las formas clave de producir un impacto en un niño es darle un regalo especial para conmemorar un rito de paso. Millones de padres han regalado a sus hijos o hijas anillos de oro cuando esos jóvenes han hecho el voto de reservar el sexo para el matrimonio. Otros han descubierto el poder de una tradición como la *Bat Mitzvah* que es similar al rito de paso judío que reconoce el compromiso del joven con la fe y la comunidad de la fe. Una cruz dorada o plateada y una Biblia con tapas de cuero son regalos adecuados para estos acontecimientos. Otras familias tienen un rito de paso en la graduación de la escuela y podrían regalar a sus hijos una espada y a sus hijas un colgante, para simbolizar su valía y su entrada en la madurez.[5]

Cada uno de esos acontecimientos especiales toma más significado cuando hay regalos. Para algunos jóvenes, su llave del amor es dar y recibir regalos; se sienten queridos cuando reciben un regalo, y disfrutan expresando su amor haciendo regalos.

Para algunos, esta llave del amor es la más difícil; requiere una inversión y, a veces, sacrificio. Los padres de jóvenes con esta llave del amor necesitarán estudiarlos para vez qué clase de regalos son significativos para ellos, y esta perspectiva es parte del regalo. Los jóvenes con los regalos como su llave del amor se sienten valorados cuando alguien se toma el tiempo para saber lo que les gusta y luego hace el esfuerzo de obtenerlo y regalarlo.

Mi esposa, Suzanne, tiene la llave del amor de los regalos. Nos casamos casi veinte años antes de que yo lo descubriera, y desearía haberlo sabido antes. Durante años, yo expresaba mi amor hacia ella de la manera en que yo deseaba ser querido, aunque *mi* llave del amor son las palabras y el apoyo.

Yo le decía cosas y me sacrificaba por ella, pero no parecían impactarla. Yo sabía que ella los apreciaba, pero no tenían el significado de *amor*.

Ahora lo sé. Para ella, el amor se deletrea R-E-G-A-L-O.

Yo batallaba con esto, porque las palabras y las obras no cuestan y los regalos me costaban dinero; en especial porque cuando su llave del amor funciona mejor es cuando llega en forma de joyas.

Puede que usted haya experimentado algo similar. Ha estado intentando expresar su amor mediante palabras, tiempo, promesas, toque o actos de apoyo, pero no parecen llegar al corazón de su hijo o hija adolescente. Inténtelo con un regalo. Estudie a su hijo o hija para ver lo que le gusta y luego, sin hacerse notar y sin compromisos de por medio, hágale un regalo.

Podría preguntarse: "¿Cuándo fue la última vez que le hice un regalo a mi hijo sin ningún compromiso?". ¿Necesitó usted algo de antemano por parte de su hijo o después de haberle hecho el regalo? Si es así, entonces eso no fue un regalo.

Cuando lo pienso, me gusta hacer regalos a mi esposa porque la quiero, no porque esté intentando influenciarla, cambiarla o manipularla. Doy porque amo. Necesito hacer lo mismo con mi hijo o hija adolescente.

Algunos padres no conocen la llave del amor de sus propios hijos y no se han tomado el tiempo para descubrirla; como resultado, para ellos es útil y conveniente comprarlos cosas en lugar de pasar tiempo con ellos o hacer el esfuerzo de descubrir qué es lo que abre sus corazones. Esto solamente funciona a corto plazo. Los jóvenes enseguida disciernen si los padres intentan comprar el amor. Esta discusión acerca de los regalos no se trata de eso. Un regalo es un símbolo de nuestro amor, no un sustituto de él.

Séptima llave del amor: Apoyo

El séptimo clamor de los jóvenes es la necesidad de ser apoyados en sus esfuerzos. Para algunos jóvenes, su llave del amor no es lo que usted dice o da; lo que causa la diferencia es lo que usted *hace*. Esos jóvenes buscan apoyo como señal de su amor por ellos. Para algunos jóvenes, las palabras, el toque y el tiempo son apreciados, pero esas llaves del amor no *significan* amor para ellos.

Si usted menciona actos de apoyo que hizo para ellos durante su vida, ellos pueden decir: "Sí, eso me parece amor". Estos jóvenes tienen la llave del amor del apoyo; se sienten especialmente queridos cuando sus padres se toman el tiempo para apoyarlos en sus esfuerzos y actividades:

- Recogiéndolos en la escuela
- Llevándolos a hacer la compra
- Lavándolos la ropa
- Comprando comida para ellos
- Llevándolos a sus clases de música
- Horneando galletas para su equipo
- Prestándose voluntarios para ser la mamá o papá del equipo
- Quedándose hasta tarde y ayudándolos con sus proyectos escolares

Estas son solo unas cuantas formas en que los padres de los jóvenes muestran amor mediante el apoyo. Debido a que servimos constantemente a nuestros hijos, es fácil olvidar que las tareas diarias y rutinarias que llevamos a cabo son en realidad expresiones de amor por ellos. Puede que sus hijos olviden las palabras que usted dijo, pero pueden retener por años el recuerdo de un acto de apoyo que usted realizó.

Rosalyn vino a mi oficina para que la aconsejara acerca de su hijo de quince años, Jake.

—Él se muestra muy desafiante, y lo he intentado todo para llegar hasta él.

Yo mencioné las siete llaves del amor y pregunté.

—¿Cree usted que él respondería a sus palabras de afirmación o compromiso?

—No.

—¿Y al tiempo de calidad o al toque?

Ella meneó la cabeza hacia un lado.

—¿Y al apoyo?

Levantó una ceja, y lentamente se formó una sonrisa en su rostro.

—Sí, quizá sea eso. No lo sé; lo he intentado todo. He intentado decirle palabras amables y de afirmación, pero es como el agua sobre la espalda de un pato. He pasado tiempo con él haciendo exactamente lo que él quiere hacer un sábado entero. Incluso intenté mostrarle más afecto, pero fue un desastre. Así que, ¿por qué no? Estoy dispuesta a probar.

—¿Cuál es la tarea que él menos prefiere?

—Oh, eso es fácil. Todos los sábados tiene que limpiar su cuarto, y no puede salir hasta que lo haya hecho. Generalmente no se levanta hasta las once, y luego yo me paso dos horas engatusándolo para que lo haga. Solamente le toma una hora, pero es siempre un problema.

—¿Sale él los viernes?

—La mayoría de las veces.

—Muy bien, este viernes en la noche usted limpia su cuarto. Hágalo de la forma en que a usted le guste; en otras palabras, límpielo de verdad en lugar de apilar todo en el armario. Después deje una nota con un gran corazón rojo en ella que diga: "Limpié tu cuarto por ti porque te quiero. Disfruta de dormir en él".

—¿No es eso un soborno?

—No. No le está pidiendo a él que haga nada.

—¿No es ser irresponsable?

—No. Usted lo hace solo una vez, no cada semana.

—¿Por qué tendría que hacerlo?

—Para demostrarle amor en la llave del amor de él.

Rosalyn hizo lo que yo sugerí, y entonces me llamó el lunes siguiente.

—¿Se imagina lo que ocurrió cuando Jake se despertó?

—¿Comenzó de inmediato a desordenar su cuarto?

—Bueno, sí, eso es. Pero bajó y me dio las gracias. Me dijo: "Gracias, mamá, por limpiar mi cuarto". Se acercó a la mesa de la cocina, donde yo me estaba tomando un café y leyendo el periódico, y dio un gran abrazo. Realmente se inclinó, me besó en la cabeza y dijo: "Mamá, te quiero". ¡Casi me caigo de la silla!

—Es estupendo. Imagino que la llave del amor de él es el apoyo.

—Estoy de acuerdo, pero entonces llegó la realidad. Tan pronto como me dijo "te quiero", me preguntó: "¿Qué hay de desayuno?". Supongo que algunas cosas nunca cambian.

Cómo amar lo aborrecible

Algunas veces los jóvenes son molestosos y aborrecibles. Simplemente no *sentimos* amarlos. ¿Cómo vamos a querer a nuestros jóvenes cuando ellos parecen ser tan poco cariñosos?

Ya sea querer a nuestros jóvenes en maneras que ellos comprendan o quererlos cuando no lo sentimos, ambas situaciones requieren recursos más allá de los que poseemos. No siempre tenemos las fuerzas para expresar amor de forma que nuestros jóvenes lo reciban. No siempre tenemos la fortaleza o la paciencia para amarlos cuando se comportan como niños de tres años.

¿Cómo amamos a lo aborrecible?

Pídale a su Padre —su Padre celestial— que le ayude. Él hace lo mismo por nosotros. Estoy seguro de que hay momentos en que Dios nos mira y piensa: *¿Lo están haciendo otra vez? Creía que ya habían madurado y lo habían superado.*

Pero Él no nos borra del cielo con un rayo. Él es paciente y bueno. Su misericordia es profunda. Él nos da otra oportunidad.

> Acuérdate, Señor, de tu ternura y gran amor, que siempre me has mostrado; olvida los pecados y transgresiones que cometí en mi juventud. Acuérdate de mí según tu amor, porque tú, Señor, eres bueno (Salmo 25:6-7 NVI).

Generalmente escuchamos la lectura de 1 Corintios —el capítulo del amor— en las bodas, pero las verdades que se hallan en ese pasaje son una guía para demostrar amor a nuestros jóvenes. La siguiente es mi paráfrasis de 1 Corintios 13 para quienes tienen hijos adolescentes:

Amor por su hijo adolescente

El amor es paciente, aun cuando ellos levantan su mirada hasta el techo.
El amor es bondadoso, en especial cuando lo que usted siente es ser tacaño.
El amor no tiene envidia de la energía de ellos.
El amor no se jacta de "aquellos maravillosos años".
El amor no tiene orgullo de todos los logros conseguidos como adulto.
El amor no se comporta con rudeza, aun cuando sea la 1:00 de la madrugada y el estéreo esté a toda marcha.
El amor no es egoísta, aun cuando ellos se comporten como si la vida girase a su alrededor.
El amor no se enoja fácilmente. Guarda el enojo para lo que de verdad importa.
El amor no guarda rencor. El perdón es como un borrador mental.
El amor no se deleita en la maldad sino que se regocija en la verdad.
Se persiguen la integridad y la autenticidad, y no la perfección.
El amor siempre protege, aun cuando ellos intenten alejarse de nuestro cuidado.
El amor siempre confía. Los creemos hasta que tengamos pruebas de que no deberíamos hacerlo.
El amor siempre espera. Esperamos lo mejor de nuestros jóvenes.
El amor siempre persevera. Seguimos intentándolo.
El amor nunca se extingue. El impacto en la vida es el amor.

PREGUNTAS PARA FOMENTAR EL DIÁLOGO

De padre a padre

1. Vuelva a la escena que es el comienzo de este capítulo. ¿Con quién se identifica más: con Connor (joven), Rich (padre) o Tracy (madre)? ¿Por qué?
2. ¿Cree usted que algunos padres de jóvenes se sorprenderán al descubrir la llave del amor de sus hijos? Explique sus ideas.
3. ¿Cómo pueden utilizarse las siete llaves para afirmar la unicidad de su hijo o hija adolescente?
4. ¿Está de acuerdo en que "una de las principales fuentes de conflicto entre padres y jóvenes se produce porque los padres intentan educarlos de la misma forma en que lo hacían cuando sus hijos eran más niños? Discutan sus respuestas.
5. ¿Cómo podría usted utilizar las siete llaves del amor con su hijo o hija adolescente?

Para hablar con su hijo o hija

1. Comparta con su hijo o hija las siete llaves del amor. Describa cuál es su llave. ¿Cómo lo sabe?
2. Pregúntele a su hijo o hija: "¿Cuál de las siete llaves significa amor para ti?". Anímelo a explicarlo y poner ejemplos.
3. Pregúntele a su hijo o hija: "¿Cuál de las siete llaves es la menos eficaz para ti?". Hablen sobre la respuesta.
4. Hable con su hijo o hija de esta pregunta: "Cuando piensas en tus amigos, ¿cuál llave del amor es la más común?".
5. Haga que su hijo o hija describa tres maneras en que usted podría demostrarle amor usando la llave del amor de él o ella.

CÓMO RESPONDER AL CLAMOR

El clamor

Clamor por amor.

El desafío

Expresar nuestro amor en maneras que nuestros jóvenes se sientan queridos en lugar de expresarlo como nosotros preferimos hacerlo.

Herramientas para usar en casa

1. Estudie el material de las siete llaves del amor de este capítulo y determine cuál es la suya. Haga una lista de cinco maneras en que usted se siente querido basado en su llave del amor y compártala con su familia.
2. Escriba un email o una nota a su hijo o hija expresando elogio y afecto.
3. Una vez al día, abrace a su hijo o hija. Si él o ella tiende a resistirse, póngase detrás antes de servir la cena y diga: "No habrá cena hasta que des un abrazo al cocinero".
4. Utilice su calendario para organizar un tiempo a solas con su hijo o hija al menos una vez a la semana durante las próximas cuatro semanas.
5. Repase los actos de apoyo que usted puede ofrecer y que están enumerados en la página 63. Escoja uno para realizarlo esta semana con su hijo o hija, y asegúrese de que él o ella sepa que usted lo hizo por amor. "Te llevo a todas tus actividades porque te quiero".

Herramientas para usar en la iglesia

1. Hable con su pastor de jóvenes de la idea de ofrecer regalos ceremoniales (una Biblia, una cruz, arte religioso, una concordancia, etc.) en ritos de paso claves, como la confirmación, la graduación o el bautismo.
2. Trabaje con otros padres para reunir el dinero y realizar un servicio significativo en estas ocasiones tan importantes.
3. Cree un rito de compromiso a la pureza para animar a los jóvenes a permanecer sexualmente puros hasta el matrimonio. Coordine una celebración de castidad con el pastor o el pastor de jóvenes, incluyendo regalos, votos, recuerdos, fotos y música.
4. Diseñe un programa de Hermano/a Mayor para el grupo de jóvenes que empareje a un estudiante de primer año con otro estudiante cristiano y veterano. Pídales a los hermanos/as mayores que nombren a sus hermanos pequeños en el programa, lleguen a conocerlos y los incluyan en las actividades del grupo de jóvenes. Realice para ellos una actividad divertida en

el programa. Pídale a los adultos de la iglesia que ayuden a financiar esos eventos o que traigan comida. Que los adultos sepan que su contribución es una manera de mostrar amor: de los adultos a los estudiantes veteranos, quienes a su vez la transmiten a los más jóvenes.

5. Al menos dos veces al año, cree un proyecto para el grupo de jóvenes que proporcione oportunidades para que los jóvenes expresen amor ayudando a otras personas. Podría ser cualquier cosa, desde lavar autos hasta recaudar fondos para becas para campamentos o ayudar a los ancianos en el mantenimiento de sus hogares.
6. Realicen un banquete de padres, donde los jóvenes cocinen, sirvan y entretengan a sus padres. Conviértalo en algo especial haciendo que los jóvenes se vistan elegantemente y sirviendo chispeante sidra en copas de plástico. Pongan manteles y velas, y que los jóvenes toquen música instrumental suave al piano o con instrumentos de cuerda. Que un estudiante presente y otros cuantos compartan palabras de afirmación para sus padres. Que haya un tiempo en que los jóvenes se sienten al lado de sus padres y les lean un tributo que ellos hayan escrito. Este banquete es una manera muy profunda de honrar a los padres.

CAPÍTULO 3

CLAMOR POR SEGURIDAD

Los jóvenes de hoy claman por seguridad. Quieren sentirse seguros en la escuela, en el hogar y en sus comunidades. Debido a los ataques terroristas y los tiroteos en las escuelas, los jóvenes se preguntan: *¿Dónde puedo estar seguro?*

En nuestra encuesta Gallup "El clamor de los jóvenes", descubrimos que el 92.1% de los jóvenes siente que la seguridad es "muy importante" o "importante" para ellos. Este porcentaje es notablemente más elevado que en las encuestas realizadas antes del tiroteo en Columbine y el 11 de septiembre de 2001. El porcentaje es solo un 0.1 más bajo que el segundo clamor más importante. La seguridad solía ser algo que se daba por sentado en nuestro país: para los niños, los jóvenes y los adultos; pero ahora no lo es. Hemos perdido la inocencia de la seguridad, y ahora somos una nación que está en el borde. Nuestros jóvenes claman por confianza y amor, pero también lo hacen por seguridad. Quieren estar seguros y vivir lo suficiente para que los quieran y confíen en ellos.

El clamor por seguridad se considera una necesidad básica: más básica que tener un propósito o un sentido de pertenencia. Si los jóvenes no se sienten seguros, no podrán desarrollar las necesidades más altas, como las de significado e identidad. Si los jóvenes no tienen un nivel mínimo de seguridad emocional y física en sus comunidades, no es probable que se involucren en mejorarla.

El clamor por seguridad es una necesidad de previsibilidad, seguridad y protección, y el deseo de normalidad y fortaleza ante las sorpresas. Al igual que los adolescentes se quejan de la rutina y el aburrimiento, también buscan desesperadamente la continuidad, la cual hace que se sientan seguros. En un mundo cambiante y con cuerpos que cambian, los jóvenes buscan algo estable.

Vivimos en tiempos inciertos. El 87% de los adultos encuestados en un sondeo Gallup/CNN realizado poco después de los ataques del 11 de septiembre, dijeron que "el 11 de septiembre es el acontecimiento más trágico de mi vida". Sorprendente. Inesperado. En suelo estadounidense. Se une a la misma pregunta que hacen nuestros jóvenes: "¿Dónde puedo estar seguro?".

Unos cuantos días después del terrorismo del 11 de septiembre, se hicieron entrevistas a niños en un programa televisivo. Uno de los niños dijo que sus padres le dijeron: "No te preocupes. No conoces a nadie de los que murieron. Sé feliz". El muchacho de diez años de edad continuó: "Eso no ayudó. Sigo teniendo miedo y estando triste".

¿Qué hace que nuestros hijos se sientan seguros? ¿Qué hace que no sea así? Abordaremos estas cuestiones en este capítulo. Nuestro desafío es crear un ambiente seguro para que nuestros jóvenes puedan madurar a un ritmo sano y natural.

El hogar de papá

La seguridad en el hogar tiene mucho que ver con los papás. George Gallup Jr. ha realizado un amplio estudio sobre los padres. Dice:

> Afortunadamente, la población parece reconocer plenamente la importancia de la paternidad para una sociedad saludable. Una encuesta muestra que el 79% de los norteamericanos dice que la ausencia del padre es el problema más significativo del país. Además, no menos de un 85% de los norteamericanos dice que "el número de hijos de padres solteros" es un problema crítico o grave... Siete de cada diez norteamericanos creen que un niño necesita un

> hogar con *ambos*: una madre y un padre, para crecer felizmente y, sin embargo, cuatro de cada diez niños no tienen esa bendición. Wade Horn, presidente de National Fatherhood Initiative (Iniciativa nacional para la paternidad), escribe: "Todo niño merece el amor, el apoyo y el alimento de un padre legalmente y moralmente responsable, porque los padres son diferentes a las madres de maneras muy importantes, y el vínculo entre padre e hijo es importante para el desarrollo sano de los niños".
>
> El indicador clave del delito no es la educación o los ingresos, según un estudio objetivo, sino el hecho de que un niño viva o no viva con su padre biológico.[1]

Una de las formas más eficaces de reducir el delito y la violencia en nuestro país sería desarrollar estrategias para mantener a los hombres en el hogar y activos en su papel como padres. Es crítico que hagamos eso si esperamos restaurar la seguridad y la estabilidad en los hogares norteamericanos.

El columnista Michael McManus escribe sobre la necesidad: "El trágico resultado es que casi cuatro de cada diez niños —24 millones de niños— no viven en hogares con sus padres... Tal abandono no tiene precedentes en ningún país. Tres cuartas partes de esos niños viven en la pobreza antes de cumplir los 11 años. Tienen más probabilidad de fracaso escolar, de practicar sexo y de tener problemas de drogas o de alcohol. Y el 70% de los delincuentes juveniles tienen padres que están ausentes".[2]

Hay demasiados jóvenes que no tienen las capacidades necesarias para navegar por la adolescencia; no tiene la única arma que necesitan para confrontar los riesgos que encuentran: valores firmes, arraigados en la fe religiosa. La principal fuente de esos valores son ambos padres, y en especial se necesita a los papás. Los papás son más críticos que nunca debido a la pérdida de los sistemas clave de apoyo: familias fuertes, parientes, amigos en el barrio y una sociedad con un acuerdo general acerca de los valores fundamentales. Debido a la falta de estos sistemas de apoyo, los jóvenes de hoy corren un alto riesgo.

Michael McManus cita una controvertida frase de un informe realizado por el Carnegie Council on Adolescent Development (Consejo Carnegie sobre el desarrollo de la adolescencia): "En conjunto, casi la mitad de los adolescentes estadounidenses corren un riesgo alto o moderado de dañar gravemente su probabilidad de vida. El daño puede producirse a corto plazo o puede retrasarse, como una bomba de relojería".[3]

Estas amenazantes condiciones existen entre familias de todos los niveles y trasfondos sociales, en ciudades, en zonas residenciales y en áreas rurales.

A mis hijas les gusta que yo esté en casa. Mi ritual nocturno es comprobar todas las ventanas y puertas y apagar las luces. He hecho eso desde que ellas nacieron. Cuando estoy de viaje, no estoy allí para realizar ese ritual, y mis hijas me han dicho que experimentan una mayor ansiedad cuando yo no estoy. Ellas tienen que recordar cerrar todas las puertas, las ventanas y apagar las luces.

En un nivel básico, la presencia del padre significa que papá está en casa para dar estabilidad, para proporcionar seguridad, y para proporcionar recursos, todo lo cual puede que no estuviera ahí si papá no está.

Cuando yo estoy en casa, hay un nivel más alto de resolución cuando se acerca la hora de irse a la cama.

—Papá me llevará a la cama.

—Papá cerrará las puertas y comprobará las ventanas.

—Papá nos mantendrá seguros.

—Tendremos lo que necesitamos porque papá está en casa.

Seguridad personal

George Gallup Jr. analizó estos datos y escribió:

> Las encuestas demuestran claramente que la mayoría de los norteamericanos conceden una elevada importancia a la familia y la paternidad. Aquellos de entre nosotros que hemos tenido la bendición de un padre amoroso debemos alcanzar a los cuatro de cada diez niños en nuestra sociedad que regresan a su hogar cada día de la escuela y no encuentran a un padre. De hecho, cada uno de nosotros en este momento podría bien hacerse esta pregunta: *¿Hay algún niño en algún lugar que merezca las mismas bendiciones que yo recibí de un padre y que necesite a alguien que camine a su lado* para atravesar los problemas de la juventud? *¿Acaso no deberíamos todos apoyar de una manera u otra?* Si no alcanzamos a los niños sin padres en nuestra nación, podemos contar con enfrentarnos a graves problemas sociales en

los próximos años. Lo que es más importante, como personas que hemos experimentado el amor de un padre terrenal y el amor del Dios del universo, ¿podemos hacer menos que eso?[4]

Me gusta lo que dice George Gallup Jr.: "¿Acaso no deberíamos todos apoyar de una manera u otra?"

Piense en la seguridad que podríamos llevar a los hogares, en especial a los hogares donde los papás no están, si cada joven en nuestro país contara con una persona de apoyo. Quizá Colin Powell esté en lo correcto con su campaña para proporcionar mentores. Él escribe: "¿Es posible cerrar la brecha que deja un padre ausente en la vida de un niño? No del todo, pero la brecha puede hacerse más estrecha. La presencia de un mentor adulto y cariñoso puede ser suficiente para ayudar a ese niño a evitar las dificultades que acosan a los niños sin padres".[5]

Seguridad para los jóvenes

La palabra seguridad tiene diferentes significados para diferentes personas. Si hablamos a adultos, ellos pueden referirse al dinero en el banco, sus pólizas de jubilación, sus inversiones, o los sistemas de seguridad que hay en sus casas. Según mi diccionario, la seguridad incluye los conceptos de protección, paz, seguro y confianza en uno mismo. Si hablamos con jóvenes, tendremos un punto de vista completamente distinto de la seguridad.

Los jóvenes son más aptos para hablar de la estabilidad, la dependencia, la consistencia y la confianza cuando piensan en la seguridad. Debido a que viven en un mundo de confusión y desorden constantes, tienen hambre de estabilidad. Sus propios cuerpos están cambiando en ellos. *¿De qué puedo depender?* es una pregunta que se repite en las mentes de los jóvenes. Vivimos en una cultura confusa. La mayoría de nuestros jóvenes han experimentado el divorcio. El 27% de los niños en Norteamérica viven con solamente uno de sus padres biológicos.

Quizá uno de los desarrollos más molestos y difíciles en nuestra cultura del divorcio sea la custodia compartida. Obligar a los niños a tener dos camas, dos armarios de juguetes, un horario que se alterna, y tensos momentos de ir a recogerlos y devolverlos los hace estar seguros de una cosa: no pueden contar con nada en absoluto.[6]

Los jóvenes del milenio necesitan anclas. Necesitan un lugar donde refugiarse de las cambiantes mareas de la cultura. Necesitan fuentes de previsibilidad y de permanencia en un ambiente que es fluido. Necesitan saber qué esperar. La seguridad ayuda a los jóvenes del milenio a enfrentarse a su mundo y los ayuda a navegar por los cambios y los desafíos de la adolescencia. Sin esas anclas, los jóvenes pueden sentirse rechazados. Algunos se han quejado ante mí de que "ellos se sienten forzados" por una cultura que tiene expectativas muy elevadas en cuanto a ellos pero que no los protege. Sin un sentido de seguridad, algunos jóvenes retroceden con violencia.

Seguridad en las escuelas

Siete tiroteos fatales en menos de dos años escolares. Pasará a la historia de Norteamérica como uno de los momentos de más riesgo para asistir a las escuelas. Moses Lake, Washington; Peral, Mississippi; West Paducah, Kentucky; Jonesboro, Arkansas; Springfield, Oregon; Littleton, Colorado; y Conyers, Georgia. Tristemente, la lista ha continuado. Las recurrentes imágenes de muchachos tiroteando en sus aulas escolares llenaron las ondas y también nuestras mentes. Sus actos hostiles han captado la atención de nuestro país. Lo que vemos nos asusta.

Durante un informe sobre la tragedia de Littleton, el generalmente imperturbable Geraldo Rivera quedó perplejo y notablemente agitado. Él hablaba de que acababa de regresar de cubrir la guerra de Kosovo y lo cruel que la limpieza étnica le parecía, pero que lo que había ocurrido en Littleton no tenía ningún sentido.

Yo estaba viendo la televisión en el gimnasio donde voy mientras me entrenaba en una de las máquinas. No podía creer lo que veía: un presentador de las noticias sin la respuesta. Él admitió que la violencia juvenil era más sobrecogedora que los asesinatos masivos de Kosovo. Estaba allí sentado, mirando directamente a la cámara, sin palabras, meneando la cabeza. Finalmente dijo: "No lo entiendo, amigos. Normalmente tengo algo que decir, pero esto me ha sobrepasado". Echó una mirada a su guión, se frotó la frente, miró a la cámara y dio un suspiro. "Vamos a hacer una pausa. Volvemos en un minuto con 'En directo desde Litteton'".

Yo me volví a las personas que entrenaban a mi lado y dije:

—Ahora esto no es algo que se ve todos los días.

En general, los jóvenes de hoy están satisfechos con sus vidas personales, esperan tener un futuro feliz y exitoso y vivir hasta una avanzada edad. Sin embargo, algunos se preguntan si lo lograrán. Muchos se sienten físicamente inseguros: en las calles, en la escuela y aún en sus propios hogares. No es exagerado decir que somos una sociedad que corre el riesgo de perder a una generación.

Informe Gallup de martes,
30 de julio de 2002, adaptado

El hombre que estaba en la cinta andadora meneó la cabeza.

—La falta de respuesta de Geraldo.

La mujer que estaba a mi izquierda reaccionó de forma diferente. Parecía asustada y perpleja.

—¿Qué les está ocurriendo a nuestros hijos?—preguntó.

—Son mucho más violentos y vulnerables—dije yo.

Geraldo lo expresó bien: "Esto me ha sobrepasado". Resumió lo que todos nosotros sentíamos: miedo y confusión.

La revista *Time* fue lo bastante sincera para admitir que los medios de comunicación están asustados porque creen que deberían tener las respuestas.

Nos encanta explicarlo todo, tener la historia envuelta en una caja para el fin de semana; pero esa es una noticia que no podemos encajar. Un estudio del Pew Charitable Trust indicó que el tiroteo de Littleton es una de las historias más seguidas de la década. Sigue viva en parte debido a nuestro fracaso a la hora de dar cuenta de lo que pasó. Y algunas personas en los medios de comunicación están asustadas de que esos medios sean los culpables.[7]

Debo admitir que me entretuvo el ver a un magnate de los medios de comunicación como Geraldo luchar con los asuntos. Para mí le hizo parecer más humano, y le hizo descender de ese pedestal sobre el que están las celebridades y los presentadores de noticias (o el que ellos mismos han construido).

En años recientes hemos visto un resurgir de furia juvenil. La violencia ha escalado y se ha hecho más mortal. Se han elevado las apuestas por la hostilidad juvenil. Al igual que Geraldo, no lo comprendemos. ¿Por qué matan nuestros jóvenes?

Algunos dirían que se debe a los medios de comunicación. Eso es lo que teme la revista *Time*. ¿Contribuye una revista a la violencia ocupándose de la violencia? ¿Proporciona alimento al imitador?

Los medios de comunicación y la violencia

USA Today informó sobre una encuesta realizada por el National Institute on Media and the Family (Instituto Nacional sobre Medios de Comunicación y la Familia): "El 81% de los padres con hijos de entre los dos y los diecisiete años está de acuerdo en que están preocupados por la violencia que sus hijos ven en las películas o en la televisión". Más de la mitad de los 527 padres en la encuesta, realizada *antes* de la masacre de Littleton en abril de 1999, dicen que sus hijos están afectados por la violencia que ven en los juegos de vídeo, en películas o en la televisión. El estudio también demostró una relación concreta entre los hábitos familiares en cuanto a medios de comunicación y el rendimiento en la escuela; y reveló que los alumnos que ven mucha televisión no rinden tan bien académicamente.[8]

Estamos preocupados por el impacto que realizan las imágenes violentas de los medios en nuestros hijos por razones válidas. Cientos de crímenes que trataban de emularlo barrieron el país después del de Columbine. Los jóvenes cometieron todos los crímenes. Según un sondeo Gallup, el 37% de los jóvenes de edades comprendidas entre los trece y los diecisiete años en todo el país han escuchado amenazas del estilo Columbine en sus propias escuelas, y el 20% dijo que sus escuelas habían sido evacuadas debido a una amenaza de bomba.[8]

La mayoría de los adultos solía pensar en la violencia juvenil como un problema de las ciudades. "Son esos muchachos de las pandillas. Están en las calles tiroteando desde los autos y matándose los unos a los otros". El problema estaba "ahí fuera"; era "su" problema. Pero lo que captó nuestra atención fue que cada uno de quienes tirotearon en las escuelas era un varón blanco y de clase media. No provenían del vecindario o del barrio; eran de barrios residenciales y pequeñas ciudades. El problema es evidente por todo el país. Ahora es problema de todos, ya sea que vivamos en un centro urbano, una granja o un barrio residencial. Ya no podemos fingir que algo así no puede ocurrir donde nosotros vivimos. Yo solía preocuparme cuando nuestras hijas hacían viajes misioneros a otros países, pero ahora me preocupo cuando van a la escuela.

Seguridad en las afueras de la ciudad

Casi cada día un muchacho recibe un impacto de bala en Los Ángeles. ¿Qué ocurre con él? ¿Qué ocurre con las víctimas en Houston, D.C., Chicago, Nueva York y Detroit? Los medios de comunicación por rutina han pasado por alto a los afroamericanos, los latinos, los americanos asiáticos y otras jóvenes víctimas pertenecientes a minorías. No escuchamos de ellos y, si lo hacemos, son retratados con términos deshumanizados: "Un presunto miembro de una banda de la ciudad murió en un violento ataque, aparentemente un ajuste de cuentas. Película a las once". No nos interesamos por su vida emocional ni intentamos comprender lo que ocurrió. Estereotipamos a los jóvenes de las ciudades y también los despreciamos; ellos no cuentan. "Sencillamente otra víctima de la violencia sin sentido".

¿Cuándo estará llena de sentido la violencia? ¿Acaso no toda la violencia *no tiene sentido*?

Cuando la *violencia sin sentido* golpea las afueras de la ciudad e implica a jóvenes de raza blanca, el público clama: "¿Cómo pudo ocurrir aquí?".

James Garbarino, autor de *Lost Boys: Why Our Sons Turn Violent and How We Can Save Them* (Muchachos perdidos: Por qué nuestros hijos se vuelven violentos y cómo podemos salvarlos), escribe acerca de los recientes tiroteos en escuelas: "Las matanzas en las ciudades pequeñas y en las afueras durante el año escolar 1997-1998 han servido como un tipo de llamada de alerta para Norteamérica. Pero es también una oportunidad para que los norteamericanos despierten al hecho de que el terrible fenómeno de la violencia juvenil ha sido algo común y corriente en los últimos veinte años y aprendan de las experiencias de aquellos que han vivido con este problema durante las dos últimas décadas".[10]

Lo que solía ser *su* problema es ahora *nuestro* problema. Seamos claros: estamos tratando con una epidemia de violencia juvenil.

- Un tercio de los alumnos varones adolescentes en todo el país llevan un arma, un cuchillo o algún otro tipo de arma a la escuela.
- Las heridas por impacto de bala son ahora la segunda causa de muerte accidental entre los varones de edades entre diez y catorce años.

- La depresión en los varones adolescentes es a menudo encubierta, pasada por alto cuando se muestra a través de la violencia, la actividad delictiva, el abuso de sustancias o la soledad.
- En el año 1995, el 84% de todos los condados en los Estados Unidos no reflejó ningún homicidida entre jóvenes. Un sentido de inmunidad que pudo haber prevalecido ya no existe.

La tasa de homicidios juveniles aumentó casi un 200% en los años noventa. La tasa de homicidios juveniles ha aumentado un 400% desde el año 1950. Según una encuesta de la juventud del Centers for Disease Control and Prevention (Centros para el control y prevención de la enfermedad), el 15% de los varones en las escuelas —cuya mortalidad es mucho más alta que la de las muchachas— consideraron seriamente el suicidio en el año 1997. Los muchachos usan pistolas, mientras que las muchachas tienden a usar pastillas.[11]

Vulnerable y violento

Nuestros jóvenes son vulnerables y se están volviendo cada vez más violentos. ¿Por qué algunos jóvenes actúan por rabia, mientras que otros la procesan y no reaccionan con violencia? Considere lo que dice el Dr. James Garbarino:

> Hay más niños y jóvenes en todo el país que están experimentando las específicas influencias negativas que incrementan el riesgo de violencia juvenil. Dónde y cuándo se dejen ver esas influencias negativas en forma de actos reales de agresión puede diferir de grupo a grupo. Por ejemplo, los muchachos que llevaron a cabo los infames tiroteos en el año escolar 1997-1998 mataron e hirieron a múltiples víctimas en un solo incidente y no tenían un motivo criminal secundario como el robo o el tráfico de drogas. Esto es diferente de la mayoría de la violencia letal que cometen los muchachos de las ciudades. Además, aunque para la mayoría de los jóvenes de clase media la escuela es un círculo social muy importante y lo que allí ocurre es de vital significado emocional, para muchos de los muchachos de las ciudades, por el contrario, la escuela ha perdido su

> significado cuando ellos llegan a la adolescencia... y ya la han abandonado. Pero una vez finalizado el tiroteo, el resultado neto es el mismo para los padres, los amigos, los maestros y los líderes civiles que deben hacer frente a las secuelas.
>
> Las oleadas tienden a comenzar entre los segmentos más vulnerables de la población y después avanzan hacia el exterior, como las ondas de agua en un estanque. Esas poblaciones vulnerables no causan la oleada. Por el contrario, *su posición de desventaja los convierte en unos buenos anfitriones para la infección.*[12]

Los jóvenes con más desventajas provienen de las ciudades, pero todos los jóvenes son vulnerables a esos mismos elementos destructivos. El clamor es el mismo, ya sea que venga de la ciudad o de las afueras. Los jóvenes claman por protección. Quieren seguridad.

Podría volver a ocurrir

Les pregunté a algunos muchachos de la escuela:

—¿Creen ustedes que veremos otro tiroteo en una escuela?

—Seguro que sí.

—Claro.

—Solo es cuestión de tiempo.

—¿Creen que podría ser un desafío a ser emulado, intentar superar el número de personas muertas o heridas?

—Claro que sí. Esos tipos están demasiado agotados. Para ellos es un juego.

—Como en algún juego de vídeo. ¡Mira, he matado a veintiocho!

—Hay perdedores como esos en todas las escuelas.

—¿Incluso en la de ustedes?—pregunté.

—Sí, conocemos a algunos tipos que son lo bastante retorcidos para hacerlo.

—Pero, ¿y los muchachos que podrían hacerlo pero que nos parecen del todo normales?—desafió su amigo—. Ellos podrían estar en una de nuestras clases, y nunca lo sospecharíamos.

Hicieron una pausa para hacer pasar por su mente las caras de sus compañeros de clase. Yo noté que crecía la tensión; el miedo era real. *¡Uno de nuestros compañeros de clase podría ser un asesino!*

Una encuesta Gallup indica que el 79% de los que sobrevivieron sentían que el desbocado tiroteo en la escuela Columbine High en Littleton, Colorado, es una indicación de graves problemas, comparado con solo el 17% que considera el acontecimiento como un incidente aislado. Al mismo tiempo, solo una escasa mayoría del público —un 53%— expresa confianza en que el gobierno y la sociedad puedan hacer algo para prevenir actos similares de violencia en el futuro. De hecho, dos terceras partes consideran que es probable que un incidente similar pueda ocurrir en su propia comunidad.[13]

Nuestros jóvenes de verdad se enfrentan a graves problemas.

Los jóvenes del milenio y los adultos difieren en sus opiniones sobre lo que causa la violencia en las escuelas.

> Los descubrimientos de una nueva Encuesta Gallup de la Juventud muestran, primero y sobre todo, que los jóvenes creen que la culpa de la violencia escolar, en esencia, está dentro de la estructura social que domina la actual escena escolar. Cuando se les pide directamente que expliquen por qué sienten que se produjo la tragedia en Columbine, el 40% de los jóvenes da una respuesta que, de una manera u otra, se centra en los problemas de las relaciones de grupo y de las presiones de grupo. Los tipos de respuesta agrupados en esta categoría incluyen la observación de que los alumnos se mofan de otros alumnos, que los molestan, que los hacen sentirse marginados, que se sienten desplazados, que los han presionado demasiado, y que se sienten solos. La segunda categoría de explicaciones para la tragedia en Columbine, utilizada por el 16% de los jóvenes en la encuesta, incluyó comentarios centrados en los autores mismos: que tenían problemas personales, que estaban enfermos, enojados, confundidos, celosos, o que eran "estúpidos". Otro 7% de los jóvenes hablaron del hecho de que se ignoraron las señales de advertencia por parte de quienes estaban implicados, mientras que el 4% mencionó factores relacionados con los padres.[14]

Los jóvenes del milenio sienten que la culpa de la violencia escolar está más en ellos mismos y en las estructuras sociales escolares que en los padres, las armas o la violencia en los medios de comunicación.

Los adultos ven la violencia escolar de forma bastante distinta. Ellos se inclinan más a echar la culpa a la implicación y responsabilidad de los padres (32%), a una falta de seguridad en las escuelas (16%), a asuntos de mejor control o mejores leyes de armas (12%), o a la necesidad de más apoyo y consejería por parte de las escuelas (6%) como causas de la violencia escolar.[15]

Cuando se les preguntó a 1,073 adultos: "En su opinión, ¿por qué se produjo el tiroteo en Littleton?", la Organización Gallup informó de los resultados:[16]

Causas de los tiroteos en escuelas, según los adultos

Causa	Porcentaje
Padres, familia	45
Problemas personales	11
Falta de moral/religión	8
Violencia en medios	6

Estos descubrimientos revelan algo más que estadísticas. Los jóvenes del milenio piensan de forma relacional y personal, mientras que sus padres piensan de forma psicológica y sistemática. Los jóvenes del milenio quieren una mejor seguridad escolar (24%, la mayor categoría de respuestas) y así también sus padres (16%). Con respecto a las causas de la violencia escolar, los alumnos tienden a mirarse a sí mismos y a su grupo, mientras que los adultos tienden a echar la culpa a otros adultos y a la sociedad en conjunto.

Cuando se les preguntó a 403 jóvenes del milenio, de edades entre trece y diecisiete años: "Según tu opinión, ¿por qué se produjo el tiroteo en Littleton?", la Organización Gallup informó de estos resultados (vea tabla de resultados en la próxima página):[17]

Los jóvenes situaron a los padres y la familia como cuarta razón de los tiroteos, mientras que sus padres consideraron esta causa como la más importante (45%). En la lista de los jóvenes —aunque incluida entre las cuatro principales en la de sus padres— debe notarse la ausencia de "falta de moral/religión" y "violencia en los medios".

Causas de los tiroteos en escuelas, según los jóvenes

Causa	Porcentaje
Problemas de grupo	40
Problemas personales	16
Señales de aviso ignoradas	7
Padres, familia	4

Cuando se les preguntó: "En tu opinión, ¿qué podría hacerse para reducir la posibilidad de que una situación similar se produzca en tu propia escuela?", los jóvenes dieron las siguientes respuestas:[18]

Sugerencias de los jóvenes para reducir la violencia escolar

Causa	Porcentaje
Mejor seguridad	24
Consejo y comunicación	18
Llevarse bien, tolerancia	18
Alerta	10

Hay que notar que los padres no mencionaron los problemas de grupo, pero los jóvenes del milenio la describen como la principal causa. Los jóvenes del milenio no mencionaron una falta de moralidad o de religión, pero sí respondieron con la necesidad de llevarse bien y ser tolerante. Para muchos, la nueva religión es la tolerancia. En una cultura relativista y sin valores, lo único que no se tolera es la creencia en los absolutos: la honestidad está siempre bien, hacer a los demás lo que uno quiera que le hagan a sí mismo, y otros valores similares se consideran anticuados y moralistas. Sin embargo, unas elevadas normas morales son esenciales como fronteras en una cultura tumultuosa. Las normas dan a nuestros jóvenes dirección y pueden proteger su inocencia. Las normas morales añaden seguridad a su inestable mundo. Cuando los jóvenes del milenio piden una mejor seguridad, consejo y comunicación como maneras de reducir la probabilidad de violencia escolar, están pidiendo protección y pautas. Están pidiendo fronteras.

Como padres, necesitamos ser lo bastante adultos para establecer y mantener las fronteras: por el bien de nuestros hijos. Muchos padres de la generación de los boomers han estados demasiado ensimismados y demasiado ocupados para establecer normas y reforzarlas con sus hijos e hijas adolescentes. No quieren que se los considere poco estupendos o anticuados, y en su celo por estar al día, han dejado sin protección a sus hijos. Debido a sus propias inseguridades, han creado un clima que alimenta la inseguridad. Muchos de nosotros nos sentimos ineptos para ser padres, en especial padres de adolescentes. No tenemos las herramientas, los ejemplos y, muchos días, la energía para enfrentarnos al desafío de ser padres de adolescentes.

> Cuando los padres son malvados y me odian, yo castigo a sus hijos hasta la tercera y cuarta generación (Éxodo 20:5 NVI).

Me gusta lo que Michael y Diane Medved sugieren:

> Las normas fuertes no solo funcionan para poner freno a las enfermedades sociales, sino también como respuesta a un creciente llamado a dar cuentas por la juventud. La organización de investigaciones de Nueva York, Public Agenda, encuestó a adultos y concluyó: "Los norteamericanos están convencidos de que los adolescentes de hoy se enfrentan a una crisis; no en su bienestar económico o físico sino en sus valores y moralidad". Nueve de cada diez adultos dijeron que el fracaso en el aprendizaje de los valores está muy extendido, y solo el 19% dijo que los padres son, por lo común, buenos ejemplos a seguir. La mitad de los adultos encuestados dijo que es muy común que los padres fracasen en la disciplina a sus hijos. Cuando se les pidió que describieran a los jóvenes de hoy, dos terceras partes expresaron términos negativos, como *groseros*, *alocados* e *irresponsables*. La mitad empleó la palabra *consentidos* para describir a los muchachos más jóvenes; casi una tercera parte escogió la palabra *perezosos*.

El estudio de Public Agenda sugiere que los niños no son los únicos que necesitan límites en su comportamiento. Nosotros necesitamos límites en los niños, para que nuestras *propias* vidas sean más refinadas y libres de problemas. La seguridad de los hijos no se produce con una instrucción con valores aguados en las escuelas (aunque las escuelas deberían reforzar y respetar los valores que los niños aprenden de sus padres). Los niños necesitan la consistencia de los límites establecidos en sus propios hogares, desde sus primeros años. Necesitan saber lo que se espera de ellos en una serie de cosas básicas: en términos de respeto por los mayores, en términos de sus responsabilidades en la familia, en términos de buenos modales y de amabilidad.[19]

Cómo construir seguridad en las vidas de nuestros jóvenes

Como personas de fe, tenemos una clara ventaja cuando se trata de construir seguridad en las vidas de nuestros jóvenes. El proceso no tiene que depender enteramente de nosotros. Podemos ayudar a nuestros hijos e hijas a descubrir que la verdadera seguridad no está en los detectores de metales, en los programas de intervención en las escuelas o en recursos y actividades de la comunidad. La verdadera seguridad se encuentra en una relación personal con un Dios todopoderoso y soberano. Nada hay que sorprenda a Dios. Él no se despierta una mañana y se retuerce las manos, preguntándose: "¡Oh! ¿Qué voy a hacer?".

La mejor manera de crear un ambiente seguro que ayude a los jóvenes a madurar a un ritmo natural es reforzar su fe en Dios. Dios va a todas partes. Nuestros jóvenes puede que no quieran que estemos con ellos, pero pueden entender que Dios va a todo lugar con ellos. Esto, a propósito, es útil tanto para la seguridad como para la responsabilidad.

Continúe trabajando con la escuela y con la comunidad para hacer que su vecindario sea seguro. Continúe construyendo barreras y fronteras en el frente de su hogar que protejan a sus hijos. Pero asegúrese de emplear una parte de su precioso tiempo y energía en dar a conocer a Dios a su hijo o hija y a ayudarlo a crecer en la fe.

Esta es la única estrategia más eficaz para ayudar a nuestros jóvenes a sentirse seguros.

Considere los siguientes principios bíblicos:

- *Dios es nuestro refugio.* "El temor del Señor es un baluarte seguro que sirve de refugio a los hijos" (Proverbios 14:26 NVI).
- *Dios es nuestro protector.* "Él cuida el sendero de los justos y protege el camino de sus fieles" (Proverbios 2:8 NVI).
- *Dios es nuestro poderoso Pastor.* "Miren, el Señor omnipotente llega con poder, y con su brazo gobierna. Su galardón lo acompaña; su recompensa lo precede. Como un pastor que cuida su rebaño, recoge los corderos en sus brazos; los lleva junto a su pecho, y guía con cuidado a las recién paridas" (Isaías 40:10-11 NVI).

Cuando infundimos estos poderosos conceptos en las vidas de nuestros hijos e hijas adolescentes, estamos construyendo barreras emocionales y espirituales de protección en sus vidas. Las barreras de protección no tienen que conducir a las ataduras; conducen a la libertad.

> "Corro por el camino de tus mandamientos, porque has ampliado mi modo de pensar" (Salmo 119:32).

Cómo establecer estabilidad

El día después de la atrocidad del 11 de septiembre, se me pidió que diera un seminario para padres e hijos para ayudarlos a hablar sobre el terrorismo, el sufrimiento y la guerra. Abrimos el seminario a la comunidad y asistieron 86 personas. La mayoría de ellas era de nuestra iglesia, pero llegaron 16 de la comunidad. Christina era una de esas invitadas.

—¿Cómo oyó de nuestro seminario?—le pregunté.

—Mi vecina me habló de él. Ella sabía que yo estaba preocupada por mis hijos.

—Me alegro de que haya venido.

—Tenía que estar en un lugar donde la gente ora. Quería que mis hijos estén rodeados de personas que oran.

Christina se limpió una lágrima que se estaba formando en su ojo. Miró más allá de mí, hacia el pasillo de la iglesia.

—Yo no asisto a la iglesia, pero por alguna razón quería estar aquí. Quiero que mis hijos estén aquí. Aquí me siento segura. Soy madre soltera que apenas se las arregla económicamente, y ahora apenas me las arreglo emocionalmente.

—Usted y su familia son bienvenidos aquí. Espero que éste sea para usted un lugar seguro.

—Ya lo es, y solo he estado aquí una vez. Gracias por ayudarme a aprender a estar estable en un momento tan terrible.

Estabilidad. ¿Cómo la desarrollamos en momentos de inseguridad? Este es el núcleo de lo que yo compartí con Christina y con los demás aquella noche.

Para ayudar a nuestros hijos a sentirse seguros necesitamos estabilidad.

Estos factores son especialmente importantes después de un trauma o una pérdida.

1. Comparta sus sentimientos con sus hijos, y anímelos a compartir los suyos con usted.
2. Pase tiempo extra con sus hijos. Disminuya el ritmo y evite la precipitación. Elimine los viajes, proyectos y actividades innecesarios.
3. Asegure a sus hijos que están seguros y que usted hará todo lo que pueda para mantenerlos seguros. Afirme sus sentimientos como normales en una situación anormal.
4. Establezca límites en cuanto al acceso a los medios que se centran en la violencia y el terrorismo o en otras fuentes que causan miedo.
5. Informe a sus hijos con datos precisos, presentados con sinceridad y de manera adecuada para sus edades.
6. Escuche a sus hijos. Esté al tanto de las indicaciones verbales y no verbales.
7. Inicie procedimientos familiares de seguridad para ayudar a sus hijos a sentirse preparados la próxima vez que se produzca una emergencia. La preparación y el diálogo ayudan a los hijos a sentirse capacitados.
8. Incremente la cantidad de toques apropiados que ofrece a sus hijos. Aun un abrazo comunica amor y seguridad a los niños.
9. Usted determina la normalidad. Intente que su familia vuelva a la rutina normal lo antes posible. Usted establece el tono por el comportamiento del que es ejemplo.

La seguridad para muchos jóvenes significa tener padres que "están ahí" emocionalmente y físicamente. Descubrimos en el capítulo 2 —Clamor por amor— que una llave del amor es el toque. Yo creo que es una tragedia —cuando los jóvenes más necesitan el toque de afirmación— que los padres dejen de expresar afecto físico. Hay un poder importante en la cercanía y la presencia físicas.

Necesitamos descubrir maneras adecuadas de expresar el afecto físico a nuestros jóvenes. A veces un abrazo, darse la mano o un rápido beso en la frente pueden expresar una importante afirmación: *Te quiero, y todo va a salir bien.*

Barreras rotas

Mi esposa, Suzanne, y yo fuimos a ver una película autorizada para mayores de 13 años que probablemente merecería no estarlo. Yo no sabía mucho acerca de la película excepto que algunos de nuestros amigos nos la habían recomendado porque era una comedia romántica con algunos actores consagrados. Nos dejamos caer en los asientos reclinables con bolsas de palomitas en nuestras manos y nos preparamos para la diversión. Las luces se atenuaron, y comenzaron los tráiler de las próximas atracciones. Un hombre y una mujer llegaron ruidosamente a sus asientos junto con su hijo de ocho años. Desde luego, se sentaron delante de nosotros. La película fue divertida, pero inadecuada para un niño de tercer grado. Yo me sentía incómodo viendo a esos padres exponer a su hijo a los temas sexuales y situaciones de adultos que había en la película. *¿Es que no conocen nada mejor?*

En nuestro deseo de ser más modernos, o tolerantes, o políticamente correctos, sin darnos cuenta hemos contribuido a la pérdida de nuestros propios hijos. Pensar que necesitamos prepararlos en lugar de protegerlos nos ha conducido a exponer a los niños a problemas y actividades de adultos prematuramente. Ya que nosotros no nos sentimos cómodos con la adolescencia, apuramos a nuestros hijos a que la atraviesen. En lugar de definirla como la última y protegida etapa de la niñez, miramos a los adolescentes como a adultos en miniatura. Los apuramos a que salgan de la niñez y se enfrenten al mundo frío y real donde ellos no están preparados para afrontar el estrés. Como resultado, los jóvenes del milenio se sienten rechazados, aun abandonados por sus padres, lo cual les hace enojar. Algunos de ellos se vuelven hostiles.

Según un reciente sondeo Gallup:

> Hasta cuatro de cada diez jóvenes piensa que en algún momento de su vida, es probable que alguien le dispare un tiro con una pistola. Cuatro de cada diez jóvenes tienen miedo de caminar solos de noche por ciertas áreas en un radio de unos dos kilómetros de sus hogares. La mitad de ellos dice que en algún momento les atracarán. Muchos factores pueden contribuir a una pérdida de seguridad y a un clima de violencia. Los jóvenes proporcionan posibles causas:
>
> - *Presión de grupo.* Más de una tercera parte de los jóvenes dicen estar pasando por "mucha" o "alguna" presión de su grupo para que rompan las reglas. Muchos dicen que se burlan de ellos por su aspecto y su ropa.
> - *Actitudes de adultos.* La mitad de los jóvenes dicen que reciben "muy poco" respeto por parte de los adultos, y muchos se sienten incomprendidos.
> - *Abuso físico.* Uno de cada ocho jóvenes dice haber sufrido abusos físicos; esto es, haber sido dañado intencionadamente mediante golpes, patadas, etc., por ira en lugar de por estar jugando.
> - *Culpa de la comunidad.* Muchos jóvenes culpan a sus comunidades por no hacer algo más para proporcionar consejo y apoyo para los jóvenes.
> - *Padres que no están.* Una tercera parte de los jóvenes no puede hablar de "la vida con un papá". Cuando se les pregunta qué familiares viven en su casa con ellos, casi el 91% dice que su mamá, y solo el 67% dice que su papá.
> - *Alienado.* Uno de cada cinco jóvenes está en la categoría de "alienado", tal como determina la escala de la Encuesta Gallup de la Juventud. Hasta uno entre diez jóvenes está dispuesto a admitir que no es feliz con su forma de ser.
> - *Vacío espiritual.* Solo un 13% de los jóvenes dice que su edad está "muy" influida por la religión. El doble de jóvenes se vuelven hacia sí mismos para dar respuesta a los problemas de la vida de los que se vuelven hacia Dios.
> - *Demasiada televisión.* Siete de cada diez jóvenes admiten pasar demasiado tiempo delante de la pantalla.

- *Música peligrosa.* Seis de cada diez jóvenes creen que el 'gansta rap' fomenta la violencia.
- *Vivir peligrosamente.* Cuatro de cada diez jóvenes dicen que "les gusta vivir peligrosamente"; el 48% dice que les gusta "asombrar a la gente"; un tercio (el 36%) "se preocupan mucho por la muerte".[20]

Asalto a la inocencia

La cultura prevaleciente ya no apoya a la familia como una unidad viable. De hecho, nuestra sociedad no protege a la familia, ni siquiera afirma la educación de los hijos como una tarea noble. Nuestra cultura hace más por minar nuestros papeles tradicionales como padres y la conectividad natural existente entre miembros de la misma familia. Estoy de acuerdo con Michael y Diane Medved, quienes afirman que hay un asalto nacional a la inocencia de nuestros hijos. Todos nuestros hijos lo sienten. Algunos de nuestros hijos luchan en contra de ello. Algunos lo hacen con armas automáticas.

Mi corazón se entristeció cuando vi una entrevista en la *NBC Today* con Nicole Nowlen, una de las supervivientes del tiroteo en la escuela Columbine High. El entrevistador preguntó.

—¿Recuerdas mucho de aquel horrible día, el 20 de abril de 1999?

—Sí, recuerdo mucho. Podría hablar con usted por dos horas acerca de él. La gente se sorprende de lo mucho que recuerdo, pero lo recuerdo todo. Quiero decir que ¿cómo podría olvidarlo? Yo estaba en la biblioteca cuando Eric y Dylan entraron disparando. Yo estaba en el lugar equivocado en el momento equivocado. Ellos vinieron a la mesa donde estábamos sentadas y nos dispararon...—su voz se fue apagando a la vez que traía la escena a su memoria. Sus labios temblaban.— Me dispararon nueve veces en el estómago.

—¿Cómo estás ahora? Quiero decir que parece que ya te has recuperado del todo—dijo el entrevistador.

—Estoy muy bien. No tengo problemas como les sucede a algunos; como no poder dormir y otros problemas.

—Estás bien físicamente. ¿Cómo estás emocionalmente?

—Muy bien. Desde luego, no lo sabré de verdad hasta que vaya mañana a la escuela, pues es el primer día. Podría darme miedo volver al Columbine.

—¿Qué será diferente?

—Ahora yo soy diferente. Ya no soy inocente, y me gustaba más cuando lo era.

PREGUNTAS PARA FOMENTAR EL DIÁLOGO

De padre a padre

1. ¿Qué significa para usted *seguridad*?
2. La revista *Time* admitió que los medios de comunicación tienen miedo porque piensan que deberían tener respuestas. ¿Qué le parece esa admisión?
3. ¿Qué deberíamos hacer con respecto a la epidemia de la violencia juvenil?
4. ¿Están nuestros jóvenes enfrentándose a una crisis moral? Explique sus ideas.
5. ¿Cómo podemos proteger la inocencia de nuestros niños y nuestros jóvenes?

Para hablar con su hijo o hija

1. ¿Necesitan los jóvenes estabilidad? ¿Qué aspecto tienen la estabilidad y la seguridad?
2. ¿Por qué crees que algunos alumnos llevan armas a la escuela?
3. ¿Crees que se podría producir un tiroteo en tu escuela? ¿Tienes idea de quién podría ser capaz de realizar un tiroteo en la escuela? Comparte tus ideas.
4. ¿Qué tal nos va como familia con los nueve factores de la estabilidad? ¿Qué sugerencias tienes para mejorar?
5. Lee Proverbios 14:26. Hablen de cómo la fe familiar puede ser un refugio en tiempos inciertos.

CÓMO RESPONDER AL CLAMOR

El clamor

Clamor por seguridad.

El desafío

Crear un ambiente seguro en el cual nuestros jóvenes puedan madurar a un ritmo saludable y natural.

Herramientas para usar en casa

1. Hable con su hijo o hija de lo que debería hacer en varios escenarios inseguros. Para obtener ideas, vaya al gráfico de la página siguiente.
2. Hagan un collage de la seguridad pegando recortes de revistas y periódicos en una cartulina. Tanto los hijos como los padres pueden hacer uno sin mirar al de los demás hasta que todos estén terminados. Luego hablen de las similitudes y los contrastes entre ellos.
3. Hagan una auditoría de seguridad de su hogar.

   - ¿Están todas las alarmas contra el fuego encerradas en un armario o está restringido el acceso con disparadores de los cerrojos?

Cómo prepararse para escenarios inseguros

Escenario	Plan	Lugar	Contacto
1. Amenazado físicamente en la escuela	*Informar al director*	*Oficina*	*Llamar a los padres*
2. Intimidado o desafiado a pelear fuera de la escuela			
3. Acosado sexualmente en la escuela			
4. Acosado sexualmente fuera de la escuela			
5. Alguien lleva un arma a la escuela			
6. Un ataque terrorista ocurre en la comunidad			
7. Hallazgo de evidencia de un crimen por odio			
8. Hallazgo de grafitis o vandalismo			
9. Se produce un tiroteo en la escuela			
10. Otro			

- Si tienen alcohol en su casa, ¿restringen el acceso a él o lo comprueban para ver si los menores están haciendo uso de él?
- ¿Tienen cuidado de mantener fuera del alcance de los niños las medicinas que pueden llegar a ser adictivas?
- ¿Guardan disolventes, pegamento, pintura en spray y otros inhaladores bajo llave?
- ¿Han revisado su detector de humos, cerrojos de las puertas y ventanas para asegurarse de que funcionan normalmente?
- ¿Tienen nombres y números de teléfono de vecinos a la vista para que sus hijos puedan pedir ayuda en caso de que la necesiten?

4. Hagan una comprobación tecnológica de su hogar.

   - ¿Cómo comprueban el uso de la tecnología en su hogar?
   - ¿Tienen filtros en sus computadoras para que los niños no accedan a páginas de adultos, chats inadecuados y páginas web que puedan promover el odio o la violencia?
   - ¿Han comprobado el historial de su navegador de Intenet para ver si alguien lo está usando inadecuadamente?
   - ¿Cómo restringen el acceso a la televisión, en especial si tienen canales por cable o por satélite?
   - Hablen de las normas para usar la computadora, la televisión y el teléfono con su familia. Consideren poner las reglas a la vista junto con un versículo apropiado, como el Salmo 51:10 o el Salmo 101:3.

5. Hagan de su casa un hogar emocionalmente seguro. Hablen de lo que significa honrarse y respetarse el uno al otro. Lean Efesios 4:29-32 y 6:1-4. Decidan una consecuencia para los miembros de la familia que no respeten a los demás. Una familia asigna la humilde tarea de recoger los excrementos del perro durante una semana si alguien muestra deshonra o falta de respeto. Aun los padres podrían tener que hacerlo.

Herramientas para usar en la iglesia

1. En su grupo de padres y jóvenes, comparen las normas familiares para los medios de comunicación, las horas de regreso a casa, las citas y las fiestas. Explíquenlo razonando esas normas y cómo son reforzadas. En otras palabras: "¿Qué comprobación se hace para asegurarse de que los jóvenes sigan las reglas?".
2. Hablen con otros padres en qué punto están del continuo *preparación versus protección.*
3. Usando una concordancia y un diccionario, busquen palabras en la Biblia que tengan que ver con la seguridad: *estabilidad, fidelidad, confiabilidad, dependencia* y otras. ¿Qué imágenes mentales de seguridad encuentran? Por ejemplo: "El Señor es mi roca... en que me refugio" (Salmo 18:2). ¿Cómo podrían pasar esas imágenes bíblicas a sus hijos e hijas adolescentes? Quizá puedan encontrar una fuente en la roca (o comprar una en un almacén de mejoras en el hogar) y escribir en ella el Salmo 18:2. Regálesela a su hijo o hija.

4. Desarrolle en su iglesia un programa de apoyo para que cada joven que quiera pueda tener a un adulto cariñoso y entrenado con quien él o ella se sienta seguro. Para obtener recursos, visite www.uyt.com.
5. Reúna a los padres de los amigos de sus hijos. Desarrollen tantas normas y expectativas comunes como sea posible, para que los jóvenes no jueguen a enfrentar a los padres. "Bueno, los padres de Vanesa la dejan quedarse hasta la una de la mañana. ¿Es que no confías en mí? ¿Por qué tengo que volver a las once?". La respuesta del padre: "He hablado con la mamá de Vanesa, y ambas estamos de acuerdo en las once para la mayoría de las noches de la semana y las doce para ocasiones especiales, como el baile de la escuela.

CAPÍTULO 4

CLAMOR POR PROPÓSITO

—¿Lo que me estás diciendo es que puedo combinar el surfing con compartirle a la gente sobre Dios? ¡Estupendo!

—Sí—respondí a Luis sentados los dos en nuestras tablas de surf, esperando el siguiente conjunto de olas—. Puedes combinar tu pasión por el surfing con tu pasión por las misiones. No tienes que renunciar a una para realizar la otra.

—¿Cómo?

—Hay un grupo que lleva a los surfistas a otros países a hacer surf, mezclarse con la gente de ese país y hablarles de Cristo.

—¿Y son legales? ¿No será un mal trato? Mis amigos van a querer saber más.

—Claro que sí, amigo. Puedes ver su página web. ¿Recuerdas que Alejandro y Justin fueron a Australia el verano pasado? Fue con este grupo.

—¡Eso me anima! Ahora ya sé lo que voy a hacer el próximo verano después de graduarme—. Sonrió, se arrojó a su tabla y fue remando hasta el pico que se veía en el horizonte.

Nuestros jóvenes anhelan ser parte de una grandiosa historia. Sus corazones se mueren por ser protagonistas en una historia que importe: una que tenga un diseño creativo, personajes apasionados y una misión noble. Ese anhelo es acallado por las tragedias, el materialismo y el frenético ritmo de nuestra cultura, pero no es destruido. Algunos llaman a esa hambre "el anhelo de trascendencia", la pasión de ser algo más grande que nosotros mismos y que esté fuera de lo rutinario. Si está usted dispuesto a realizar el esfuerzo, descubrirá que por debajo de la fachada del adolescente hay un corazón clamando por un sentido de propósito. El cuarto clamor de los jóvenes de hoy es tener algún tipo de propósito heroico.

El clamor por propósito es la necesidad de aventura, significado e intimidad.

> Los jóvenes norteamericanos se ven a sí mismos contribuyendo a un mundo mejor en el nuevo siglo: un mundo con menos discriminación racial, un mundo preocupado por las necesidades de los menos afortunados, un mundo que esté menos contaminado y cuide más del medioambiente, un mundo más pacífico con menos guerras y conflictos armados. Y finalmente, los jóvenes se ven a sí mismos contribuyendo a un mundo de nueva esperanza y un sentido de propósito.
>
> George Gallup Jr.

Aventura adolescente

Los jóvenes de hoy buscan una causa que abrazar. Buscan una aventura que demande algo de ellos. Mucho en sus vidas ha estado protegido del riesgo y el daño, y por eso buscan maneras de "estar al límite" o "ir más allá". Esto ayuda a explicar el por qué los jóvenes del milenio tienen tanto interés en las misiones. Están dispuestos a renunciar a la comodidad a cambio de una búsqueda con propósito. Algunos jóvenes del milenio sencillamente buscan una experiencia, como esquiar en los Andes; pero cuando la experiencia puede apoyarse con un propósito admirable —digamos, esquiar en los Andes para establecer relaciones con los jóvenes sudamericanos para presentarles a Cristo—, entonces se convierte en una aventura.

Sin un sentido de propósito, los jóvenes están libres para buscar aventuras de formas menos nobles. Considere la observación de Charles Colson: "El punto de vista naturalista sobre la vida impregna cada una de las áreas de la cultura occidental, pero en ningún otro lugar con mayor efecto que entre los jóvenes. En cada esquina, son bombardeados con mensajes hedonistas y auto gratificantes. Todos los días se los bombardea con el mensaje de que la vida se trata de juguetes, de placeres, y de satisfacer todos los impulsos de las hormonas".[1]

Solo se necesita ver MTV por unos minutos para ver a qué se refiere Colson. Mensajes consistentes de hedonismo refuerzan la filosofía naturalista de un anuncio de cerveza en las mentes de nuestros jóvenes cada hora de cada día: *Solo se vive una vez, así que experimenta todo el placer que puedas.*

Si no ofrecemos a nuestros jóvenes aventuras nobles, ellos tienden a conformarse con las diversiones hedonistas.

Búsqueda de significado

Los jóvenes del milenio van en busca de significado; buscan claridad en sus vidas. Habiendo sido educados en la niebla relativista de nuestra cultura del "todo vale", ellos buscan una luz que los dirija y de la que puedan depender. A muchos de los jóvenes de hoy les falta un sentido claro de significado para sus vidas. Están buscando una causa significativa que apoyar. Anhelan tener propósito y comprender de dónde vinieron y por qué están aquí. Es fácil ver por qué nuestros jóvenes expresan un clamor por propósito. La vida no tiene propósito cuando la gente no comprende ni su origen ni su destino.

El filósofo y escritor Dr. Francis Shaeffer lo describe con precisión: "El dilema del hombre moderno es sencillo: no sabe por qué el hombre tiene algún significado... esta es la maldición de nuestra generación, el corazón del problema del hombre moderno".[2]

Me sorprendió que el 91.6% de los jóvenes encuestados en nuestra Encuesta Gallup "El clamor de los jóvenes" indicara que era una necesidad "importante" o "muy importante" *creer que la vida tiene significado y propósito*. Yo había supuesto que todo el mundo había pasado por los asuntos del propósito y que necesitábamos avanzar hasta otros temas de más peso, pero estaba equivocado. Por eso realizamos encuestas: para corregir nuestras predisposiciones y ser más concretos en nuestra comprensión de lo que la gente siente y necesita.

Nuestros jóvenes ciertamente batallan con la ausencia de significado en la vida; están confundidos. Habiendo crecido en las escuelas que han enseñado el naturalismo y el humanismo, no están equipados para tratar con lo que a veces se llaman "primeras verdades". La popular cultura relativista critica cualquier forma de verdades absolutas, y por eso cualquier intento por definir y promover verdades universales es acogido con resistencia, si es que no se ridiculiza. Los jóvenes buscan en vano satisfacer el hambre de propósito de sus almas.

> "Mas si el hombre vive muchos años, y todos ellos los disfruta, debe recordar que los días tenebrosos serán muchos y que lo venidero será un absurdo. Alégrate, joven, en tu juventud; deja que tu corazón disfrute de la adolescencia. Sigue los impulsos de tu corazón y responde al estímulo de tus ojos, pero toma en cuenta que Dios te juzgará por todo esto. Aleja de tu corazón el enojo, y echa fuera de tu ser la maldad, porque confiar en la juventud y en la flor de la vida es un absurdo. Acuérdate de tu Creador en los días de tu juventud, antes que lleguen los días malos y vengan los años en que digas: 'No encuentro en ellos placer alguno'". (Eclesiastés 11:8-12:1 NVI)

La búsqueda de significado continúa desde los tiempos de Eclesiastés. Tenemos una oportunidad única de hablar a esta necesidad. La cultura ha cambiado, y por primera vez en años, muchos norteamericanos están dispuestos a admitir que la moralidad personal tiene consecuencias públicas. Desde el escándalo Monica Lewinsky-Bill Clinton hasta las masacres en las escuelas, los ataques terroristas del año 2001 y las indulgencias ejecutivas y lapsus morales que derrumbaron empresas, tenemos una amplia evidencia de que la moralidad personal produce un gran impacto en la pública. La cómoda idea moderna de la autonomía individual ha demostrado estar atrozmente vacía. Las elecciones que hacemos como individuos *sí* tienen importancia. Nuestra forma de pensar y nuestras elecciones *sí* tienen consecuencias. Individuos eligiendo basados en lo que *ellos* creen que es correcto han conducido a una pérdida de comunidad y de civismo. Nos ha dejado desesperadamente en busca de respuestas, y no más preguntas. Cuando ponemos la elección por encima de la moralidad, producimos un caos.

Como resultado, los norteamericanos buscan a tientas algo que restaure los vínculos familiares y comunitarios rotos, algo que haga que la vida tenga sentido. Si la iglesia se encierra en sí misma ahora, si nos centramos solamente en nuestras propias necesidades, perderemos la oportunidad de dar respuestas en un momento en que la gente siente un profundo anhelo por significado y orden.[3]

Nuestros jóvenes están expresando este profundo anhelo por significado. Claman por respuestas específicas a preguntas cósmicas:

- ¿De dónde hemos venido? (cuestión de origen)
- ¿Cómo nos diseñó Dios? (cuestión de diseño)
- ¿Qué ha ido mal? (cuestión de moralidad)
- ¿Cómo podemos arreglar lo que está estropeado? (cuestión de teología)
- ¿Qué deberíamos hacer? (cuestión de obligación)
- ¿Qué hay más allá? (cuestión de destino)

En contraste con el humanismo secular, las creencias de la Nueva Era y otras perspectivas modernas, solamente el cristianismo proporciona respuestas válidas y plausibles a las preguntas cósmicas. Charles Colson escribe acertadamente: "Solamente el cristianismo ofrece una manera de comprender tanto el orden físico como el moral. Solamente el cristianismo ofrece una visión global de la vida que cubre todas las áreas de la vida y el pensamiento, cada aspecto de la creación. Solamente el cristianismo ofrece una manera de vivir en el mundo real".[4]

El día 11 de septiembre de 2001 supuso una llamada de atención para muchos norteamericanos adormecidos. Anteriormente, nuestras vidas estaban centradas en la felicidad, los logros, las adquisiciones o el poder.

Para muchos, sus vidas no tenían meta o propósito. Muchos hombres y mujeres modernos han perdido cualquier sentido de un destino más elevado. Cada búsqueda demuestra estar vacía porque no responde la pregunta cósmica, la búsqueda de propósito:

¿Cuál es el propósito de la vida?
Vivir de acuerdo al diseño de nuestro Creador.

La llave de los inquietos corazones de los jóvenes es ayudarlos a descubrir cómo vivir cumpliendo el propósito de Dios en sus vidas. Al enfocar la vida según esta perspectiva, abordamos las macro preguntas: "¿De dónde he venido? ¿Dónde voy?".

Nuestros jóvenes buscan con fervor el propósito para sus vidas. Quieren una aventura con una causa. Quieren una misión con un significado. Quieren estar cerca de otros que tengan esa misma pasión.

Intimidad deliberada

El clamor por propósito es la necesidad de aventura, significado e intimidad. Para los jóvenes de hoy, la intimidad debe ser sincera y con propósito. Los jóvenes del milenio buscan una intimidad deliberada, no casual o accidental.

Intimidad es conocer el carácter más íntimo o esencia de una persona, sentirse familiar con el corazón de alguien, dos almas que se sienten en casa la una con la otra. La intimidad dice: "Hay lugar en mi corazón para ti". Cuando escuchamos la palabra *intimidad*, puede que nos sintamos tentados a pensar en el encanto del sexo, pero la verdadera intimidad es mucho más que el sexo. Es una autenticidad sin vergüenzas que dice: "Lo que somos juntos es demasiado importante para mí como para fingir que soy algo que no soy". La autenticidad no tiene valor en sí misma; su valor solo se hace verdadero en una relación.

Los jóvenes del milenio claman por ser incluidos. No quieren ser dejados fuera. Con unos padres demasiado ocupados y muy pocos mentores, han sido marginados. Necesitan que nosotros hagamos lugar en nuestras vidas para ellos.

Jesús promete propósito al prometer intimidad.

> "No se angustien. Confíen en Dios, y confíen también en mí. En el hogar de mi Padre hay muchas viviendas; si no fuera así, ya se lo habría dicho a ustedes. Voy a prepararles un lugar. Y si me voy y se lo preparo, vendré para llevármelos conmigo. Así ustedes estarán donde yo esté" (Juan 14:1-3, NVI).

Jesús no está simplemente guardando un lugar para nosotros en la mesa; Él está construyendo la mesa, el comedor y la casa que un día será nuestra.

El día de acción de gracias en nuestro hogar siempre incluye una mesa auxiliar para los niños, ya que no hay lugar suficiente para todos en la bonita mesa del comedor. Para nuestras hijas, era divertido cuando eran pequeñas, pero cuando llegaron a la adolescencia no les gustaba ser relegadas a la mesa de los niños.

Cuando disfrutemos de la fiesta de las bodas del Cordero en los cielos, cada uno de nosotros tendrá una silla en la mesa. Habrá un lugar establecido y una tarjeta con el nombre de cada uno. No tendremos que sentarnos en la mesa de la cocina; estaremos sentados con nuestro Novio: Aquel que ha estado preparando un lugar para nosotros. ¿Por qué? Porque quiere que estemos con Él.

Nadie quiere ser dejado fuera. Recuerdo la agonía del recreo cuando estábamos en tercer grado. Cada uno de nosotros se ponía en fila como las pechugas de pollo en la tienda, mientras que los capitanes de los equipos de béisbol contrarios escogían a los mejores, yendo desde los más deseados hasta los menos. Yo nunca era el primero en ser escogido, y a menudo me quedaba el último.

—No quiero a Smith. Ya lo tuve la última vez.

—Vale, cuatro ojos, ven a mi equipo. Me quedo contigo. Intenta que no se te caiga la bola.

Yo me sentía como la hamburguesa de oferta.

Pero no es así con Jesús. Él dice: "Estoy haciendo lugar para ti. Estarás conmigo, ¡y va a ser algo que no puedes ni imaginar!

Quizá un destello del cielo sea cuando entramos a una habitación y alguien exclama: "Oye, aquí; te he reservado un lugar. Me alegro de que estés aquí". El gozo es tener a alguien que te reserve un lugar.

En el corazón de cada joven hay un anhelo por propósito; por aventura, significado e intimidad.

Creo que C.S. Lewis lo captó mejor: "Si hallo en mí mismo deseos que nada en este mundo pueden satisfacer, la única explicación lógica es que fui creado para otro mundo".[5]

Perspectiva bíblica acerca del propósito

Felicia salió de su clase de biología confundida por lo que la señorita Radcliffe acababa de enseñar sobre los orígenes. "Nosotros somos

Cómo descubrir el propósito

Diseño

- Dios nos hizo según su plan maestro.
- "Tú creaste mis entrañas; me formaste en el vientre de mi madre. ¡Te alabo porque soy una creación admirable! ¿Tus obras son maravillosas, y esto lo sé muy bien!" (Salmo 139:13-14 NVI)
- Fuimos creados mediante un diseño inteligente en lugar de por un proceso natural (evolución). No somos errores; somos obras de arte. Somos creaciones con valor.

Destino

- Descubrimos nuestro propósito y futuro en relación con Dios.
- "Porque yo sé muy bien los planes que tengo para ustedes —afirma el Señor—, planes de bienestar y no de calamidad, a fin de darles un futuro y una esperanza" (Jeremías 29:11, NVI).
- Cada uno de nosotros tiene un alma única que encaja con Dios. Cada uno de nosotros tiene una contribución única y creativa que hacer. Somos el pueblo de Dios.

Obligación

- Podemos ofrecer servicio a Dios y a los demás.
- "Cada uno ponga al servicio de los demás el don que haya recibido, administrando fielmente la gracia de Dios en sus diversas formas" (1 Pedro 4:10 NVI).
- Somos valiosos para la misión y el propósito que Dios ha planeado. Nuestro servicio tiene consecuencias eternas.

ejemplos de millones y millones de células que se organizaron ellas mismas y evolucionaron durante millones y millones de años", afirmó la maestra a la vez que señalaba el gráfico que había por encima de la pizarra y que ilustraba la evolución desde un organismo unicelular pasando por peces, ranas y, finalmente, llegaba a los humanos.

A Felicia no le parecía correcto. Todo lo que había aprendido en su iglesia parecía contradecir lo que le habían enseñado en biología. *¿Dónde obtendré respuestas? Si Dios nos ama y tiene un plan, ¿por qué tuvo que usar la evolución para llegar finalmente a él?*

Si Felicia fuera hija suya, ¿qué le diría?

¿Pensaría en decirle que la evidencia en cuanto al diseño se encuentra en todo el universo físico y que si el universo parece haber sido diseñado, es que ha sido diseñado? ¿Está usted preparado para responder a algunas de las explicaciones naturalistas y humanistas que es probable que su hijo o hija adolescente aprenda en la escuela? Considere el esquema de la página siguiente y utilícelo para fortalecer el sentido de propósito de su hijo o hija.

En nuestra cultura se ha hecho mucho énfasis en la *autoestima*, pero nuestros jóvenes necesitan algo más que buenos sentimientos sobre sí mismos. Necesitan comprender que Dios los diseñó para que fueran únicos y maravillosamente complejos. Podemos ayudar a nuestros jóvenes a desarrollar un sentido de destino que señale a un futuro con esperanza.

También podemos ayudarlos a ver que son valiosos y que tienen algo de valor que aportar cuando sirven.

Si somos capaces de hacer eso, estamos proporcionando lo que nuestros jóvenes necesitan: una aventura noble, una misión con significado, y que otros se unan a ellos en la búsqueda.

Anhelo de una experiencia espiritual

Entretejido por cada uno de los siete clamores hay un anhelo por una experiencia espiritual, pero destaca de forma dramática cuando consideramos la búsqueda de significado de los jóvenes del milenio. Nuestros descubrimientos indican cuatro aspectos de este clamor:

1: Las divisiones espirituales

La mayoría de los jóvenes del milenio creen que la Biblia es exacta, pero rechazan muchas de las enseñanzas claves. Ven la Biblia como un menú de historias, que pueden escoger y aplicar a su vida tal como lo crean necesario: una *sopa* espiritual.

La mayoría de los jóvenes están familiarizados con los principios bíblicos, pero no los aplican de manera consistente. De nuevo es una evidencia de su modo de pensar en pedazos, el cual es una mezcla ecléctica de creencias contradictorias. Quizá su incongruente manera de pensar sea un resultado de un estilo de vida frenético y discordante. Muchos jóvenes del milenio están demasiado ocupados para reflexionar; simplemente no tienen el tiempo para darse cuenta de las inconsistencias. Como resultado, terminan teniendo una mezcla de creencias, lo que muchos han llamado “moralidad de mosaico”.

PALABRAS DE ÁNIMO

Cómo estimular bíblicamente al joven

Haga saber a su hijo o hija que Dios lo ama. Ayude a formar este sentido de propósito con una perspectiva bíblica. La Biblia está llena de pasajes estimulantes. Intente escribir algunos de ellos en hojas de papel y póngalos en la almohada de su hijo o hija una vez a la semana; o péguelos al espejo que sus hijos utilicen. A continuación se ofrecen unos cuantos pasajes estimulantes para ayudarlo a comenzar.[6]

SALMO 52:8	El amor de Dios es inagotable.
SALMO 91:14-16	Dios está con nosotros en los problemas.
SALMO 117:2	El amor de Dios por nosotros es grande.
ISAÍAS 43:1-3	No temas.
JEREMÍAS 31:3	El amor de Dios es eterno.
JEREMÍAS 33:3	Dios responderá nuestras oraciones.
LAMENTACIONES 3:22-23	Dios es fiel.
HABACUC 1:5	Dios está haciendo algo increíble.
ROMANOS 8:38-39	Nada puede separarnos del amor de Dios.
EFESIOS 3:17-18	El amor de Cristo es inmenso.
1 JUAN 3:1	Somos los hijos de Dios.

2: Espiritualidad medioambiental

Su ambiente afecta de forma dramática a la espiritualidad de los jóvenes del milenio. Si están rodeados por otras personas comprometidas con el estudio bíblico, con compartir y con la oración, ellos reflejarán una vida de estudio bíblico, de compartir y de oración. Si primordialmente se relacionan con jóvenes que simplemente asisten a la iglesia, entonces hasta ahí llegará su experiencia espiritual. Los jóvenes del milenio son *camaleones espirituales*; se adaptan al cambio. Por eso parece que su entusiasmo por las cosas espirituales es frío y caliente. Igual que los limpiaparabrisas de su auto tienen un movimiento intermitente, los jóvenes del milenio tienen un movimiento intermitente para la disciplina espiritual.

3: Potencial espiritual no alcanzado

Los jóvenes del milenio van en busca de la experiencia espiritual. Están más abiertos a esto de lo que sus padres creen. De hecho, miran a sus padres para buscar diálogo, satisfacción y dirección en los asuntos espirituales. Pero la mayoría de los padres están extrañamente silenciosos sobre este tema. Ellos racionalizan: *Ya llevo al muchacho al grupo de jóvenes. ¿No es suficiente?* Nuestro estudio indica que los padres son quienes más influyen en la vitalidad espiritual de sus hijos, a pesar de que los padres invierten poco tiempo para hablar de ello. ¿Por qué? Porque la mayoría de los jóvenes emulan lo que ven que sus padres hacen. ¿Qué ocurriría si los padres fueran deliberados y tuvieran un plan para construir la madurez y la profundidad espiritual de sus hijos?

Aun los jóvenes que no tienen padres cristianos están abiertos a los mentores espirituales: un obrero de jóvenes o un maestro de escuela dominical que se tome un interés personal en ellos y sus vidas espirituales.

4: La aparición de héroes espirituales

William Strauss, coautor de *The Fourth Turning* (El cuarto giro), predice que los jóvenes del milenio serán una generación de héroes. En una entrevista realizada en el año 1996 dijo: "Observen, y verán que con la llegada del milenio las portadas de las revistas estarán proclamando que ellos son una generación maravillosa; no tanto por quiénes son sino por lo que el país quiere que sean".[7]

Y eso es exactamente lo que ocurrió: *Time, Newsweek, USA Today* y otras publicaciones nacionales mostraron historias en portada durante los últimos años sobre "lo buenos que son estos jóvenes". Los jóvenes del milenio son una generación de paradojas. Algunos jóvenes se dedican a tirotear su mundo mientras que otros intentan salvarlo.

Wendy Murria Zoba describe acertadamente este heroísmo espiritual:

> La constancia, velocidad y niveles de asombro de tantas partes del mundo que los jóvenes del milenio habitan los han afilado para operar en los extremos, con valentía y descaro. La ambigüedad moral los ha estimulado a querer fronteras definidas y respuestas reales. El anhelo espiritual los ha preparado para dar todo lo que tienen en su búsqueda de Dios. En otras palabras, harán cosas *en el extremo.* Cuando respondan al llamado el heroísmo, lo harán con valentía; cuando se trate de aceptar la verdad moral, lo harán sin ninguna vergüenza; cuando entreguen sus vidas al Señor, servirán con todo lo que tengan... Es el momento correcto para que los padres y la Iglesia se apoderen de esta estación de madurez espiritual en los jóvenes para captar sus anhelos, para ganarse su lealtad, y para equiparlos para que den todo lo que tienen para llevar "el Evangelio radical" al próximo milenio.[8]

Los muchachos perdidos

El sentido de propósito es vital para los adolescentes, en particular para los varones. Sin un claro sentido de propósito, los varones adolescentes tienen más probabilidad de dañarse a sí mismos o a los demás. Es crítico que les demos a nuestros muchachos (y muchachas) sustancia y claridad acerca del propósito de la vida. Nuestra responsabilidad como padres es alimentar su desarrollo espiritual. Nuestros muchachos necesitan ser fuertes en su fe si quieren comprender el significado del bien y del mal. El Dr. James Dobson escribe acerca del propósito y la moralidad:

> [Los jóvenes] están creciendo en un mundo posmoderno en el cual todas las ideas se consideran igualmente válidas y nada está en realidad equivocado. La maldad es algo malo solamente en las mentes de aquellos que creen que es malo. La gente que vive con esta perspectiva de la vida sin ley está destinada a sufrir un gran dolor y desgracia. La perspectiva cristiana, en cambio, enseña que el bien y el mal son determinados por el Dios del universo y que Él nos ha dado una norma moral inmutable por la cual vivir. Él también ofrece perdón de pecados, el cual los muchachos (y las

> muchachas) necesitan con razón. Solamente teniendo este entendimiento se estará preparando al niño para que se enfrente a los desafíos que le esperan. ¡Sin embargo, la mayoría de los niños norteamericanos no reciben ningún tipo de formación espiritual! Se les deja que lleguen a formarse por sí mismos a lo largo del camino, lo cual conduce a la existencia sin sentido de la que hemos hablado.[9]

Dos muchachos aparentemente comunes, provenientes de familias normales de clase media se dirigieron tranquilamente a su escuela a la hora de la comida en una acaudalada zona residencial de Denver y dispararon y mataron a una docena de sus compañeros de clase y a un maestro antes de apuntarse a ellos mismos con sus armas automáticas. La tragedia de Columbine captó la atención de todo el país. Fue un momento decisivo en nuestra vida contemporánea, una definitiva caída en picado de la inocencia. Nos sorprendió a todos. *¡Podría ocurrir aquí!* El miedo se apoderó de todas las personas "trajeadas" de las zonas residenciales.

El aluvión de balas igualó un arranque en múltiples niveles de maldad, cada uno de ellos pareciendo ser más siniestro. Fue una caída de la inocencia y una escalada de odio. La serenidad de las zonas residenciales fue hecha pedazos. Los padres y los maestros comenzaron a mirar a sus muchachos y muchachas con sentimientos poco familiares de ansiedad, duda y, en algunos casos, sospecha.

¿Qué va mal en esos muchachos? La pregunta estaba en las mentes de todos.

Es cierto que ha habido otros tiroteos en escuelas, pero Columbine (el nombre mismo pronto se convirtió en un icono para la tragedia juvenil) penetró en el alma de Norteamérica e hizo estragos en nuestro propósito. Los tiempos son buenos, pero algo marcha horriblemente mal en los jóvenes de Norteamérica.

Lo que nos turba acerca de Columbine es lo normales y corrientes que eran las vidas de quienes dispararon y lo extraordinarios que fueron sus actos premeditados y brutales. No tiene sentido. Entendemos la violencia en las escuelas de las áreas conflictivas en las ciudades; casi la esperamos. Pero Columbine fue diferente. Fue una brutal llamada de atención a las 3:00 de la tarde. Nos hizo especular si habíamos estado negando la enfermedad de las almas de nuestros jóvenes de clase media y la de sus padres.

—¿Qué fue mal con esos muchachos?

—¿Dónde estaban sus padres?

—¿Les fallaron su escuela o su comunidad?

—¿Podría ocurrir aquí?—. Esta sea, quizá, la pregunta más inolvidable. La respuesta, tristemente, es que sí.

Los jóvenes norteamericanos están sufriendo aislamiento, vacío y una epidemia de falta de propósito. El clamor de nuestros jóvenes es por propósito. Para algunos de ellos su propósito es una misión en busca de significado; para otros, es simplemente una vía de escape del dolor.

Los jóvenes están en una etapa de desarrollo en la que corren grandes riesgos. A veces los corren porque no saben qué otra cosa hacer; a veces los corren por experimentar emociones; y otras veces lo hacen para escapar del dolor.

Cuando observamos más de cerca de estos adolescentes impulsados por la angustia, no podemos sino notar a los adultos en segundo plano. Puede que ellos no abusen ni sean negligentes en el sentido general de la palabra, pero a excepción de casas cómodas y bienes materiales, no tienen nada de sustancia que pasarles a sus hijos. Los tiroteos en las escuelas han abierto las persianas de las zonas residenciales y nos han permitido echar un vistazo a las vidas de las familias para descubrir un vacío espiritual y emocional. Los turbados jóvenes fácilmente pudieron derramar sus fantasías brutales y llenas de odio en este vacío. Fue una vía de escape.

Padres ausentes

Antes de asumir su actual papel como miembro del gabinete presidencial, el general Colin Powell luchó con valentía en la Guerra del Golfo. Después de esa campaña, comenzó otra: combatir la ausencia de los padres. Fundó America´s Promise: The Alliance for Youth (Promesa de Norteamérica: Alianza de la Juventud), un programa de apoyo. Él dice:

> Casi el 40% de nuestros hijos están creciendo sin un padre en casa. Algunos sociólogos predicen que esta cifra podría alcanzar el 50% en los próximos años. Es una privación cruel y a menudo condiciona la vida.

> Los muchachos adolescentes sin padres están notablemente más inclinados al delito. El 72% de los asesinos adolescentes y el 70% de los encarcelados con largas condenas vienen de hogares con ausencia del padre. Aunque permanezcan fuera de la cárcel, los muchachos sin un padre tienen el doble o el triple de probabilidades de sufrir fracaso escolar o divorcio en el futuro.
>
> Que los muchachos necesitan un padre está ampliamente reconocido, aunque no lo está tanto que las muchachas también los necesiten. Es el amor incondicional de sus padres lo que les enseña a las muchachas que son dignas de afecto y respeto por parte de otros hombres. Al igual que los muchachos adolescentes sin padres tienen el doble o el triple de probabilidades de cometer delitos, las muchachas adolescentes sin padres tienen el doble o el triple de probabilidades de ser madres solteras.[10]

La clave para construir familias y adolescentes saludables es tener padres que sean activos en el hogar. Los padres proporcionan propósito, estabilidad y recursos, características que a menudo están ausentes en hogares donde los padres no están.

Algunos padres están presentes físicamente pero no se implican activamente ni están conectados emocionalmente con sus hijos; están emocionalmente ausentes. Los resultados son similares a los de un hogar con un padre ausente. Los jóvenes necesitan padres que estén ahí *para* ellos y *con* ellos: padres presentes emocionalmente.

Algunos jóvenes regresan cada día a hermosas casas, pero sin padres. Puede que tengan todas las marcas del éxito —ropa, juegos de vídeo, autos, teléfonos celulares y computadoras—, pero no tienen padres disponibles con ellos que puedan darles apoyo y formación. Esos padres "a tiempo parcial" puede que estén en casa, pero a menudo están desconectados de sus hijos e hijas adolescentes. Pueden que compartan las comidas, pero probablemente la televisión sigua encendida mientras tanto. Estas figuras de padres han logrado salir de la común tarea de ser padres: guiar y formar a sus hijos adolescentes.

Yo creo que la mayoría ha hecho eso no porque estén demasiado ocupados en el trabajo o distraídos por los entretenimientos, sino porque no tienen las herramientas para realizar su trabajo. Nuestra cultura no ha proporcionado el apoyo para que los padres pasen a sus hijos valores firmes. En cambio, nuestra cultura ofrece pluralismo: "Lo que es correcto para mí puede que no lo sea para ti". Es un espíritu de tolerancia sin juicio. El resultado es un insípido y nublado sistema de creencias sin ningún poder ni convicción. El fundamento ha sido: "No queremos obligar a nuestros hijos a que se traguen conceptos absolutos. Seremos más estupendos y tolerantes que eso".

En lugar, pues, de dar algo a los jóvenes, no les hemos dado nada. En el intento de ser políticamente correctos, nos hemos convertido en una bancarrota moral.

Yo creo que no tener valores por los cuales luchar ha dejado a muchos padres sin la distinción de ser una autoridad. Si la opinión de todo el mundo es igualmente válida, entonces declarar que algo es un absoluto moral es imposible. Nunca podemos decirles a nuestros jóvenes: "Lo siento, pero eso no está bien". Sería simplemente nuestra opinión. Cuando los padres educan a sus hijos solamente por las opiniones, eso erosiona su autoridad sobre ellos. Los jóvenes se han convertido en "colegas y compañeros de casa", y cuando eso ocurre, la niñez debe desaparecer. La niñez no puede existir sin que haya adultos alrededor. Si todo el mundo es igual, ¿entonces quién está a cargo?

Hay valores más elevados que pasarles a nuestros jóvenes. Sí que existe un propósito más elevado que el logro o la adquisición. Como padres que se preocupan por sus hijos, necesitamos ser apasionados y determinados a la hora de educarlos con propósito, carácter y valores.

Los padres abdican sus responsabilidades cuando cesan de alimentar al joven vulnerable y de prepararlo para la vida independiente. Los padres en particular, y los adultos en general, han contribuido a la falta de propósito entre los jóvenes del milenio. Los adultos en las vidas de algunos jóvenes no tienen un alimento sustancial emocional y ético para llenar las imaginaciones vacías de los adolescente, nada que proporcione orden a sus seres confusos y embrionarios. Muchos de los privilegiados muchachos y muchachas de clase media tachan su búsqueda de significado, mirando a los adultos para obtener indicaciones solamente para descubrir que los adultos están mirando perdidamente al piso.

Eso es suficiente para hacer que algunos de ellos estén muy enojados.

Un camino no transitado

Una de las maneras en que podemos ayudar a los jóvenes es estando disponibles para ellos como padres y mentores. Como adultos, podemos ofrecer la experiencia de haber sobrevivido a la adolescencia. No tenemos que ser expertos en psicología, sociología, educación o teología; simplemente necesitamos haber transitado el camino que ellos tienen por delante. La mayoría de los jóvenes están abiertos a tener una persona de apoyo. El 85% dijo en una reciente Encuesta Gallup de la Juventud que era "muy importante" para ellos "pasar un tiempo regular con un adulto que se preocupe por ellos, como un mentor, un tutor o un entrenador"[11]. ¡El 85 por ciento! Eso supone casi nueve de cada diez jóvenes a quienes les gustaría tener algún tipo de conexión afectuosa con un adulto. Este es uno de los notables distintivos de la generación del milenio. Ellos están abiertos a recibir apoyo.

Algunas veces las emociones de los jóvenes borbotean como en una olla a presión. A menudo se ven sorprendidos por sus propios sentimientos; los jóvenes no siempre pueden darles sentido a sus emociones. Por eso necesitan guías; si tienen a alguien que los ayude a procesar sus sentimientos, no se sienten abandonados. Pero si se les deja solos para aventurarse en un territorio desconocido, pobremente equipados y perdidos, es probable que se enojen por haber sido dejados solos sin las capacidades para navegar por su adolescencia. Su clamor por propósito es una llamada a la guía, un llamado desesperado a ser liberados del dolor, y una súplica por descubrir que la vida no tiene que ser cruel sino que, de hecho, tiene un propósito. Nuestros jóvenes del milenio claman: *Por favor, ayúdenme a descubrir que la vida no es una broma cruel.*

Una reciente encuesta indicaba que "la necesidad de escapar del dolor" era "muy fuerte" entre el 53% de las muchachas entre trece y quince años de edad, con un 21% adicional que dijo que era una necesidad "fuerte" en su vida. El 74% de esas muchachas están muy implicadas en esfuerzos por evitar el dolor. Esto se sitúa en claro contraste con los muchachos de esa misma edad, que en un porcentaje del 36% respondieron "muy fuerte" y en un 25% respondieron que escapar del dolor es una necesidad "fuerte" en sus vidas. ¿Por qué hay tal diferencia?

Podría ser que las muchachas de entre trece y quince años de edad se sienten más perseguidas o en riesgo que sus homónimos varones. El grupo de los varones es probable que contribuya a que ellas tengan esos sentimientos. También podría ser que los muchachos de esas edades están mucho en la actitud del "macho", que minimiza la debilidad y casi abraza el dolor como un rito de paso. Las muchachas tienden a estar más capacitadas para comprender sus emociones en esta etapa. Los muchachos tienden a escapar de sus emociones.

Algunas mujeres que lean este libro pueden estar pensando: *¡Lo mismo es cierto de los hombres!*

Nuestra encuesta confirma que los jóvenes necesitan creer que la vida tiene significado y propósito. Para las muchachas de más edad (entre dieciséis y diecisiete años), esto era extremadamente importante, con un 89% que dijo que era una necesidad "muy fuerte" en sus vidas, en contraste con el 74% de los muchachos entre dieciséis y diecisiete años y el 69% de los muchachos entre los trece y los quince años. Los jóvenes que habían asistido a servicios religiosos durante la semana anterior dieron un porcentaje más elevado de aquellos que no asistieron, con una diferencia de diez puntos. El 81% de los jóvenes que asistieron a servicios religiosos dicen que es una necesidad "muy fuerte" para ellos creer que la vida tiene significado y propósito. En cambio, el 71% de los jóvenes que no asistieron a un servicio religioso dicen que es una necesidad "muy fuerte". *Asistir a la iglesia parece aguzar la creencia de los jóvenes en una vida con significado y propósito.*[12]

Cuando se trata del clamor por propósito, los padres y los jóvenes tienen algo en común. Los padres no siempre saben cómo dar dirección y guía a sus hijos. Los jóvenes no saben cómo pedir dirección, o ni siquiera se dan cuenta de que les falta. Lo que ambos grupos necesitan son pautas para ayudar a los jóvenes a conectar con sus padres o mentores.

Yo comencé a ver un patrón en las familias con jóvenes del milenio: los padres no tenían las capacidades para conectar con sus hijos, y los jóvenes necesitaban desesperadamente conectar con sus padres. Tanto padres como jóvenes experimentaban angustia, pero rara vez hablaban sobre ello; al menos no los unos con los otros. Estudié el tema con más profundidad y descubrí capacidades esenciales clave y atributos que los jóvenes necesitan para ser capaces de experimentar propósito en sus vidas. Esos atributos incluyen:

humildad, compasión, valentía, persistencia, responsabilidad y pasión por Dios. Las capacidades incluyen: establecer normas morales, establecer hábitos de estudio, tratar bien con las emociones, escoger los amigos, manejar las finanzas, mantener el auto, cocinar, y organizar los documentos personales y el tiempo.

Lo siguiente es lo que yo les digo a los jóvenes sobre el desarrollo del propósito en sus vidas: "¡No intenten ser adolescentes a solas! No se atreverían a conducir sin una instrucción adecuada; bueno, ¡no deberían hacerlo! Igual que cuando aprenden a conducir un auto, necesitan algunas pautas para ayudarlos a conducir por la vida, en especial en los próximos años mientras estén en la autopista de la adolescencia. La idea que está detrás de tener una persona de apoyo es ayudarlos a conectar con sus padres o con otro adulto que se preocupa por ustedes. Los jóvenes necesitan mentores: alguien que los forme, los anime y los apoye. Puede que ustedes no lo sepan, pero están creciendo en una cultura que cada vez es más peligrosa para ustedes". Algunos ejemplos:

- *Apuramos a los jóvenes.* Nuestra cultura no está cómoda con los años de adolescencia, así apuramos a nuestros hijos a que se conviertan en adultos. Los jóvenes se manejan en el frenético ritmo de sus padres. A los jóvenes de hoy se les está robando su inocencia, se les está exponiendo a información destinada solo a los adultos. No están preparados y son expuestos en demasía a las crudas realidades de la vida. Necesitan la protección y la dirección de adultos que se preocupen por ellos, como padres y obreros de jóvenes.
- *Silenciamos a los jóvenes.* Los jóvenes carecen de una voz. Los adultos están ocupados con trabajos, actividades, compromisos, hipotecas, teléfonos celulares y mensajes de correo electrónico. Estamos ahogados en información. Con la inundación de datos, fácilmente silenciamos o ignoramos a nuestros jóvenes. Faltan defensores de la juventud. Necesitamos adultos que hablen a favor de los jóvenes y también a sus vidas. Los mentores son adultos que se preocupan y que valoran a los jóvenes lo suficiente para pasar tiempo con ellos y escucharlos.

- *Los jóvenes son hostiles.* Por todo el país hemos visto evidencia de jóvenes hostiles. Los tiroteos en escuelas e iglesias son los ejemplos más dramáticos. Cuando *apuramos y silenciamos* a los jóvenes, éstos se vuelven *hostiles.*

Quienes nos preocupamos por los jóvenes podemos escoger conectar con ellos. Podemos protegerlos para que no sean apurados; podemos valorarlos y mostrarles que tienen un lugar válido. Podemos escucharlos y ser defensores de las cosas que les preocupan. O podemos ignorarlos y tratar con la hostilidad que resulta.[13]

Comprensión versus acuerdo

La semana pasada hablé con un joven enojado.

—Comprendo por lo que estás pasando—dije yo.

—¡Al menos alguien lo comprende!—exhaló con frustración.

—Veo que estás realmente enojado.

—Es verdad.

—Sí, comprendo lo que estás enfrentando.

—¿Entonces está de acuerdo conmigo sobre mis padres y lo que quiero hacer?

—No. Comprendo, pero no estoy de acuerdo.

—Creí que usted lo comprendía—dijo mirándome perplejo.

—Y así es. Al menos creo que lo comprendo.

—¿Entonces por qué no está de acuerdo?

—Porque comprender no es igual a acuerdo.

Siguió mirándome como si yo estuviera hablando en chino.

—Pues no lo entiendo.

—Solo porque me tome el tiempo para comprender no significa que vaya a llegar a las mismas conclusiones a las que tú has llegado. Puede que tus padres no te comprendan, pero aun si lo hacen, eso no significa que tengan que estar de acuerdo contigo. La comprensión y el acuerdo no son una misma cosa.

—¿Por qué no?

—No es realista. No pongas como meta el acuerdo, pues eso es imposible. Pon como meta el entendimiento, y no estarás tan decepcionado y enojado. Oye, a veces yo ni siquiera estoy de acuerdo conmigo mismo. ¿Cómo puedo esperar que los demás siempre estén de acuerdo conmigo?

—Sí—sonrió él—, pensaba que ambas cosas eran lo mismo, pero ahora veo lo que quiere usted decir.

En las relaciones entre padres y adolescentes, no siempre es posible lograr un acuerdo, pero podemos trabajar para lograr el entendimiento.

Jóvenes sin propósito

Muchos jóvenes se sienten solos y aislados. Consideran que la vida no tiene sentido, así que puede que busquen escapar de su malestar. Las drogas, el alcohol y las fiestas son las maneras más comunes en que los jóvenes se las arreglan. A menudo los padres me preguntan: "¿Por qué los jóvenes usan las drogas y el alcohol?".

Mi respuesta: "Cuando los jóvenes tienen un sentido de propósito en sus vidas, eso produce un efecto calmante en ellos. Sin ese sentido, se vuelven agitados. Los jóvenes sin propósito y significado buscan paz".[14]

PRESIÓN – Muchos jóvenes experimentan presión de grupo para beber o tomar drogas. Otros enfrentan presiones internas y experimentan un sentimiento de alivio cuando están tomados.

ESCAPE – Muchos jóvenes viven vidas llenas de dolor y de estrés, y quieren un respiro. Los problemas en casa, las preocupaciones económicas, las ansiedades de la adolescencia y problemas con los amigos son la causa de que muchos busquen un escape en las drogas y el alcohol.

DISPONIBILIDAD – Los jóvenes me dicen que las drogas y el alcohol siempre están ahí. "Puedes conseguirlos en cualquier momento y en todas partes", dicen. Un ambiente en el que se abusa de esas sustancias rodea a nuestros jóvenes.

CURIOSIDAD – La mayoría de los jóvenes comienzan a beber o a tomar drogas debido a que son curiosos. Se preguntan cómo se sentirán estando borrachos o colocados. Se preguntan si tendrán el valor de hablar con "alguien especial" al estar en ese estado.

VACÍO – Los jóvenes que abusan de las sustancias a menudo batallan con sentimientos de indignidad y vacío. Las drogas y el alcohol les hacen olvidar temporalmente su dolor, pero solo por un tiempo.

La presión, el escape, la disponibilidad, la curiosidad y el vacío son cinco razones por las cuales los jóvenes abusan de las sustancias. Juntas, resumen lo que lo jóvenes buscan: PAZ.

Los diez principales peligros que los jóvenes enfrentan

Se han escrito libros enteros sobre las formas en que los jóvenes se comportan y expresan sus sentimientos de maneras negativas (ver la sección "Recursos recomendados"), así que solo abordaremos el tema brevemente. Cuando los jóvenes no experimentan propósito, puede que lo busquen de las siguientes maneras destructivas:

- abuso de sustancias
- actividad sexual
- violencia o actividad en bandas
- satanismo y ocultismo
- pornografía
- suicidio
- desórdenes alimentarios
- escaparse de casa
- homosexualidad o bisexualidad
- escape a través de la inmersión en los medios de comunicación

Los estudios demuestran que la mayoría de esos síntomas han aumentado entre nuestros jóvenes durante los últimos diez años. Veamos más de cerca tres de esos diez analgésicos: abuso de sustancias, actividad sexual y violencia o actividad en bandas.

Abuso de sustancias

Actualmente hay más jóvenes que consumen marihuana de los que había hace una década. Más de un 20% de los jóvenes dicen haber consumido marihuana. Esto supone casi un incremento del 100% con respecto al porcentaje del 11 % en el año 1988. Una tercera parte (32%) de adolescentes más mayores (entre dieciséis y diecisiete años) ha fumado marihuana comparado con solo el 14% de los adolescentes más jóvenes. Los fumadores jóvenes van en aumento, con un 12% que dice haber fumado durante la última semana. La edad media en que comenzaron a fumar es de 12.4 años. Otras encuestas han hallado proporciones más altas de fumadores jóvenes que las de los estudios de Gallup. Por ejemplo, una encuesta que salió en el *Journal of the American Medical Association* indicaba que de entre unos noventa mil jóvenes en los grados séptimo al duodécimo, el 25% se consideraban fumadores de cigarrillos.[15]

Actividad sexual

"Desde el año 1991 el número de jóvenes que había tenido relaciones sexuales ha descendido desde un 54% hasta un 48%, según Centres for Disease Control (Centros para el control de la enfermedad), y los embarazos de adolescentes también son menos. Las iniciativas hacia la abstinencia son frecuentes en la actualidad por todo el país".[16] *Newsweek* informó de este alentador hallazgo, el cual también afirmaba que el 51% de los jóvenes encuestados respondió "siempre" a esta pregunta: "¿Pueden controlarse los impulsos sexuales?". Los jóvenes parecen pensar claramente acerca de las consecuencias del sexo.

Violencia o actividad en bandas

Los padres parecen estar más preocupados por la violencia que los jóvenes mismos, los cuales la consideran como parte de su mundo. Es el único mundo que ellos han conocido; no conocen la vida sin ella. El 95% de los jóvenes encuestados dijeron que se preocupaban "mucho" por la violencia en la sociedad. El 82% de los padres respondieron lo mismo. Cuando se les hizo la pregunta: "¿Cuántos jóvenes actualmente sienten mucha ira? ¿Cuán enojado estás tú?", la lista de la página siguiente muestra las respuestas de los jóvenes.[17]

Esas estadísticas deben ser equilibradas con otros descubrimientos Gallup que afirman que casi la mitad de los jóvenes dicen: "Hay grupos en mi escuela capaces de ser violentos, basándose en lo que hacen, dicen, o afirman hacer".[18] Nuestros jóvenes puede que no estén demasiado enojados, pero tienen razones para tener miedo, o al menos para estar nerviosos.

¿Cuán enojado estás tú?

Respuesta	Porcentaje
Mucho	3
Un poco	25
No demasiado	43
Nada	29

A pesar de toda la difusión de los tiroteos en las escuelas, la escuela sigue percibiéndose como un lugar relativamente seguro. La Encuesta Gallup de la Juventud afirma que un 60% de los jóvenes sienten que sus escuelas son un lugar donde ellos se sienten seguros "todo el tiempo". Otro 35% de los jóvenes afirmó sentirse seguro "algunas veces", dejando solo un 5% que dicen no sentirse "nunca" seguros en la escuela.

Propósito en el hogar

Concluyo con las mejores noticias. Los jóvenes atribuyen el propósito en sus vidas a sus padres, y no a sus iguales. Una organización nacional sin ánimo de lucro que trabaja con jóvenes ha realizado un amplio estudio sobre lo que hace que los jóvenes experimenten un sentido de significado y de paz. Han determinado que los jóvenes necesitan cuatro cosas esenciales —seguridad, amor, poder y confianza— para experimentar propósito (lo cual refuerza nuestros descubrimientos en la Encuesta Gallup "El clamor de los jóvenes"). En la prueba, el índice era el más alto con referencia a las relaciones de los jóvenes con sus padres. El grupo con quien ellos pasan más tiempo —sus iguales— tuvieron el menor índice como fuente de propósito.[19]

Como padres, estamos produciendo un impacto. Nuestros jóvenes ciertamente quieren dialogar con nosotros; no quieren que se los deje solos para solucionar las cosas por sí mismos. Podría comenzar compartiendo leche y unas galletas después de las clases y diciendo de manera casual: "Cuéntame cómo te fue el día".

PREGUNTAS PARA FOMENTAR EL DIÁLOGO

De padre a padre

1. Hablen de esta afirmación: "La vida pierde propósito para aquellos que no comprenden el origen o el destino".
2. ¿Por qué el diseño, el destino y la obligación son conceptos importantes que los jóvenes deben comprender?
3. Hablen de lo siguiente: "La niñez no puede existir sin que haya adultos alrededor. Si todo el mundo es igual, ¿entonces quién está a cargo?
4. ¿Qué relaciones tiene el ser padres con el desarrollo del propósito en los jóvenes?
5. ¿Están de acuerdo con esta afirmación: "Los padres proporcionan propósito, estabilidad y recursos; características que a menudo están ausentes en los hogares sin padres"? Expliquen sus ideas.

Para hablar con su hijo o hija

1. ¿Qué sería una aventura para ti?
2. ¿Cuán importante es para ti que tus amigos crean que la vida tiene significado y propósito?
3. Usen el esquema de la página siguiente para hablar de las seis preguntas cósmicas, los versículos de la Biblia relacionados con ellas y la diferencia que cada una produce en su vida.
4. Si tus padres fueran más auténticos, ¿cómo sería? ¿Qué impacto tendría eso en tu relación con ellos?
5. ¿Qué piensas sobre las razones para tener paz? ¿Hay otras razones por las que los jóvenes podrían implicarse en el abuso de sustancias?

CÓMO RESPONDER AL CLAMOR

El clamor

Clamor por propósito.

Seis preguntas cósmicas

Pregunta	Pasaje	¿Y entonces qué?
Origen ¿De dónde venimos?	Génesis 2:7	Dios nos creó. Debemos estar aquí.
Diseño ¿Cómo nos diseñó Dios?	Salmo 139:3-4	Somos creados para reflejar la gloria de Dios.
Moralidad ¿Qué ha fallado?	Romanos 3:23	No hemos vivido conforme a nuestro propósito creado. Hemos pecado.
Teología ¿Cómo podemos arreglar lo que ha fallado?	Romanos 6:23	Nuestros pecados conducen a la muerte, pero el perdón de Cristo conduce a la vida eterna.
Obligación ¿Qué deberíamos hacer?	1 Pedro 4:10	Servir a Dios (y a los demás) es una expresión de nuestro amor por Él.
Destino ¿Qué hay más allá?	Jeremías 29:11	Dios seguirá usándonos.

El desafío

Ayudar a nuestros jóvenes a que desarrollen un propósito personal con un sentido de aventura, significado e intimidad.

Herramientas para usar en casa

1. Consigan un pedazo de cartulina y hagan un póster de aventura, contrastando la aventura de los adultos con la de los jóvenes. Dividan el póster por la mitad y titulen una parte AVENTURA DE ADULTOS y la otra AVENTURA DE JÓVENES. Describan cada una y añadan recortes y fotografías de revistas, periódicos y páginas web. Hablen de las diferencias y similitudes con sus hijos.

2. Con su hijo o hija, hable de las imágenes de padre que él o ella haya visto en la vida y en los medios de comunicación.

   - ¿Quién refleja la mejor imagen de padre en la televisión?
   - ¿Quién refleja la mejor imagen de padre en las películas?
   - ¿Cuáles son las cuatro características principales de un buen papá?

3. Pregunte a su hijo o hija: "Si cuatro de cada diez niños no tienen a su papá en el hogar, ¿qué piensas de un programa de apoyo?". Explique lo que tal programa podría implicar y hable con su hijo o hija de la idea. Pregunte: "El 85% de los jóvenes están interesados en tener un mentor de un tipo u otro. ¿Qué te gustaría en un mentor y qué es lo que *no* querrías de ningún modo?". Hagan listas que contrasten a los mentores y a los padres.
4. Escoja alguna actividad que pueda realizar con su hijo o hija y que les obligue a ambos a tratar con la seguridad, el poder, el amor y la confianza. Podría ser algo tan desafiante como escalar una montaña o remar en balsa por un río, o algo igualmente espeluznante para *usted y para su hijo o hija*, como un baile de salón, manualidades, cocinar o clases con la computadora.
5. Desarrolle alguna forma de expresión artística para la lista de seis preguntas que se encuentra en la página 101. Hagan una escultura, un cuadro, un poema, una página web, o usen otros medios que ustedes mismos escojan.

Herramientas para usar en la iglesia

1. Revisen el último año de sermones o lecciones en su grupo de jóvenes para ver si ha habido alguna enseñanza o aplicación práctica sobre lograr propósito. Pregunten a los demás para ver cómo la gente podría haber aplicado esas lecciones y pregúntenles si estarían dispuestos a compartir su historia en el grupo de jóvenes.
2. Pidan a alguien que se ha recuperado del abuso de sustancias que hable al grupo de jóvenes sobre lo que él o ella haya aprendido acerca del dolor, el propósito y cómo arreglárselas.

3. Busque en los recursos de su comunidad local y proporcione a los padres información de contacto para ayudarlos con los diez principales peligros que los jóvenes enfrentan (ver página 118).
4. Designe a un grupo de adultos y jóvenes para que emprendan la tarea de dar ideas sobre las maneras en que la iglesia puede abordar las razones por las cuales los jóvenes escogen un comportamiento peligroso (ver página 117).
5. Cree una biblioteca de préstamo para los padres con hijos adolescentes. Pídale a los padres que donen libros una vez que los hayan leído. Pídale a la iglesia que incluya una pequeña cantidad de su presupuesto anual para proporcionar libros para los padres que quizá no puedan permitirse comprarlos. Anúncielo en el boletín de la iglesia y en otros medios. Vaya a la sección de "Recursos recomendados" (que comienza en la página 225) para comenzar.

CAPÍTULO 5

CLAMOR POR SER ESCUCHADOS

Makayla, vestida con calentadores de nylon, cruzó los brazos sobre su pecho y cruzó las piernas.

—No somos capaces de imaginar lo que quiere—confesó su papá—. Si ella se hubiera salido con la suya, ahora estaría con los auriculares en los oídos y con su música a todo volumen en el discman.

—Ella parece vivir en un mundo diferente—dijo su mamá, Cherise.

El incómodo trío sentado en mi oficina había llegado para que les aconsejara sobre "cómo comunicarse mejor".

—Desde que cumplió dieciséis años, hace tres meses, y sacó su licencia de conducir, parece estar alejándose—añadió Cherise.

—Makayla, ¿tienes auto propio?—. Volví mi atención hacia la hija, que hacía todo lo posible por fundirse con el respaldo de su asiento.

—Sí—respondió ella sin levantar la vista.

—¿Y cuál tienes?

—Un Honda Accord.

—¿De qué año?

—1994.

—Oh, ese es un buen año. Nosotros solíamos tener uno del 94, de ese color jade tan bonito.

—¿De verdad?—Ahora tenía su atención—. El mío es de ese mismo color.

Dejó de cruzar los brazos y puso sus manos en su regazo.

—¿Y tienes reproductor de CDs?—continué.

—Sí, mamá y papá le pusieron complementos por mi cumpleaños.

—¿Y tiene ventanas tintadas?

—Sí—. Sonrió y levantó las cejas a la vez que miraba a sus padres.

—Veo que aquí hay una historia.

Los tres asintieron mostrando su acuerdo.

—¿Qué tipo de música te gusta?

—Me gusta de todo, exceptuando el rock de la época de los dinosaurios que *ellos* escuchan—dijo moviendo sus ojos a la vez que soltaba el golpe.

—¿Cuál ha sido el último CD que has comprado?

—Dido.

—Um...

—¿Conoce usted a Dido?

—Sí, me gustan sus coros y sus armonías. Son muy suaves.

Makayla frunció la frente a la vez que me miraba fijamente, y luego sus ojos se dirigieron a mis zapatos. Intentaba descifrarme. Los jóvenes a menudo comprobarán cómo son los zapatos de alguien para ver si están a la moda, si son bonitos o si están pasados (como los de sus padres).

—¿Corres en atletismo?—pregunté yo.

—Sí, ¿cómo lo sabe?

—Por tus zapatos.

Ella se ruborizó. Yo la había atrapado con su propio juego.

—Sí, para West Hills.

—¿En Varsity?

—Sí.

—¿En qué carreras?

—En los 400, los 200, los 4 por 400 y a veces salto de longitud.

—¿Cuál es tu favorita?

—Los relevos. Es divertido trabajar en equipo.

—¿Cuál ha sido tu mejor tiempo esta temporada?

—Corrimos en 51.1, pero nuestro entrenador cree que podemos batir los 50 en competición.

—Ese es un tiempo muy bueno. Si lo haces, correrás en las estatales.

—Ese es nuestro objetivo—dijo sonriendo.

Sus padres parecían perplejos, así que les pregunté.

—¿Sabían estas cosas sobre su hija?

—La mayoría—respondió Anthony un poco a la defensiva.

—Pero usted está conectando de verdad—interrumpió Cherise—. ¿Por qué no podemos nosotros hacer lo mismo?

—Preguntemos a Makayla. ¿Qué es distinto en lo que yo he hablado contigo hoy comparado con la forma en que tus padres hablan contigo normalmente?

—Ellos no escuchan. Quieren hablar, pero es más hablarme *a* mí que hablar *conmigo*. A usted parecía importarle de verdad, y realmente estaba conectando conmigo. Usted parecía interesado en *mí*, no solo en lo que usted quería decirme.

—¿Algo más?

—Usted parece comprender y valorar mi mundo. No intentó cambiarlo o hacerlo como el suyo. Sentí que usted me aceptaba a mí y a lo que me gusta. Sentí que usted de verdad me estaba prestando atención; incluso se fijó en mis zapatos—. Me miró a los ojos y sonrió.

—¿Qué te gustaría por parte de tus padres?

—Me gustaría que me escucharan, y quiero decir que lo hicieran de verdad. Desearía que conectaran conmigo y no estuvieran tan ocupados y distraídos. Si entablamos una buena conversación, ellos siempre se las arreglan para hablar de algo que esté en su agenda, de algo que yo debo hacer mejor, como —como dicen ellos— cuidar mi actitud, o mi boca, o sacar mejores notas, o limpiar mi cuarto.

—Makayla ha sacado un buen tema—dije yo, volviéndome para dar la cara a sus padres—. ¿Alguna vez hablan con ella con el objetivo de simplemente conectar en lugar de corregir?

—Yo creía que lo hacíamos, pero supongo que no es así—respondió Cherise.

—Si ustedes intentan corregir sin conectar, entonces terminan desconectando. Pasen tiempo simplemente conociendo a Makayla y lo que ella piensa. Escuchen su corazón, sus opiniones, sus experiencias y sus valores sin evaluar o corregir.

—¿Pero qué ocurre si ella está haciendo algo mal?—preguntó Cherise.

—¿Está haciendo algo mal ahora?

—No—dijo Cherise meneando la cabeza—, pero simplemente no nos sentimos muy cercanos a ella.

—Intenten esto: la próxima vez que ella diga algo que ustedes quieran corregir, limítense a dejarlo pasar; tráguenselo. Sean disciplinados con ustedes mismos para recordar que no todos los momentos son momentos para enseñar.

—¿Pero acaso no es nuestra tarea enseñarla?—protestó Anthony.

—¿Pueden hacerlo ahora?

—No, realmente no. Ella nos aísla y vive en su propio mundo.

—Entonces lo que ustedes están haciendo no es correcto, ¿verdad?

Ambos padres asintieron.

—Pues es momento de intentar algo diferente. Cuando nuestros hijos llegan a la adolescencia, necesitamos ajustar nuestro estilo de educación y pasar del *control* a la *influencia*, de ser directores a ser entrenadores. Eso significa que no intentamos abordar todas las cosas. ¿Se imaginan tener un amigo que siempre estuviera corrigiendo su gramática, evaluando su lenguaje y criticando sus decisiones? ¿Qué clase de amigo sería ese?

—¡Un ex amigo!—exclamó Anthony.

—Eso es. Como adultos y jóvenes adultos —como Makayla—, queremos consulta, y no crítica. Eso no significa que ustedes escondan su cabeza en la arena, sino que escogen sus batallas con mucho cuidado. De otro modo estarán batallando todo el tiempo.

—¿Qué podemos hacer cuando ella se refugia en su música, la televisión y la computadora?

—Makayla, tus padres creen que los estás evitando, ¿es eso cierto?

—Un poco. No quiero escuchar otro sermón, pero *me gustaría* sencillamente poder hablar con ellos.

—¿Por qué te escondes en los medios de comunicación: música, MTV y todo lo demás?

—Porque no quiero que me hieran ni que me hagan callar. A veces simplemente quiero hablar, pero ellos están muy ocupados o distraídos; y duele intentarlo solo para ser rechazada.

—Entonces tus padres están, de cierta manera, alejándose de ti y refugiándose en su trabajo, sus apretadas agendas y otras distracciones.

—Sí.

—¿Qué es lo que distrae a tu mamá?

—Está demasiado preocupada por que yo sea perfecta. Creo que ve demasiados programas de televisión en la tarde acerca de jóvenes rebeldes.

—¿Su distracción podría ser *preocupación*?

—Ajá.

—¿Y tu papá? ¿Qué es lo que lo distrae?

—El trabajo, el correo electrónico y las aburridas noticias por cable.

—Entonces no sientes que puedes interrumpir a tu papá, e intentas evitar un sermón o las preguntas de tu mamá.

Makayla sonrió y dio un suspiro.

—Eso es.

—Pues quizá tengamos un patrón familiar de refugiarse, no solo un problema de Makayla de aislarse a sí misma y ocultarse detrás de su diversión favorita.

—¿Qué podemos hacer?—preguntó Cherise.

Cómo escuchar a sus hijos

Al igual que Makayla, los jóvenes quieren que sus padres y otros adultos les presten atención: que los escuchen de verdad. No quieren que sus necesidades, sus ideas, sus intereses y sus sueños se pierdan en el frenético ritmo de la vida contemporánea, y no quieren que sus voces sean ahogadas por el constante aumento del estruendo de la tecnología. Quieren ser escuchados. El 91% de los jóvenes encuestados para la Encuesta Gallup "El clamor de los jóvenes" dijeron que ser escuchados es una necesidad "muy fuerte" o "fuerte". Los descubrimientos del sondeo afirman que todos los jóvenes —sean varones o mujeres— quieren que sus puntos de vista se consideren y que los tomen en serio.[1]

Cuando escuchamos a los demás, expresamos que los valoramos. Este es el concepto bíblico del honor. Cuando escuchamos a otros, comunicamos que tienen valor y que son importantes para nosotros. Cuando algo o alguien es designado como *honorable*, significa que es importante o valioso. Una libra de oro vale más que diez libras de grava debido a su valor. Cuando las personas sienten que han sido escuchadas, se sienten apreciadas. Cuando escuchamos, estamos compartiéndonos a nosotros mismos por la inversión de nuestro tiempo y atención en lo que la otra persona dice. En un rápido mundo lleno de sonidos, es reconfortante saber que alguien se tomará el tiempo para escucharnos.

Muchos jóvenes se sienten más aceptados cuando alguien se sienta con ellos sin prisas para escuchar de verdad. Conectarse con los jóvenes significa hacer que sientan que se les escucha por encima del ruido de nuestra sociedad; significa tratar con las distracciones, el bombardeo de los medios y los normales malentendidos entre distintas generaciones. Conectar por medio de escuchar de forma activa requiere tres compromisos esenciales por parte de los padres: un interés genuino, un oído que escucha y tiempo.

No se engañe a usted mismo. Usted necesita autodisciplina, deseo y un acto deliberado para conectar con éxito con los jóvenes de hoy. Sus hijos pueden saber cuando usted lo finge; saben cuándo usted no está realmente escuchando, y no quieren ser simplemente un punto más en su calendario. Evite intentar una rápida relación con su hijo o hija desde la distancia; en cambio, remánguese la camisa regularmente y engrane con su hijo o hija adolescente.

Estos son cinco principios clave para ayudarlo a escuchar a sus hijos:

- *Elimine las distracciones.* Aparte el periódico; apague la televisión, el reproductor de CDs, la computadora, y la alarma del teléfono. Si tiene que hacerlo, vayan a un lugar donde usted no recibirá interrupciones para que así puedan hablar.
- *Aparte cierta cantidad de tiempo.* Cuando se trata de pasar tiempo con sus hijos, no existe calidad sin cantidad, en especial con los adolescentes, que pueden necesitar algo de tiempo simplemente para prepararse para lo que quieren decir. Cuando usted dedica tiempo a sus hijos, ellos no solo se sentirán escuchados sino también valorados.
- *Enfóquese en su hijo y realice una conexión emocional.* Una conexión emocional no significa que sus ojos se llenen de lágrimas cuando su hijo o hija hablen. Significa que usted ve más allá de las palabras, las actitudes y la

torpeza (la suya y la de sus hijos) para escuchar el corazón que hay detrás de lo que su hijo intenta expresar. Significa que usted hace preguntas y escucha con atención las respuestas. Reconozca que su hijo es un individuo distinto que está probando nuevas ideas y nuevas perspectivas. Usted honra esos primeros pasos hacia la madurez cuando escucha.

- *Practique el escuchar sin juzgar.* Practique el siguiente principio hasta que se convierta en algo automático: Conectar primero, conectar después. Cuando usted se toma tiempo para comprender los pensamientos e ideas de sus hijos *antes* de intervenir con toda su sabiduría y experiencia, puede que descubra que su perspectiva ha cambiado, y la sabiduría que usted tiene que ofrecer puede aplicarse con mayor discernimiento y discreción. Y cuando sus hijos sepan que usted está escuchando, estarán mucho más dispuestos —y serán más capaces— para escucharle a usted.
- *Esté alerta a la comunicación no verbal.* Los jóvenes no han desarrollado sus capacidades verbales hasta el mismo nivel que sus padres, y por eso a menudo dependen de la comunicación no verbal: lenguaje corporal, tono de voz o lo que no se dice en una conversación. Sintonice con esas pautas no verbales, las cuales puede que comuniquen más que las palabras expresadas. Por ejemplo, cuando usted le pregunta a su hijo: "¿Qué tal te fue en la escuela?" y él le responde con su habitual *bien*, tómese un minuto para observar cuál es su postura. ¿Tiene los hombros caídos? ¿Parece cansado? ¿Qué tipo de tono percibe usted en su voz?

Esté alerta a las *omisiones* y los *rodeos* que los jóvenes ofrecen en sus conversaciones con usted. Algunas de las cosas más importantes son las que dejan fuera (omisiones) o lo que quieren que usted piense (rodeos) para evitar que sepa demasiado. La mayor parte del tiempo, las omisiones y los rodeos son cortinas de humo intencionadas, pero podrían ser simplemente una prueba para ver si usted está lo bastante interesado para interpretar esos signos como una invitación a que usted se implique.

La juventud parece saber lo que es mejor para ellos y para el país. Entonces, ¿por qué no los escuchamos? Los jóvenes de hoy claramente tienen el potencial de cambiar nuestra sociedad y el mundo para mejor. Tienen un papel muy especial que jugar en nuestro nuevo mundo, posterior al 11 de septiembre. Pero la luz pública del país debe situarse sobre este grupo de edad si la sociedad quiere ayudarlos a desarrollar su potencial. Ciertamente la estatura y la salud de un país están directamente relacionadas con el bienestar de su juventud.

Nuestros jóvenes están haciendo preguntas, y no obtienen respuestas.

Informe Gallup de martes, 30 de julio de 2002

Hace unos años, cuando mi hija Nicole estaba en la escuela, nos estaba contando sus planes para la noche del viernes.

—Después del partido de fútbol, que es en casa, vamos a ir a comer pizza a Lamp-post y luego a casa de Chelsea a ver un vídeo. ¿Está bien?

—¿Quién conduce?

—Zach. Sus padres le dejan llevar su nuevo SUV. Es estupendo; tiene un buen estéreo, asientos de cuero, y caben seis personas.

Iremos todos juntos. Él no quiere conducir su auto porque últimamente ha estado fallando. ¿Saben lo que cuesta arreglar un silenciador en un viejo auto como ese?

—¿A qué hora regresarás?

—¿Les parece a la una?

—Bien, el partido es en casa y terminará sobre las nueve. Solo necesitan una hora para la pizza y dos horas para ver una película, así que te veremos aquí a las doce.

—Papá, ¡apenas es tiempo suficiente para hacer todo lo que queremos hacer! Chelsey, Tracy, Carlos y Zach no tienen hora de regreso, ¡nadie la tiene! ¿Es que no confías en mí? ¡No es que vaya a salir a beber cerveza y tomar drogas o practicar sexo!

—Sí que confío en ti, pero también sé que tendrás tiempo más que suficiente para hacer todo lo que *necesitas* hacer.

Al final resultó que no todos fueron con Zach porque salió tarde del trabajo. A Nicole la llevó Carlos, pero ella nunca nos lo dijo, y también se negó a decirnos que el partido no era en su escuela sino en otra escuela cercana. Debido a que era en otro lugar, fueron también a otro lugar a comer pizza, y no fueron a casa de Chelsea a ver una película. Fueron a casa de Mike a beber chocolate caliente al lado de la chimenea, donde todos charlaron hasta darse cuenta de que "¡vaya, ya es más de medianoche!".

Como puede ver, este escenario tiene unas cuantas omisiones y rodeos. Yo opino que los jóvenes a veces hacen omisiones y dan rodeos para comprobar nuestro nivel de interés. *¿Les importa lo suficiente a papá y mamá para hacer más preguntas y saber los detalles?* Los jóvenes quieren tener su propio pastel y comérselo; quieren que sus padres se conecten con ellos y los escuchen, pero no quieren que se entrometan en su libertad.

Prestar atención

No solo hay muchos padres que no escuchan a sus hijos, sino que un alarmante número de ellos parecen haber adoptado una perspectiva de "lavarse las manos" en cuanto a la educación de sus hijos adolescentes. Es como si hubieran dicho: "Los muchachos quieren que los dejemos tranquilos, pues bien, dejémoslos tranquilos". Tal actitud refleja un destructor malentendido de las necesidades de nuestros jóvenes.

Como individuos al borde de la madurez, ellos quieren cierto grado de libertad, pero no quieren ser abandonados. Si hay algo por lo que estén clamando, es por que sus padres entren o invadan su mundo con un interés y una preocupación genuinos. Si, en cambio, los adultos miran hacia otro lado y se centran en sus propias preocupaciones en cuanto al éxito y la satisfacción, relegan a la generación siguiente a un mundo solamente de jóvenes, donde son obligados a formar sus propias reglas y mirarse los unos a los otros para obtener valores y significado. Cuando se obliga a los jóvenes a convertirse en una generación para sí mismos, ellos —de manera natural— se desconectan del mundo adulto.

El problema de esta autonomía prematura es que los adolescentes siguen necesitando que sus padres les den dirección, fronteras y perspectiva. Después de todo, siguen siendo adolescentes, y a la mayoría de ellos les falta la sabiduría y la experiencia necesarias para escoger bien y para trazar un verdadero camino. Si se permite que esta cultura paralela continúe, no hay forma de saber hasta dónde se alejará la próxima generación.

Si nos importan nuestros jóvenes, haremos los sacrificios que se requieran (o las inversiones, para expresarlo de forma positiva) para embarcarnos en un viaje transcultural hasta el mundo de los jóvenes. Conectaremos; escucharemos; buscaremos comprender. Les demostraremos que nos importan. Los ayudaremos a que crezcan y se conviertan en adultos capaces, conectados y sensibles.

¿Por qué escuchar?

Escuchar nos ayuda a honrar y guiar a nuestros jóvenes y a recopilar información útil para la tarea de ser padres (inteligencia para el FBI). Pero escuchar también nos ayuda a descubrir oportunidades estimulantes. Nuestros jóvenes nos dan el material suficiente para que estemos enojados con ellos las 24 horas del día, pero si somos capaces de escucharlos —hacerlos saber que son escuchados—, encontraremos maneras de alentarlos. Uno de los hábitos más influyentes que podemos desarrollar es el de escuchar a nuestros jóvenes, agarrarlos haciendo, diciendo o pensando algo digno de elogiar, y aprovechar la oportunidad para alentarlos.

Los consejeros de familia Norm Wright y Gary Oliver ofrecen consejo práctico:

> ¿Qué es un ambiente alentador? Es uno en el que nuestros hijos sepan que tienen valor y dignidad para Dios y para nosotros. Es uno en el que pasamos más tiempo edificándolos y alentándolos del que pasamos regañándolos y corrigiéndolos. Es uno en el que los honramos hablándolos con respeto. Un ambiente alentador es aquel en que nuestro énfasis está en agarrarlos haciendo algo bien en lugar de agarrarlos haciendo algo mal. Invertimos más energía elogiándolos por ser responsables que criticándolos y castigándolos por no haber cumplido con nuestras expectativas.[2]

Escuche para *ensalzar*. Escuche a sus hijos para poder elogiar y afirmar cualidades, decisiones y valores que sean elogiables. La palabra *alabanza* significa literalmente ensalzar o llamar la atención.

Queremos escuchar a nuestros jóvenes, ensalzar todo aquello que podamos acerca de ellos y alentarlos. Nos convertimos en los animadores de nuestros hijos cuando los escuchamos y los afirmamos.

Escuchar las necesidades

Imagine acudir a su médico con un dolor en su pie y que él lo mire a usted, escriba algo en su receta, y diga: "Bueno, esto debería funcionar. Es un nuevo analgésico muy potente", ponga la receta en su mano, y se marche.

¿Cómo se sentiría usted? Seguramente buscaría un nuevo médico.

Esperamos que los médicos se tomen el tiempo de escucharnos con atención para que puedan realizar un diagnóstico acertado. Algunas veces los padres son como ese médico agobiado e inepto: quieren dar una receta antes de hacer un diagnóstico. Razonan: *es mucho más eficaz de esa forma.*

Al igual que los médicos, necesitamos tomarnos tiempo para escuchar con atención a nuestros jóvenes y así poder estar alertas a sus necesidades y saber dónde duele. No podemos emplear una perspectiva simplista con los jóvenes; necesitamos escuchar y evaluar a cada individuo por separado.

> "Hermanos, también les rogamos que amonesten a los holgazanes, estimulen a los desanimados, ayuden a los débiles y sean pacientes con todos" (1 Tesalonicenses 5:14 NVI).

Me gusta este pasaje porque nos demanda que conectemos con lo que necesitan nuestros jóvenes. No hay una perspectiva "de talla única" en cuanto a los jóvenes.

Debe notarse que en algunos casos un padre necesitará *instar* a sus hijos. Esta palabra viene de la misma raíz de la palabra utilizada para picar con las espuelas a un caballo. La idea es la de dar un codazo con contacto físico. No, no estoy defendiendo que usted golpee a sus hijos (aunque estoy seguro de que hay momentos en que le gustaría hacerlo). Estoy defendiendo una presencia física: imagínese agarrando la mano de su hijo o hija.

Por ejemplo, hace unas semanas mi hija Brooke tuvo la oportunidad de hacer una prueba para un club de voleibol de élite. Cuando llegó el momento de ir, se puso nerviosa y desafiante.

—No sé por qué me haces ir. ¡No quiero jugar!

Yo me acerqué a ella, la agarré y la saqué de su refugio en el sofá. Fui con ella a la prueba y me quedé todo el tiempo. Claro que ella era lo bastante mayor para poder ir sola, pero yo sabía que era uno de esos momentos en que tenía que "amonestar a los holgazanes" y "estimular a los desanimados".

Estimular significa dar valentía a alguien. Habrá momentos en que escuche usted a su hijo o hija y descubra que necesita valentía para enfrentarse a algo que le da miedo.

Cuando escuchamos, puede que descubramos que nuestros jóvenes son débiles y necesitan nuestro tierno cuidado. La idea de ayudar en este contexto es similar al paramédico que se pone al lado de alguien que ha sido herido. Cuando nuestros jóvenes sufren colisiones (de forma figurada y también real), lo que necesitan no es un sermón, sino un oído que escuche.

Listos para escuchar

En nuestra cultura hemos puesto demasiado énfasis en hablar, considerándolo el componente más crítico de la comunicación. Hablamos, hablamos, hablamos, y creemos que estamos comunicando. Suponemos que la comunicación son las palabras que decimos a alguien. Las palabras mismas solo representan un 7% del mensaje; el tono de voz aporta el 38% y otros signos no verbales, como el lenguaje corporal, representan el 55%.[3] En otras palabras, el 93% de la comunicación no es lo que decimos, sino la manera en que lo hacemos.

> "Mis queridos hermanos, tengan presente esto: Todos deben estar listos para escuchar, y ser lentos para hablar y para enojarse" (Santiago 1:19, NVI).

Escuchar puede en realidad reducir el enojo, porque nos tomamos el tiempo para comprender antes de hablar. Las Escrituras dan mucha importancia al escuchar y conectar con las necesidades de los demás. Probablemente el ejemplo más claro sea Cristo. Él se tomaba tiempo para expresar interés y para responder a las necesidades de todas las personas. Se tomaba tiempo para abrazar a los niños, para mirarlos a los ojos y hablarles del reino de su Padre. Él conocía la importancia de la cercanía física, el toque, el tiempo, el contacto visual, la sonrisa, una actitud abierta y palabras claras. Él fue el Maestro de la comunicación.

La gente normal y corriente era importante para Jesús: Él murió por ellos.

Si la gente normal y corriente significaba tanto para Jesús, ¿cuánto más deberían importarnos a nosotros nuestros jóvenes?

Comuníquese con su hijo o hija adolescente enfatizando los aspectos no verbales de la comunicación más que los verbales, escuchando más que hablando. Intente mirar a su hijo o hija y sonreír. Asienta en respuesta, y no interrumpa. Si su hijo o hija comete un error gramatical o de lenguaje, no lo corrija; déjelo pasar. La corrección tiende a cerrar la comunicación.

Las soluciones no son el punto

Podemos escuchar más rápidamente de lo que nuestros jóvenes pueden hablar, ¿qué hacemos entonces con el tiempo extra? *Pensar en soluciones a sus problemas o al menos mejoras a lo que ellos están haciendo.*

¿Qué está mal en este cuadro?

No es necesario. No necesitamos desarrollar respuestas racionales para los asuntos de nuestros hijos. No tenemos que encontrarle el sentido a algo que no lo tiene. Cuando ellos hablan, nuestros jóvenes no necesitan nuestro consejo instantáneo; no necesitan que nosotros solucionemos sus problemas. Necesitan que los escuchemos. Durante los años de adolescencia las hormonas atacan todo el cuerpo y pueden hacer estragos en las emociones. Los sentimientos no son siempre racionales. Algunas veces no hay una explicación racional de la manera en que si hijo o hija se siente.

Esta es mi recomendación: *Usted no tiene que descifrar las emociones de sus hijos adolescentes. Simplemente escuche y trate de comprender lo que dicen.*

—No quiero sacar la basura. Solo quiero relajarme y ver la televisión—respondió Nelson a la petición de su mamá.

—Nelson, debes hacerlo todos los días, y ya te has saltado algunos. Está empezando a oler mal.

—Lo haré tan pronto como acabe este juego. Solo necesito un respiro.

—¿Por qué?

—Nada.

—Nelson, dímelo o si no harás otra tarea además de la basura.

—¡Mamá! Vamos...

—¡Nelson!

—Bueno, está bien. La escuela apesta, y solo quiero olvidarla y ver el baloncesto.

—¿Qué ha pasado?

—Nada. No es que esté faltando a clase; sencillamente no me gustan mis clases. Mis maestros son aburridos y ninguno de mis amigos está en mis clases. Estoy encerrado con los perdedores de la escuela.

—Entonces de verdad odias la escuela este semestre.

—Sí, es patético—. Nelson miró a su mamá, captó su mirada, y luego regresó al juego.

—Ahora veo por qué no te gustaba ir.

—¿De verdad?

—Claro. No es divertido cuando no ves a tus amigos en clase y lo único que tienes son maestros aburridos y clases sin objetivo.

Él alcanzó un puñado de palomitas, se las metió en la boca, y luego musitó.

—Exacto.

La mamá de Nelson es sabia al no emplear demasiada energía mental o emocional intentando descubrir o solucionar las razones por las que él está disgustado. Simplemente intenta comprender, no intenta solucionarlo.

Ser escuchado significa aceptación

Parte de escuchar a nuestros jóvenes es comunicar que los aceptamos como personas. Si nuestros hijos sienten que los aceptamos genuinamente y no deseamos en secreto que fueran bastante diferentes, estarían más abiertos a responder a nuestra escucha. Estas son unas cuantas preguntas sobre la aceptación:

- ¿Animo a mi hijo o hija adolescente a pensar?
- ¿Comunico a mi hijo o hija que está equivocado si no está de acuerdo conmigo?
- ¿Animo a mi hijo o hija a discutir asuntos controvertidos conmigo?

- ¿Afirmo a mi hijo o hija por el proceso de pensar aun cuando llegue a conclusiones diferentes a las mías?
- ¿Hablo con mi hijo o hija cuando las cosas van bien, o solamente hablamos cuando él o ella ha hecho algo incorrecto?

Los jóvenes son muy perceptivos sobre nuestra aceptación de ellos; no se enfocan en las palabras, sino que leen nuestros signos no verbales. Están buscando ver si los aceptamos por quiénes son: distintos a nosotros. Cuando comunicamos nuestra aceptación de ellos (no necesariamente de su comportamiento), estamos expresando que los escuchamos y que lo que ellos dicen nos importa.

Me gusta lo que un sabio obrero de jóvenes me dijo una vez cuando yo batallaba con la autonomía de nuestras hijas adolescentes: "Si tu hija piensa igual que tú, entonces uno de los dos es totalmente innecesario".

En mi consejería a las familias, a menudo veo padres apurados que están demasiado ocupados para hablar con sus hijos a menos que haya un problema. Yo los animo a establecer un hábito regular de hablar juntos, generalmente durante la cena. La rutina de conversar realmente vale la pena cuando el estrés y los problemas golpean a la familia. Es mucho más fácil aprender cómo escuchar cuando hay una atmósfera relajada y de aceptación. Sus hijos no se sentirán escuchados y valorados si usted solo habla con ellos cuando existe algún problema.

Cuando haya desarrollado unas buenas habilidades de escuchar y de mirar, comprenderá mejor a sus hijos y estará mejor equipado para darse cuenta cuando algo vaya mal. Cuando escuchamos a nuestros hijos y dejamos que se vacíen de todas las emociones negativas, dolorosas y confusas, ellos son libres para descubrir algunos sentimientos positivos y puede que más abiertos a escucharnos hablar sobre soluciones.[4]

Es fácil mirar a su hijo o hija y preocuparse. Si es usted como yo, pensará: *¡Hay tanto en lo que tengo que trabajar!* Puede que usted suponga que los sermones, la confrontación intensiva y el lavado de cerebro harán el truco; pero yo estoy aprendiendo que la clave para influenciar a los jóvenes es la relación. No es lo que usted sepa sobre la comunicación o la adolescencia; es lo que usted sepa sobre *su* hijo o hija. La manera más eficaz para potenciar la relación y llegar a conocer a su hijo o hija adolescente es escucharlo.

El arte de escuchar

Mucho de lo que se ha escrito sobre escuchar tiene que ver con la técnica. Mantenga el contacto visual; inclínese hacia el que habla; afirme asintiendo con la cabeza; no mire más allá de quien habla; repita y parafrasee lo que escuche. Estas capacidades son importantes, y ciertamente producen la diferencia. Son aspectos de la ciencia de saber escuchar, pero cuando se trata de los jóvenes, escuchar es más un arte que una ciencia. Usted puede dominar muy bien la técnica, pero no tiene el corazón no importará.

El desafío es cultivar un corazón que escuche. Para ayudarlo, permítame ofrecer algunas preguntas de autoevaluación:

- ¿Me preocupo por lo que mis hijos dicen?
- Lo que mis hijos dicen ¿me importa?
- ¿Estoy abierto a cambiar mi opinión o mis sentimientos basándome en lo que mis hijos dicen?
- ¿Quiero saber lo que hay en el corazón de mis hijos?
- ¿Es el entendimiento más importante que el acuerdo?

La influencia de los medios de comunicación

Uno de los principales obstáculos que dificulta —y busca ahogar— el diálogo entre padres y jóvenes es el dominio de los medios de comunicación de masas. Al igual que cualquier tecnología, los medios de comunicación pueden ser positivos o negativos. Para algunos jóvenes, los medios de comunicación proporcionan consuelo en su mundo solo de jóvenes.

Yo he notado que muchos jóvenes no se sienten cómodos con el silencio. Tan pronto como tienen oportunidad, encienden la radio, el reproductor de CDs o la televisión. Cuando los jóvenes tienen tiempo libre, les gusta disfrutar de la variedad de medios que tienen a su disposición. Algunos lo hacen simplemente por diversión, mientras que otros lo hacen para escapar. Cualquiera que sea la razón, a los jóvenes les encanta los medios de comunicación.

El 90% ve la televisión todos los días. Con la misma probabilidad, escuchan sus CDs (90%) o su estación de radio favorita (89%).

Casi todos los jóvenes están expuestos a varias formas de comunicación en un período de 24 horas. El uso que hacen de ellos difiere por género. Los muchachos tienden más a usar la Internet (el 44% contra el 38% de las muchachas) y a jugar juegos de computadora (45% contra el 26% de las muchachas).

La música impulsa a la cultura pop juvenil. Para estar al tanto de los grandes éxitos, los jóvenes necesitan escuchar su estación de radio favorita todos los días. Podría ser un suicidio social no saber cuál es la última nueva canción. Como resultado, los jóvenes puede que estén escuchando la radio cuando deberían estar haciendo tareas o —si son como la mayoría de los jóvenes— mientras las hacen. Los padres que han intentado entablar conversaciones con sus hijos mientras hay música de fondo saben de lo que estoy hablando. "¡Espera! ¡Ahora no! Es mi canción favorita". El dominio de los medios de comunicación puede violar cualquier conversación.

Algunas formas de medios de comunicación pueden en realidad ayudar a los estudiantes. Puede que haya una relación entre el consumo de medios y el rendimiento escolar. Los jóvenes con una situación económica por encima del promedio tienen más probabilidad de decir que ellos utilizaron Internet (el 44% comparado con los estudiantes de una situación económica promedio o por debajo del promedio).[5] Puede que esos sean los mismos estudiantes que se niegan a contestar las preguntas de sus padres con: "Ahora no puedo hablar; estoy bajándome algunos archivos JPEG para mi clase de química". La computadora puede hacer subir la nota, pero también levanta una barrera entre el joven y los padres.

Uno de los pasatiempos más populares de los jóvenes es ir al cine; van más de una vez al mes (13-6 veces al año), casi el doble de las veces que va un adulto. De hecho, el cine ha disfrutado de un reciente aumento de popularidad entre los jóvenes. En el año 1994 los jóvenes iban al cine solo ocho veces al año.

El 26% de las muchachas pensó que las películas son demasiado violentas, mientras que solo el 20% de los muchachos pensaron lo mismo. Los estudiantes por encima del promedio tienen también más probabilidad de preocuparse por la violencia en las películas que los jóvenes con una situación económica promedio o por debajo del promedio (el 29% de los estudiantes por encima del promedio contra solo el 14% de los demás estudiantes). Las muchachas no solo estaban más preocupadas por la violencia, sino que también dijeron que había demasiado sexo en las películas (el 34% contra el 22% de los muchachos). Esto podría indicar un creciente temor entre las muchachas de ser víctimas de violencia o ataque sexual. Como un sutil campanilleo en sus oídos, la amenaza de la violencia puede ser molesta para las muchachas. Los muchachos tienden a pensar que son inmunes a tales ataques, y están tan molestos por el sexo y la violencia en las películas.[6]

Comparto estas estadísticas por dos razones: para ayudarlo a comprender lo ruidoso que es el mundo de los jóvenes, y para que usted esté al corriente de lo que los jóvenes piensan sobre los medios de comunicación. Utilice esta información para lanzar una discusión con sus hijos sobre los medios de comunicación. ¿Ayudan o dañan?

> El niño promedio pasa más de cinco horas al día con los medios de comunicación; y alrededor de la mitad de ese tiempo lo hace viendo la televisión.
>
> —Kaiser Family Foundation

Los medios como iniciadores de conversación

Si es usted padre de una hija adolescente, puede que quiera discutir con ella el retrato de la violencia y el sexo en las películas, la televisión y los vídeos musicales. Muchos de ellos son degradantes para las mujeres y pueden hacer que las jóvenes se sientan como víctimas u objetos. Algunas formas de los medios de comunicación presentan papeles mucho más positivos, pero escasean. Tómese tiempo para afirmarlos cuando los encuentre, y critíquelos para ver cómo presentan a las mujeres bajo una luz favorable.

En su mayor parte, los jóvenes tienen un punto de vista positivo sobre el cine. De hecho, el 70% de los jóvenes (chicos y chicas) dicen que el cine tiene un efecto "muy positivo" o "algo positivo" en su ética y moral. Sin embargo, su visión de la televisión es más sombría. Solo algo más de la mitad (55%) dicen que el efecto de la televisión en la ética y la moral de los norteamericanos es "muy positivo" o "algo positivo".

Yo estoy de acuerdo con el sombrío punto de vista sobre la televisión, y no soy tan positivo respecto al cine. Creo que los jóvenes son más tolerantes con el cine porque les da una oportunidad para salir de su casa y alejarse de sus padres. Sus prejuicios se reflejan en los resultados.

Una tarde yo estaba viendo la televisión con Nicole, de 12 años, y Brooke, de 18. Era la típica serie de programas para jóvenes en una de las cadenas más nuevas. Vimos un popular show, el cual contenía la obligatoria escena o referencia al sexo antes del matrimonio y el tema sociopolítico más novedoso de Hollywood: las relaciones entre homosexuales o lesbianas (los protagonistas eran adolescentes). Se ha convertido en un tema tan abierto y manifiesto que se ha hecho predecible y aburrido; se ha convertido en un mantra nauseabundo.

¿Cómo debería responder una familia cristiana a una cultura que cada vez es más hostil a nuestro fundamento judeocristiano? Deberíamos responder usando las Escrituras como nuestra guía y juicio para la verdad moral. En un mundo que dice que "todo está bien", la Biblia es como el faro en medio de la niebla relativista. Considere lo que Pedro tiene que decir de nuestras familias del siglo XXI.

> "Por eso, dispónganse para actuar con inteligencia; tengan dominio propio; pongan su esperanza completamente en la gracia que se les dará cuando se revele Jesucristo. Como hijos obedientes, no se amolden a los malos deseos que tenían antes, cuando vivían en la ignorancia. Más bien, sean ustedes santos en todo lo que hagan, como también es santo quien los llamó; pues está escrito: 'Sean santos, porque yo soy santo'" (1 Pedro 1:13-16 NVI).

Cuando nuestras hijas eran más jóvenes, simplemente decíamos no a los programas de televisión que presentaban temas que no eran bíblicos. Ahora que son más mayores, les permitimos tener más libertad por dos razones: sus edades (ambas son adultas), y porque solo unos pocos programas de televisión no ofenden algún principio bíblico (excepto los que tratan del hogar y la jardinería, ¡que son los que mi esposa y yo vemos!).

El poder de las preguntas

Ahora nuestro rumbo es el de preparar las mentes de nuestras hijas para la acción. Veremos un programa de televisión y hablaremos durante los anuncios. Al hacerlo así, hemos entablado algunas conversaciones interesantes, y hemos descubierto las opiniones de nuestras hijas haciendo preguntas y escuchándolas. Estamos determinados a intentar crear una oportunidad para que nuestras hijas jóvenes adultas sean escuchadas con preguntas como las siguientes:

- ¿Cómo representa esa escena el carácter de quien es cristiano?
- ¿Crees que los escritores de este programa quieren fomentar la homosexualidad?
- ¿Cómo atacan o apoyan los valores bíblicos?
- Si tú realizaras este programa, ¿cómo lo harías de forma diferente?

Este tipo de preguntas son adecuadas para adultos jóvenes, pero no para adolescentes de menos edad. Puede usted adaptar los programas que escojan y sus preguntas a la edad de sus hijos y a sus propias normas familiares. La meta es formarlos para que piensen de forma bíblica y sean críticos acerca de lo que escogen como entretenimiento. Como padres, ustedes no pueden elegir por ellos; tienen que formarlos para que ellos tomen buenas decisiones. Llegará un día en que sus hijos pasen la noche en casa de un amigo y tengan que enfrentarse con el hecho de escoger algún entretenimiento. ¿Los ha preparado para la acción y para tener dominio propio?

Pacto familiar sobre los medios

Desarrolle un acuerdo para los miembros de la familia que prometa normas santas y puras en relación con los medios de comunicación. Estas pautas traerán unidad y fortaleza a su familia y ayudarán a sus hijos adolescentes a tomar decisiones difíciles cuando estén fuera del hogar.

Una de las metas de este libro es ayudar a los padres a obtener un punto de vista exacto de lo que ocurre con los jóvenes de hoy: la generación del milenio. Ver lo que les ocurre a miles de jóvenes podrá ayudarlo a captar lo que le está ocurriendo a su hijo o hija adolescente. Yo le elogio por tomarse el tiempo para comprender lo que sucede en el interior del mundo de sus hijos. Si usted conoce la verdad sobre sus hijos, estará más capacitado para confiar en ellos, pero si está usted inseguro sobre lo que ocurre en realidad, es más probable que sea suspicaz y no confíe. Una manera en la que puede fortalecer la confianza en su relación padre-hijo es descubrir más cosas sobre los jóvenes de hoy.

El pacto sobre los medios de la familia Smith

Huye de las malas pasiones de la juventud, y esmérate en seguir la justicia, la fe, el amor y la paz, junto con los que invocan al Señor con un corazón limpio.
2 Timoteo 2:22

Como familia, buscamos invocar al Señor con un corazón puro. Prometemos evitar cualquier cosa que sea mala e inconsistente con la Palabra de Dios; de hecho, huiremos de ella. En cambio, perseguiremos las siguientes cualidades:

Justicia – Tomar las decisiones correctas
Fe – Aquellas cosas que hagan crecer nuestra relación con Dios
Amor – Aquellas cosas que nos ayuden a expresar afecto, compromiso y gracia para con los demás.
Paz – Aquellas cosas que fortalezcan las relaciones y solucionen los conflictos

No intentaremos hacerlo por nosotros mismos, sino que lo haremos como miembros de un equipo "junto con los que invocan al Señor". Este acuerdo se aplica a todo lo que veamos y escuchemos, incluyendo la televisión, las películas, los vídeos, la música, la Internet y la prensa escrita.

Firma ______________________________ Fecha _______________

Firma ______________________________ Fecha _______________

Firma ______________________________ Fecha _______________

Firma ______________________________ Fecha _______________

Solíamos vivir en un mundo que no necesitaba pactos en cuanto a los medios de comunicación; solía haber acuerdo sobre lo que es bueno y malo. Solíamos limitar la exposición de los niños a situaciones y material para adultos. Ahora es un mundo con un acceso igualitario. Debido a los medios de comunicación y la tecnología, los niños tienen el mismo acceso que los adultos a los materiales. No hay una jerarquía de la información que delinee el contenido para los niños, los jóvenes o los adultos. Este es un importante cambio cultural. Hubo un tiempo en que se esperaba de los padres norteamericanos que educasen a sus hijos en línea con los puntos de vista culturales comunes. Hoy día, los buenos padres esperar poder educar a sus hijos en oposición a la cultura y los medios de comunicación de masas.

Pautas para un mundo ruidoso

Vivimos en un mundo que hace sonar mensajes que compiten. En medio del estruendo, necesitamos ser capaces de filtrar las distracciones y escucharnos los unos a los otros. ¿Cómo deberían los padres, los obreros de jóvenes y los maestros responder a esta nueva cultura, inundada por los medios? Las siguientes son cuatro pautas:

- *Aprenda sobre los nuevos medios.* Familiarícese con las formas que les gustan a sus hijos y con las tecnologías emergentes. No evite los medios de comunicación solo porque es algo nuevo o extraño.
- *Pida ayuda a sus hijos.* Los jóvenes de hoy a menudo saben más acerca de la tecnología y los medios que sus mayores. Muestre interés y pídales que le expliquen o le den un paseo por su mundo tecnológico.
- *Desarrolle pautas claras para el uso de la tecnología.* Compruebe el uso de la Internet para la diversión y la educación. Hable con sus hijos de normas de seguridad. Por ejemplo: "Nunca utilices tu nombre o dirección reales con contactos a menos que conozcas a la persona". Ayúdelos a desarrollar estrategias para evitar problemas mientras están en línea con la computadora. Aclare lo que es un contenido aceptable, el uso, la duración del uso, etc. Para algunas familias ha resultado útil

tener un contrato sobre las computadoras, el cual describe la forma en que los miembros de la familia usarán la computadora: lo que es aceptable y lo que no. Incluya consecuencias cuando el acuerdo se viola. Por ejemplo: se restringirá el uso de la computadora al ofensor durante una semana.

- *Tenga un día de descanso de medios de comunicación.* Acuerden hacer una pausa en las formas de medios de comunicación para centrarse en la fe, la familia, las relaciones, en renovarse y descansar. Podría hacerse una vez al mes. Una familia con hijos adolescentes descubrió que el primer domingo del mes funcionaba muy bien. Ellos iban juntos a la iglesia y luego iban a comer y a ponerse al día. Intentaban no hablar sobre noticias o temas relacionados con los medios de comunicación. Luego regresaban a su casa, se echaban la siesta y leían. Durante la cena hablaban de los libros que estaban leyendo, y después jugaban a un juego de mesa y se comían un postre.

Entrando en su mundo

Contrariamente a lo que muchos padres creen, nuestros jóvenes quieren relacionarse con nosotros. Los jóvenes de hoy comercian con capital de relaciones. Su economía social está basada en conocer y ser conocidos. Es importante para ellos tener una relación con nosotros, mientras que no interfiera con sus relaciones importantes de verdad: ¡sus amigos!

Note la ausencia de la sospecha y el aislamiento de la brecha generacional. Con anteriores generaciones de jóvenes, era probable que los padres estuvieran distantes de los jóvenes, pero los jóvenes del milenio no persiguen esa distancia: una brecha. Ellos quieren conectar.

Uno de los mejores lugares para comenzar es con conversaciones en el hogar. ¿Pero de qué debería hablar? Esté dispuesto a correr algunos riesgos y plantee asuntos de los que normalmente no habla. La mayoría de nosotros crecimos con las advertencias de nuestros padres para no hablar de "religión, sexo, dinero o política: simplemente no es educado". Permítame animarlo a correr el riesgo de ser "maleducado" en la intimidad de su hogar. Intente hablar sobre esos temas, en especial si su hijo o hija tiene catorce años o más y no hay niños más pequeños e impresionables.

Ser escuchado conduce a un sentido de comunidad

En un fascinante estudio sobre los cambios en la sociedad, Robert Putnam habla de la pérdida de sentido de comunidad en nuestro país. En su libro, *Bowling Alone* (Jugando a los bolos a solas), Putnam describe cómo solíamos jugar a los bolos en ligas, pero ahora lo hacemos a solas. Hay más personas que nunca que juegan a los bolos, pero las ligas son la mitad de lo que solían ser. Estamos demasiado ocupados para pasar una tarde en liga de bolos. A lo largo de las décadas recientes hemos sido testigos de una impresionante reducción de los contactos regulares con nuestros amigos y vecinos.

Pasamos menos tiempo conversando en las comidas, hacemos visitas no tan a menudo, nos involucramos menos en actividades de ocio que fomentan las relaciones sociales, pasamos más tiempo observando (hay que reconocer que a veces en presencia de otras personas) y menos tiempo haciendo. No conocemos tan bien a nuestros vecinos, y no vemos a nuestros viejos amigos tan a menudo.[8]

Los jóvenes del milenio anhelan estar en un equipo. Se preocupan más por estar conectados que por ser competitivos como sus padres de la generación de los boomers. Nuestros jóvenes desean ser incluidos. Cuando respondemos a su clamor por ser escuchados, se sienten incluidos.

"Es mucho más que una generación que juega en equipo —observa William Strauss, coautor del libro *The Fourth Turning*—; puede que la generación de los boomers esté jugando a los bolos a solas, pero los jóvenes del milenio juegan al fútbol en equipos". Eso hace que el sentido de pertenencia sea tan crucial que puede llegar a ser un asunto de vida o muerte.[9]

Esto ayuda a explicar el fenómeno de camarillas de jóvenes. Ellos se establecen en sus bandas con sus propias marcas distintivas en sus cuerpos: peinados, ropa, tatuajes, piercings en el cuerpo, pintura corporal, zapatos, accesorios y música. Esas son las marcas que sitúan a un joven dentro del grupo, pero eso no significa que él o ella vayan a quedarse ahí. La cultura juvenil es diversa y cambiante, y por eso es difícil encasillarla. Es inexacto sacar conclusiones basadas en esas marcas.

Nuestro intento en este libro es el de ver de forma objetiva sus necesidades —sus clamores—, no solo sus distintivas marcas tribales.

Ningún joven incorpora todas las actitudes y características que los maestros que les enseñan, los padres que los educan, los investigadores que los estudian y los jóvenes mismos, consideradas como las marcas de identidad de esta generación. En una gran parte se debe a que "los jóvenes de hoy puede que tengan menos cosas en común que los de generaciones anteriores", dice el psicólogo William Damon de la Universidad Stanford. "Algunos están definitivamente centrados: ojos brillantes, auténticos y ambiciosos. Pero un número significativo están divagando o algo peor".[10]

A la mayoría de los jóvenes les gustaría pasar más tiempo con sus padres. Ellos saben que necesitan pautas para ayudarlos a navegar por territorio joven desconocido; saben que dieciséis años de experiencia no los capacita plenamente para los desafíos a los que se enfrentarán, y por tanto tienen miedo de enfrentarse a los desafíos.

"Los adolescentes no son una tribu apartada porque ellos nos hayan abandonado, como la mayoría de las personas suponen —dice Patricia Hersch, autora del bestseller *A Tribe Apart* (Una tribu apartada)—. Somos nosotros quienes los hemos abandonado. Esta generación de jóvenes ha pasado más tiempo en soledad que ninguna otra en la historia reciente".[11]

Los padres de los jóvenes del milenio están ocupados con sus trabajos y sus hobbies. Podrían organizar la semana para pasar más tiempo con sus hijos adolescentes —para llevarlos de compras, a sus actividades o a cenar fuera—, pero es probable que sus hijos pasen mucho más tiempo a solas.

Los datos dados a conocer el año pasado descubrieron que los jóvenes pasan el 90% de las horas en que están despiertos fuera de la escuela con sus amigos. Los jóvenes pasan el 20% de ese tiempo a solas.[12]

Los jóvenes del milenio puede que estén creciendo en un período de prosperidad, pero puede que carezcan de una conexión con sus padres. Esto explica el por qué sienten una necesidad tan fuerte del sentido de comunidad. Las relaciones son un punto crítico, y sus iguales son muy importantes para los jóvenes del milenio. Tienen hambre de pertenecer y ser aceptados; quieren ser incluidos. Nuestros jóvenes quieren estar en comunidad para tener voz; quieren que se los valore lo suficiente para escucharlos. Nuestros jóvenes quieren saber que lo que ellos dicen nos importa porque *ellos* nos importan.

PREGUNTAS PARA FOMENTAR EL DIÁLOGO

De padre a padre

1. El capítulo comienza con una escena sobre Makayla y su familia. ¿Con quién se identifica usted más: con Jenny, su mamá, o su papá?
2. ¿Cuáles son algunas barreras que usted haya experimentado cuando ha buscado escuchar a su hijo o hija adolescente?
3. ¿Por qué el escuchar expresa valor a una persona?
4. ¿Qué está usted haciendo para que sus hijos adolescentes se sientan escuchados?
5. Discutan esta afirmación: "Usted no tiene que comprender las emociones de sus hijos adolescentes; simplemente escuche e intente comprender lo que están diciendo".

Para hablar con su hijo o hija

1. Describe un momento en el que alguien te escuchó *de verdad*.
2. Utilice el material en la sección "Cómo conectarse con sus hijos" para establecer una cita semanal con él o ella.
3. "Escuchar reduce el enojo porque nos tomamos el tiempo para comprender". Hablen de esta afirmación.
4. ¿Influyen los medios de comunicación en los jóvenes para que hagan cosas malas? ¿Por qué piensas eso?
5. ¿Cuáles son tus normas personales en cuanto a los medios? ¿Qué cambios quieres hacer, si es que hay alguno?

CÓMO RESPONDER AL CLAMOR

El clamor

Clamor por ser escuchados.

El desafío

Conectarse con nuestros jóvenes escuchándolos y eliminando distracciones.

Cómo conectarse con sus hijos

Haga tiempo para escuchar a sus hijos adolescentes. Establezca una cita semanal con él o ella para hablar de esos asuntos. Para ayudarlo a aprovechar su tiempo al máximo, considere los siguientes consejos:

- Programe un momento que sea conveniente, pero donde no haya probabilidad de conflictos. Muchos padres dicen que el tiempo del desayuno tiene menos conflictos. Incluya comida si es posible.
- Escoja un lugar que le vaya bien a su hijo o hija (McDonalds es barato, rápido y amigable con los jóvenes).
- Haga saber a su hijo o hija que usted valora sus opiniones y quiere escucharlas. “Me gustaría llevarte a desayunar y hacerte cinco preguntas sobre ser joven. Solo tardaríamos unos quince minutos; ¿dónde podemos ir?”.
- Haga que ese tiempo sea ligero. No espere que sea algo serio. Sea flexible y siga la corriente. Si su hijo o hija no quiere hablar demasiado, pase a la siguiente cuestión o a otra cosa. A veces ellos quieren hablar mucho, y otras veces puede que estén callados.
- Recuerde que el objetivo es conectarse con su hijo o hija, no cubrir todo el material. Esté dispuesto a saltar algunas de las preguntas.
- Utilice las preguntas de la sección “Para hablar con su hijo o hija” de cada capítulo como su guía. Puede que quiera copiarlas en una hoja de papel para no tener que llevar siempre el libro.

Tiempo de conexión padre-joven

Nuestro tiempo juntos es ____________________

Nos veremos en: ____________________ Hora: __________

Intentaremos hacerlo veces ____________________

Herramientas para usar en casa

1. Un día al mes dénle un apagón a la televisión. Fomenten la lectura y conversaciones más largas durante las comidas.
2. Cenen juntos al menos tres veces a la semana. No vean televisión, escuchen la radio ni contesten el teléfono durante la cena. Decidan cuánto tiempo (de treinta a sesenta minutos) pasarán hablando mientras cenen, y protejan ese tiempo. Jueguen a "Lo mejor y lo peor": cada uno comparte la mejor y la peor parte del día.
3. Una vez al mes programen una noche familiar de juegos. El juego de mesa favorito de nuestra familia es el Cranium.
4. Programen una hora de lectura todas las noches de la semana. Nada de televisión, Internet o llamadas telefónicas entre las 9:00 y las 10:00 de la noche. Anime a todos (incluyéndose usted mismo) a leer un libro divertido durante ese rato.
5. Una vez al mes, programen una visita de dos horas a una librería grande para hojear libros y comprarlos para su hora de lectura. Haga que los miembros de la familia compartan cuáles son los libros que les interesan mientras están en la librería. Siéntense en un sillón y lean; escuchen música; tómense un café con leche. Cultiven el gusto por el entretenimiento tranquilo y menos apresurado.

Herramientas para usar en la iglesia

1. Formen un grupo de padres de jóvenes para hablar sobre este libro y sobre ideas creativas para manejar los medios de comunicación. Una de las capacidades con la que los padres necesitan ayuda es establecer normas en cuanto a los medios. Por ejemplo: "¿Cuándo debo permitir a mi hijo o hija ir a ver una película recomendada para mayores de 13 años?". Hablar de las normas en grupo es útil y práctico.
2. Proporcione información de contacto de ministerios que ayuden a los padres a evaluar y manejar los medios de comunicación. *Plugged In*, por Enfoque a la Familia, es un excelente boletín (*www.family.org/pluggedin*). Walt Mueller, director ejecutivo del Center for Parent-Youth Understanding

(Centro para el entendimiento entre padres y jóvenes) produce un boletín de vanguardia sobre cultura y medios de comunicación (*www.cpyu.org*).

3. Creen un boletín que ofrezca resúmenes de estas fuentes para todos los padres de adolescentes y pre-adolescentes de su iglesia.
4. Uno de mis seminarios favoritos es *Understanding Your Teenager* (Cómo entender a sus hijos adolescentes), *www.uyt.com*, desarrollado por Wayne Rice. Lo tengo en tanta consideración que ahora soy parte del equipo de presentación que da el seminario por todo el país. Apúntese cuando se realice en el área donde usted vive.

CAPÍTULO 6

CLAMOR POR SER VALORADOS

Ella se limpió su boca por segunda vez con el enjuagador bucal. *Le pediré a mamá que compre más en la tienda. Casi estoy.*

Karen se miró en el espejo. Se secó con la toalla las comisuras de los labios, limpiando las pequeñas huellas de su vómito. *Nadie lo descubrirá.* Su estéreo sonaba a todo volumen en su cuarto, disfrazando cualquier sonido de sus esfuerzos por vomitar en el baño.

Karen tiene bulimia, un desorden alimenticio. Si la gente lo supiera, se sorprendería. A primera vista, a ella parece irle todo bien: buenas notas, una personalidad extrovertida, atleta en la universidad y una figura esbelta, la cual mantiene vomitando su comida todos los días después de las clases. *No tiene sentido mantener todas esas innecesarias calorías*, razona ella.

Desde que estaba en octavo grado ha sufrido esa compulsión por ser perfecta: sacar las mejores notas, ser la más rápida en el equipo de atletismo y ser la más delgada de todas sus amigas. "Después de todo, nunca se es ni demasiado rica ni demasiado delgada", bromea a menudo con sus amigas.

Ha estado vomitando desde hace dos años. Comenzó a hacerlo durante su primer año en la universidad, en el que engordó unos kilos después del término de la temporada de atletismo. Se probó un traje de baño en un centro comercial y notó en el espejo que sus caderas eran un poco más anchas. Ella sabía que iba a ponerse su nuevo traje de baño durante las vacaciones de primavera; simplemente quería perder un poco de peso. Vomitar parecía que funcionaba; sencillamente podía comer menos, mantener su ritmo de entrenamientos, vomitar todos los días, ¡y ver los resultados!

Karen no provenía de un hogar con padres divorciados. Sus padres la querían y tenían elevadas expectativas para ella. Los dos habían ido a la universidad, y esperaban que Karen pudiera asistir a Sanford o UCLA con una beca. Karen estaba impulsada a sobresalir; para ella, ser buena no era suficiente. Tenía que ser la mejor.

Y eso casi la mató.

Karen se obsesionó con su peso. Contaba las calorías de todo lo que comía, y si sobrepasaba la cantidad establecida, vomitaba una segunda vez o corría otros cinco kilómetros después de su entrenamiento de dos horas con el equipo. Su cuerpo se quedó delgadísimo; su cabello se volvió quebradizo y apagado; sus ojos y sus mejillas se hundieron. Siempre llevaba puesta una sudadera aunque la temperatura sobrepasara los treinta grados, pues siempre tenía frío. Después de uno de los entrenamientos, decidió que tenía que hacerse pagar por la cantidad extra de pastel de arroz que había comido en el almuerzo, así que salió de la escuela y se dirigió a los montes para realizar su circuito regular de unos cinco kilómetros. Después de la primera colina se sintió mareada, y antes de poder recuperarse se desvaneció. Su cara dio contra las ásperas piedras del camino.

Afortunadamente, ese camino era muy popular para quienes iban en bicicleta. Unos cuantos minutos después, llegó una persona en bicicleta y descubrió a Karen en el suelo. Se bajó de su bicicleta e intentó reanimarla. Ella respiraba, así que no realizó una resucitación cardiopulmonar. Agarró su botella de agua y le echó un poco en la cara, y eso la reanimó. Con una mano agarró su cabeza y con la otra le dio a beber más agua de su botella. Entonces la persona que iba con él llegó y llamó al 911 con su teléfono celular. También sacó una barra de alimento energético de su mochila y se la dio a Karen.

Karen mordisqueó la barra, agradecida de haber sido descubierta por los dos amigos en bicicleta. Si no hubiera sido por ellos, ella podría haber pasado la noche sola en los montes. Los fuertes latidos de su corazón se aplacaron después de beberse el agua y comerse la barrita nutritiva. Estaba demasiado débil para poder caminar, y los cortes que tenía en la cara le escocían debido al sudor frío. Al estar allí sentada esperando a los paramédicos, pensó: *Me pregunto cuántas calorías habría en la barrita.*

Clamor por recibir aprobación

Karen casi muere intentando conseguir la atención y la aprobación de sus padres. "Lo único que quería que ellos dijeran era: 'Eso está bien'; en cambio, me decían: 'Inténtalo un poco más'. Nunca era suficiente. Yo no era lo bastante delgada, lo bastante inteligente, lo bastante rápida, lo bastante bella o lo bastante feliz. Yo no daba la talla. Aun cuando hacía todo lo que podía, ellos no se daban cuenta".

En el caso de Karen era un clamor por recibir aprobación, pero para la mayoría de los jóvenes norteamericanos va más allá de eso. Es un *clamor por ser valorados.* Este es el clamor por ser apreciados, el anhelo de ser considerados más importantes que otras cosas y que la mayoría de las otras relaciones en las vidas de sus padres. El clamor por ser valorado puede definirse como *la necesidad de ser considerado con un mayor grado de valía e importancia.*

Cuando pensamos en el valor, a menudo hablamos de objetos. El diccionario Webster´s lo describe como "esa cualidad de una cosa según la cual se piensa de ella que es más o menos deseable, útil, estimable, importante, etc.".[1] Es el valor o el grado de valor evaluado según un peso o norma.

Aplicar este concepto a los jóvenes significa que vemos una calidad inherente en ellos a pesar de su comportamiento, de sus notas, de su personalidad o de sus niveles de responsabilidad. Significa comunicarles: "Te valoro sin importar cuál sea tu rendimiento".

Semejante al amor, la aceptación incondicional envía un gran mensaje a nuestros jóvenes. *Tú significas mucho para mí; me importas. No hay nada que puedas hacer para perder tu valor ante mí.* En el mundo patas arriba de los adolescentes, el consuelo de la aceptación incondicional proporciona un puerto seguro para el joven que puede que se pregunte veinte veces al día: *¿Valgo algo para alguien?*

El segundo elemento del clamor por ser valorado es la importancia. Nuestros jóvenes se preguntan: *¿Dónde encajo en las prioridades* *de mis padres? ¿Estoy antes que sus trabajos? ¿Después de sus hobbies? ¿Después de su programa de televisión favorito? ¿En qué puesto estoy entre los diez principales de mis padres?*

Ser considerado importante es ser considerado significativo o digno de notar. Si una persona es importante para nosotros, no la pasaremos por alto, la ignoraremos ni la degradaremos. La trataremos con respeto y atención.

La importancia también significa estar en un puesto elevado. Eso no quiere decir que tratemos a nuestros hijos adolescentes como si fueran celebridades o que dejemos que nuestras vidas giren alrededor de ellos, pero sí quiere decir que consideramos sus necesidades, sus ideas, sus sentimientos y sus opiniones. Consideramos importantes todas esas cosas porque son importantes para nuestros hijos.

> "No hagan nada por egoísmo o vanidad; más bien, con humildad consideren a los demás como superiores a ustedes mismos" (Filipenses 2:3 NVI).

Es una perspectiva bíblica considerar a los demás importantes y valiosos, en especial a nuestros hijos e hijas adolescentes.

En nuestra Encuesta Gallup "El clamor de los jóvenes", los resultados muestran que el 88% de los jóvenes encuestados respondieron que ser apreciado o valorado es una necesidad "muy fuerte" o "fuerte" en la vida. Su tercera respuesta, "como una necesidad" alcanzó solo el 6%. Esto indica que casi nueve de cada diez jóvenes consideran ser valorado o apreciado como algo esencial. En otras palabras, si ellos sienten que lo necesitan, es que *realmente* lo necesitan.

Esto es cierto en particular entre las mujeres, de edades comprendidas entre dieciséis y diecisiete años. El 94% de esas jóvenes dijeron que ser valorada es una necesidad "muy fuerte" o "fuerte" en sus vidas.

Ese porcentaje es notablemente superior al 88% de las respuestas de todos los jóvenes. ¿Por qué las jóvenes quieren ser apreciadas y valoradas?

Porque Dios creó a las mujeres de esa manera.

¿Qué ocurriría? ¿Y si esos profundos deseos en nuestro corazón nos están diciendo la verdad, nos están revelando la vida para la que fuimos creados? Dios nos dio ojos para que pudiéramos ver; Él nos dio oídos para que pudiéramos oír; nos dio voluntades para que pudiéramos escoger; nos dio corazones para que pudiéramos *vivir*. La manera en que manejamos el corazón lo es todo. Un hombre debe *saber* que es poderoso; debe *saber* que tiene lo que hace falta. Una mujer debe *saber* que es bella; debe *saber* que es digna de que luchen por ella.[2]

Nuestras jóvenes quieren saber que son dignas de que luchen por ellas. Quieren que las busquen y las incluyan en una búsqueda noble. Quieren ser valoradas y apreciadas como objetos de nuestro afecto.

Cuando nuestras hijas eran más jóvenes, les encantaba probarse sus vestidos nuevos para los domingos. Mi esposa, Suzanne, es una costurera excelente y hacía vestidos extraordinarios para Nicole y Brooke. Ellas se hacían un peinado especial y experimentaban con el lápiz labial, los zapatos y las medias. Después se producía el descubrimiento. Yo me sentaba cómodamente en el sofá, y ellas entraban en la habitación con mucha pompa y alegre música. Con orgullo entraban como si estuvieran en una pasarela de moda en Nueva York y daban vueltas con sus fluidos vestidos. Sus ojos nunca dejaban de mirar los míos. *¿Piensa papá que soy bella? ¿Se da cuenta de mí? ¿Soy digna de que me mire, más que el partido que hay en la televisión?*

Nuestros jóvenes, y las muchachas en particular, se preguntan si tienen valor para nosotros.

Prestar atención

"Nadie presta atención a los jóvenes como individuos, pero todo el mundo está histérico en cuanto al conjunto. Simplemente hay que pronunciar la palabra 'adolescente' y de lo único que se habla es de los problemas", escribe Patricia Hersch en su libro *A Tribe Apart* (Una tribu apartada). Ella también resume los hallazgos del *Carnegie Council on Adolescent Development.* "En otras palabras, *la mitad* de todos los adolescentes de Norteamérica corren algún riesgo de sufrir graves problemas, como el abuso de sustancias, relaciones sexuales tempranas y sin protección, y fracaso escolar. El informe concluía que los niños de hoy son susceptibles a un 'torbellino de nuevos riesgos... casi desconocidos para sus padres o sus abuelos'".[3]

Los riesgos son desconocidos para nosotros porque no estamos prestando atención; no conocemos a nuestros jóvenes. Solo los conocemos como grupo, y nos asustan; nuestros propios jóvenes se han convertido en extraños. Como dice Patricia Hersch, son una "tribu apartada". Ellos no nos han abandonado; somos nosotros quienes los hemos abandonado a ellos, y por tanto tenemos una generación de jóvenes abandonados. Puede que tengan el último modelo de PlayStation de Sony, los zapatos y la ropa de última moda y la canción número uno resonando en sus oídos, pero no nos tienen a nosotros.

"Una clara imagen de los adolescentes, aun de nuestros propios hijos, nos elude; no necesariamente porque ellos sean rebeldes, o esquivos o no estén evadiendo. *Se debe a que nosotros no estamos a su lado.* No solo los padres sino cualquier adulto. La sociedad norteamericana ha dejado atrás a sus hijos al precio de progreso en el trabajo... los adolescentes están creciendo sin adultos a su alrededor, un déficit de atención y ninguna discusión en absoluto sobre lo que es importante".[4] Con todos los tiroteos en las escuelas que se producen, la gente está lista a echar la culpa a los tiradores como personas raras y agotadas que tienen rencor. Es una sutil forma de culpar a todos los jóvenes. En lugar de descubrir lo que está ocurriendo en la vida del individuo, lo descartamos como parte de una generación angustiada; categorizamos, estereotipamos y descartamos en un solo y rápido juicio. Como resultado, ellos experimentan un gran enojo.

Un artículo en la revista *Newsweek* afirmaba que "los jóvenes de hoy son la generación más ambiciosa ocupacional y educacionalmente... A pesar de lo que sus aterrados padres sospechan, la creencia de que los jóvenes de hoy 'son más activos sexualmente, más rebeldes y más ebrios es totalmente equivocada', dice el pediatra Victor Strasburger de la universidad de Nuevo Méjico. En el año 1997, el 48% de los alumnos universitarios había tenido relaciones sexuales, comparado con el 54% en el año 1991, según el Center for Disease Control (Centro para el control de enfermedades) en Atlanta.[5]

Cuando estereotipamos a los jóvenes, reforzamos nuestro prejuicio. Cuando los ponemos como grupo en la misma categoría, los devaluamos; pero cuando prestamos atención y los escuchamos, comenzamos a verlos como individuos, cada uno con su propia historia.

Eso es todo lo que Karen (en la historia que daba comienzo a este capítulo) necesitaba: alguien que prestara atención y le demostrara que ella era valorada a través de su cercanía para conocer su historia. Karen no tenía problemas debido a que ella fuese rebelde; batallaba porque se sentía sola.

Estar solos

El cambio más notable para los jóvenes de hoy es su soledad. Los adolescentes de los años noventa estaban más aislados y sin supervisión que los de la generación anterior. Los jóvenes del nuevo milenio están aún más solos. Los jóvenes solían tener que inventarse maneras de alejarse de los adultos, pero ahora a menudo se inventan maneras de estar con ellos. Las familias del milenio presentan a mamá en su trabajo; los vecinos con unos extraños, y los familiares viven en otro estado. El adolescente pasa varias horas sin supervisión después de la escuela con acceso a una cama, al alcohol, a un auto y, en la mayoría de los hogares, a un arma. La mayoría de los padres con hijos adolescentes se preocupan porque salgan de noche, cuando deberían preocuparse de lo que hacen después de las clases en la escuela. La experiencia cumulativa de los amigos no quiere decir que sirva para tomar buenas decisiones. Los jóvenes de hoy pueden fácilmente hacer más cosas buenas o malas sin que ningún adulto se entere. Una tarde puede destruir la vida de un joven.

Los adultos no solo se han separado de sus propios hijos —dice el sociólogo Dale Blyth del Search Institute (Instituto de investigación)—, "lo que es más importante aún es que ellos se han visto separados de los demás hijos en la comunidad. A medida que eso ocurre, hay cada vez menos personas que podrían ver algo por lo que preocuparse, de lo que hablar, y con menos capacidad para actuar de manera colectiva para hacer algo al respecto". Es un problema no solo para las familias, sino también para las comunidades cuando las generaciones se separan tanto. Los efectos van más allá de ser asuntos de normas y disciplina, hasta los intercambios de ideas entre generaciones que no se producen, conversaciones que no se entablan, dirección y ejemplo que no se produce, sabiduría y tradición que, inevitablemente, no se transmiten. ¿Cómo pueden los jóvenes imitar y aprender de los adultos si éstos nunca hablan con ellos?[6]

Solía ocurrir que los jóvenes eran educados parcialmente por la comunidad. Si un adulto veía a un adolescente pintando un banco del parque con spray, podría decirle que no lo hiciera. Actualmente, cada vez más adultos tendrían miedo de enfrentarse a "un grafitero", por temor a que pueda pertenecer a una banda y reaccionar con violencia. Cada vez hay menos personas que prestan atención a los jóvenes; hay menos ojos para darse cuenta y menos oídos para escuchar. Se necesita un pueblo para educar a un joven, pero todos los habitantes del pueblo parecen estar trabajando. Como resultado, muchos jóvenes están solos para tomar decisiones respecto al abuso de sustancias, la actividad sexual, los medios de comunicación, la violencia y los amigos. Cuando hacen malas elecciones, los habitantes adultos permiten que así sea cuando llegan al hogar. *¿Qué ocurre con los jóvenes en estos días?*

Nuestra cultura sufre de una gran desconexión. Pasamos cada vez menos tiempo significativo con los amigos y vecinos del que solíamos pasar. Podría ser que hemos cambiado nuestro tiempo dedicado a los encuentros sociales por tiempo a solas en el gimnasio, o en los cuartos de nuestra casa donde hacemos ejercicio, o en la bolera.

Virtualmente el único entre los principales deportes, los bolos se han acercado a localizar a los suyos en los últimos años, pues es el deporte competitivo más popular en Norteamérica. Quienes juegan a los bolos sobrepasan a quienes practican jogging, golf o béisbol en más de dos a uno, a los jugadores de fútbol (incluyendo a los niños) en más de tres a uno, y a los jugadores de tenis o a los esquiadores en cuatro a uno... Contrariamente a los gimnasios, el ciclismo, el jogging, la gimnasia, la natación, el tenis, el golf, el béisbol y otros deportes importantes, jugar a los bolos está firmemente establecido entre los norteamericanos: común entre hombres y mujeres, parejas y solteros, clase trabajadora y clase media, jóvenes y viejos. Dado el crecimiento de la población, hay más norteamericanos que juegan a los bolos que nunca, pero la *liga* de bolos ha caído en picado en los últimos diez o quince años. Entre 1980 y 1993 el número total de jugadores de bolos en Norteamérica aumentó un 10%, mientras que la liga de bolos descendió más de un 40%.[7] Estamos demasiado ocupados para comprometernos con una liga de bolos semanal; simplemente no tenemos el tiempo que solíamos tener para realizar conexiones.

Los padres no están conectados con sus hijos. Los adultos están desconectados de los vecinos y de otros padres. Los jóvenes no están conectados con los adultos en la comunidad. Esta falta de sentido de comunidad ha causado que los jóvenes se sientan devaluados y olvidados.

"Mi papá pasa más tiempo con su cadi que conmigo", confesó un muchacho de quince años que resulta que ama el golf y le gustaría practicarlo con su papá.

"Mi mamá va todos los días al gimnasio dos horas, pero nunca tiene tiempo para llevarme de compras o ni siquiera para salir a comprar un abrigo", dijo una muchacha de trece años.

Mis padres están realmente metidos en la Internet. Ambos trabajan todo el día, y cuando regresan a casa siguen con sus computadoras hasta que tengo que irme a la cama. Casi el único momento que tenemos para hablar es el de la cena, pero generalmente la televisión está encendida y ni siquiera hay una comedia; casi siempre es la CNN", explicaba un muchacho de diecisiete años.

¿Cómo pueden los jóvenes aprender de sus padres si nunca hablan con ellos?

Considere las implicaciones de esa abdicación de la responsabilidad paternal de enseñar moralidad a los jóvenes. Agarrando los momentos en que se puede enseñar e ilustrándolos con historias y consecuencias, los padres pueden poner capas de interacción diaria con sus hijos. Pero si no están disponibles o están desconectados emocionalmente, están contribuyendo a la creación de un joven inmoral. Los padres pueden alimentar y vestir a sus hijos, comprarles juguetes caros, apuntarlos a clases y a deportes, pero si no les transmiten un sentido de lo que es bueno y malo, son culpables de negligencia moral. Una generación que se preocupa genuinamente por sus hijos inculcará moralidad desde los años de preescolar en adelante y no cesará durante la adolescencia, cuando ellos desafíen las normas. Puede que sea impopular demandar ciertas normas éticas a los jóvenes, pero es necesario.

Pero la actual generación de padres generalmente no parece estar interesada en pasar por todas las dificultades que implica entablar conversaciones sobre moralidad con sus hijos. Es mucho más fácil ceder y darles preservativos a los jóvenes. Enseñar la castidad se toma tiempo, ¿y quién tiene tiempo en la actualidad?

El joven apurado

David Elkind acuñó el término *el niño apurado* en el año 1981, aproximadamente el año en que nacieron los primeros jóvenes del milenio. Los jóvenes del milenio han estado apurados toda su vida. Desde sus primeros días, sus padres los han llevado en cochecitos en sus camionetas, buscando darles todas las oportunidades de enriquecimiento disponibles: gimnasia, jardín de infancia, juegos en grupo, danza, fútbol, kárate, jockey, esquí, clases de arte y Scouts; todo ello antes de alcanzar la madura edad de ocho años.

El niño apurado no es necesariamente más feliz o más competitivo; demasiadas veces, el niño apurado se convierte en un niño estresado. Cuando los padres apuran a sus hijos, es generalmente como resultado de la búsqueda de éxito de ellos o porque sus propias vidas están igualmente apuradas.

En el año 1960 los padres podían asignar casi todos los aspectos del desarrollo intelectual y moral de sus hijos a las instituciones —escuelas, guarderías, iglesias, tutores, clases de enriquecimiento— a la vez que ellos enfocaban sus energías en la autosatisfacción y en ganar dinero. Para quienes están en el carril rápido de la carrera y el éxito material, la educación de los hijos puede ser actualmente un hobby apasionante en lugar de ser una ocupación. Las instituciones de apoyo cubren las horas del niño desde las 7:00 de la mañana hasta las 7:00 de la tarde para que los elitistas padres puedan acudir, con sus temperamentos tipo A, a clases de mejora en las tardes.[8]

Los padres ocupados quieren darles a sus hijos las mayores ventajas: el lado competitivo. No es suficiente para esos niños ser normales; necesitan estar por encima de la media. De alguna manera se convierten en símbolos de sus padres: mi hijo, el jugador de fútbol de la liga de las estrellas; nuestra hija, la bailarina principal. El celo de los padres por producir superniños es una manera de disfrazar la culpa que sienten por tenerlos. Razonan así: *Si no puedo estar con ellos, les compraré oportunidades.* Este comportamiento a menudo aumenta durante los años de adolescencia. Los padres sienten que sus hijos, que están en educación secundaria, buscan alejarse y convertirse en individuos independientes, y razonan que sus hijos quieren estar solos. En un momento, pues, en que los jóvenes más los necesitan, los padres se apartan y no les dan dirección, alimento y conexión. En su interés por ayudarlos, los han abandonado.

Considere lo que el presentador de programas Michael Medved y su esposa, Diane —que es psicóloga—, escriben:

> Pero lo único que los padres lamentan es que *sencillamente no tienen tiempo*; ellos apuran a sus hijos porque *ellos mismos están apurados.* Debido a que han creído la idea de que tenerlo todo es una meta que vale la pena para sí mismos, de forma trágica destruyen la niñez empujando a sus

hijos a tenerlo todo también. Los adultos exprimen todas las facetas de la vida —matrimonio, carrera, trabajo fuera de casa, iglesia, amistades, relajarse con la televisión y ser padres— en un mismo día. Si consideramos la niñez como un período de alimentación y exploración especiales, deberíamos estar protegiendo a nuestros hijos de la usurpación de demasiadas actividades en lugar de arrastrarlos junto con nosotros en nuestra búsqueda de ellas.[9]

Un blanco móvil

Quizá una de las mejores cosas que podamos hacer por nuestros hijos sea disminuir el paso —en nuestras vidas y en las suyas— y pasar tiempo con ellos; enfocarnos más en conectar y menos en la competición. La mayoría de los padres suponen que están ayudando a sus hijos al enriquecer sus vidas con actividades, pero demasiadas actividades pueden ser contraproducentes. Necesitamos dar tiempo a los niños para que sean niños; necesitamos dar tiempo a los jóvenes para que sean jóvenes. No tenemos que apurar siempre a nuestros hijos para que entren en la siguiente etapa de la vida. Los padres que están en el camino del logro se centran en el futuro, y no en el presente. *Tienes que ir a una buena escuela de preescolar para conseguir las bases que te ayudarán a convertirte en un lector a temprana edad. Tienes que estar en la lista de los avanzados en la escuela elemental para ayudarte a hacer bien los exámenes en los años futuros. Si lo haces bien, puedes tomar cursos avanzados y obtener créditos universitarios mientras estés en la escuela superior. Incorpora unas cuantas clases preparatorias para el examen de aptitud y te ganarás una buena puntuación y una buena entrada en una buena universidad, que te capacitará para conseguir un trabajo bien remunerado. Entonces podrás comprarte muchas cosas y comenzar de nuevo el círculo con tus hijos.*

Los padres deben apoyar y alentar a sus hijos adolescentes, pero cuando los empujan, les enseñan un mensaje incompleto: *El éxito consiste en los logros.* El éxito genuino es algo más que una nota media muy alta en una buena escuela. El éxito consiste en dominar virtudes que ayudarán a la persona a manejar el éxito. Es ayudar a los jóvenes a que desarrollen la integridad, la confiabilidad, la compasión, la honestidad y la caridad. Los padres beneficiarían más a sus hijos adolescentes si enfatizaran el carácter tanto como la competencia, y un sentido de ritmo en lugar de prisa.

Nuestros jóvenes nos necesitan a pesar de sus quejas y sus movimientos de ojos. No quieren que se los deje solos.

Todos los adolescentes están solos, en última instancia, en su búsqueda de identidad, ya sea en la cumbre de una montaña o en una habitación llena de gente; tumbados en su cama escuchando música a solas o caminando en grupo por un centro comercial. No hay que olvidar que el viaje en busca de identidad inevitablemente se produce *dentro de un contexto*. Los jóvenes de hoy han crecido en medio de enormes cambios sociales que han moldeado, vuelto a moldear, distorsionado y algunas veces diezmado, los parámetros básicos para un desarrollo saludable. Ellos han crecido con padres que siguen buscando respuestas sobre lo que significa ser un hombre o mujer adulto; han vivido en familias que rara vez coinciden con el viejo ideal, y en una cultura donde la sabiduría tradicional sobre cómo educar a los hijos ha sido sustituida por una clase de improvisación diaria a la vez que los padres intentan encajar la educación de sus hijos en sus ocupadas vidas. En un momento en que los jóvenes necesitan emular ejemplos a seguir, los adultos que los rodean son blancos móviles. Nadie parece saber ya lo que es normal.[10]

Ritos de paso

Los jóvenes viven en un mundo que cambia con rapidez. Buscan dirección en cuanto a lo que es normal y saludable. Los adultos en su mundo pueden ser una nube de actividades a la vez que llevan a cabo su papel de apoyo. Nuestros jóvenes necesitan ritos de paso: umbrales formalizados que anuncian la llegada a ciertas etapas de desarrollo y su progreso en la vida. Necesitan saber lo que es importante y en lo que deberían estar trabajando.

En una familia judía observante, los niños que van a entrar en la adolescencia esperancen ilusión su Bat Mizvah o Bar Mitzvah. Pasan años de formación religiosa, memorizando largas porciones de la Torá y aprendiendo sobre la fe, la historia y la cultura judía. Luego se unen a sus padres para planificar la celebración de convertirse en un hombre o mujer de la Torá.

Necesitamos ritos de paso similares en nuestra tradición cristiana, para preparar a nuestros hijos e hijas para la adolescencia.

Necesitamos arraigarlos como hombres y mujeres de la Palabra de Dios. Hay muy pocos ritos sancionados por la Iglesia que marquen el viaje de un adolescente hacia la etapa adulta. En un rito de paso, un joven descubre significado y su lugar en la comunidad de fe de los adultos; aprende que es un miembro valioso de la familia de Dios y que tiene algo que aportar.

¿Cuándo se convierte un muchacho en un hombre en nuestra sociedad?

- ¿Cuando tiene la edad suficiente para conducir?
- ¿Cuando tiene la edad para cumplir con el servicio militar?
- ¿Cuando tiene relaciones sexuales con una mujer?

¿Y en el caso de las muchachas? ¿Cuándo se convierte una muchacha en una mujer? Ella, también, se enfrenta a las presiones sociales y las marcas físicas. ¿Cuándo se convierte en una mujer?

- ¿Tan pronto como comienza su ciclo menstrual?
- ¿Cuando se casa?
- ¿Cuando da a luz a su primer hijo?

Esos son *acontecimientos*, no pasajes. Un pasaje implica un viaje en el cual hay un destino, un plan para llegar a él y lecciones importantes que aprender por el camino. Los hitos espirituales, los verdaderos pasajes, definen el viaje de la niñez a la etapa de adultos, ofreciendo a los padres la oportunidad de enseñar lecciones de aquellos que los han precedido, de proporcionar una visión clara del destino del adulto piadoso, de proporcionar un plan para llegar mediante disciplinas piadosas, y de formar relaciones de apoyo para que haya una responsabilidad continua. Cada niño debe entender que el paso de la niñez a la madurez es más espiritual que físico; y hay una maravillosa razón para luchar por alcanzar el destino: honrar y servir a Dios, lo cual es el verdadero propósito de la vida.[11]

Nuestros jóvenes han perdido algo más que familias seguras y la relación con los adultos; crecen en un mundo que carece de consistencia y estructura. Hay un abrumador menú de estilos de vida ante nuestros jóvenes y, al mismo tiempo, sus hogares y comunidades no les proporcionan estabilidad y un lugar al cual pertenecer. Hemos proporcionado un mundo con muchas opciones para nuestros jóvenes, pero no les hemos dado las capacidades para elegir entre las opciones. Un rito de paso ayuda a los jóvenes a enfocarse; demuestra que unas pocas cosas son importantes; sirve como la Estrella Polar para el adolescente que navega por las aguas de la adolescencia.

Pamela Edwin escribe sobre la necesidad de celebrar ritos de paso. "En muchas culturas, los cambios en la vida —como la pubertad, el matrimonio y el nacimiento del primer hijo— se celebran con gran pompa. En nuestra cultura norteamericana contemporánea, sin embargo, hemos perdido el sentido de pasión y celebración de muchas de las transiciones en nuestras vidas. Con la pérdida de los ritos de paso en nuestra cultura, los adolescentes han establecido sus propios rituales, como hacerse tatuajes y piercings".[12]

La bendición

Uno de los ritos de paso más poderosos es el de pasar una bendición a los hijos. Al estudiar Génesis 27 descubrí que una bendición podía producir un impacto increíble en un niño, al igual que la falta de bendición puede dejar anhelante a un niño.

En mi iglesia hemos desarrollado un retiro de bendición diseñado para los niños de entre once y quince años y sus padres, el cual les enseña a los padres a bendecir a sus hijos y a los niños a honrar a sus padres.

Al término del retiro de fin de semana, les pedimos a los padres que se pongan en círculo con sus hijos en otro círculo delante de ellos. Los padres ponen su mano derecha sobre sus hijos y su mano izquierda sobre el hombro del padre que esté a su izquierda, en lo que llamamos "el círculo de afirmación".

"Cada uno de ustedes, hijos e hijas, ha recibido la bendición de sus padres hoy —explico yo—, y espero que nunca olviden las promesas y afirmación que hoy les han dado. Ahora, nosotros como padres, queremos afirmar que ya no los consideramos niños; los consideramos hermanos y hermanas en Cristo. Ustedes son coherederos con nosotros. Les damos la bienvenida a la familia de Dios y afirmamos que ustedes son miembros valiosos. Les necesitamos. Les bendecimos en el nombre de Jesús".

Normalmente en esos momentos se producen unos cuantos suspiros. Algunos jóvenes me han dicho: "Nadie me había dicho nunca que soy valioso o que me necesitaban. Hoy me siento bendecido, no solo por lo que dijo mi papá, sino por lo que ocurrió en ese círculo".

Les pedimos a los padres que afirmen a sus hijos en público. Los padres pueden decir lo que nunca antes han dicho:

—Quiero que mi hijo sepa que estoy orgulloso de él.

—Estoy muy orgulloso de mi hija. Ella se está convirtiendo de verdad en una hermosa mujer de Dios.

—Mi hijo no vive conmigo, así que estos momentos son muy especiales y valiosos. Eso es lo que pienso de él: es único y valioso.

Los padres han entregado pequeños regalos y han hecho promesas de compromiso con sus hijos, y eso siempre produce un impacto inmenso. Podría ser simplemente una piedra de río con el nombre del joven en ella y un versículo de la Biblia, pero se convierte en una reliquia de familia.

Después los hijos honran a sus padres. Cuando están en el círculo, pueden ver el impacto que las palabras de afirmación producen en otros jóvenes y padres. Aun el joven más duro de corazón y más frío se suaviza en este punto.

—Um... quiero decir que mi papá es estupendo. No muchos pasarían el fin de semana con su hijo de esta manera, pero yo estoy contento de que el mío lo haga. Le respeto y le admiro.

El papá de ese muchacho quedó totalmente sorprendido al escuchar esas palabras favorables de la boca de su hijo de quince años.

—Lo único que he escuchado durante semanas son quejas. Esto fue realmente refrescante, ¡en realidad, sorprendente!

Una muchacha de catorce años dijo:

—Mi mamá es madre soltera y trabaja muy duro para hacer que nuestra familia funcione. Ella aparta tiempo para mí, aun con su ocupado horario. Quiero honrarla; estoy orgullosa de ser su hija. Cuando crezca, espero tener la mitad de su fuerza y de su amor.

En ese momento la madre era un mar de lágrimas. Se abrazaron y lloraron de alegría por unos minutos, y luego se volvieron para escuchar a otra joven que, obviamente, batallaba por encontrar las palabras.

—Mi papá casi no viene... puede que no lo sepan, pero está realmente enfermo; tiene cáncer. Yo sé que él quería venir a este retiro para darme una bendición a mí, que soy su única hija, pero casi nos quedamos en casa porque está muy débil. Ha significado mucho para mí que él viniera, aunque debería estar en la cama. No sé cuánto tiempo más estaremos juntos, puede que sean años o solamente días. Pero quiero decirles a todos que sé que mi papá me quiere; aún más importante que eso es que él ama a Jesús. Al enfrentarnos a la muerte, este hecho nos hace seguir adelante. Estoy orgullosa de ti, papá; te quiero. Te doy honra por ser quien eres.

Apenas había un ojo que estuviera seco en el círculo.

Cada joven afirmó a sus padres de alguna manera u otra. Es un pequeño milagro que los jóvenes afirmen en público a sus padres. Mi iglesia ha realizado este retiro con cientos de padres y de jóvenes. Es uno de los ministerios más influyentes que hemos encontrado.

¿Por qué?

Hace que los jóvenes se sientan valorados. Hace que los padres declaren su amor y compromiso con sus hijos e hijas.

También ofrecemos un rito de paso para quienes se gradúan. Tenemos un tiempo de alabanza y luego instruimos a los padres y a los hijos sobre los cinco puntos de una bendición bíblica.

VÍNCULO FÍSICO – Necesitamos expresar un afecto apropiado por nuestros hijos.
AMISTAD DE POR VIDA – Nuestros jóvenes necesitan saber que nos gustan y que estaremos a su lado.
ALTA ESTIMA – Nuestros jóvenes necesitan saber que los valoramos.
PALABRA HABLADA – Necesitamos expresar palabras de afirmación y aliento a nuestros hijos.
FUTURO ESPECIAL – Necesitamos pintar un futuro de significado, esperanza y fe.

Para la bendición de los graduados, comenzamos la tarde con refrigerios y tiempo de conversación con ellos, con sus padres y con nuestro equipo del ministerio de jóvenes. Es un tiempo sin prisas para que los adultos expresen apreciación por los graduados y su valor para nosotros. Nuestra meta es hacer que todos se sientan honrados. Queremos honrar a los graduados por sus logros académicos; queremos honrar a los padres por su apoyo en los logros académicos de sus hijos y por su ayuda para mantener a sus hijos en el grupo de jóvenes. Queremos honrar al personal que trabaja con los jóvenes y que emplean voluntariamente su tiempo para ministrar a los estudiantes. Nuestro propósito es crear una atmósfera de honra mutua.

Entonces nos enfocamos en honrar al Señor mediante la adoración. La banda de alumnos nos dirige. Para muchos padres, esta es la primera vez que están expuestos a nuestro grupo de jóvenes. Puede que la adoración les sea algo extraño, pero demuestran que valoran a sus hijos e hijas participando.

Luego yo presento una breve charla sobre la importancia de los ritos de paso:

- Marcan el progreso en el viaje.
- Afirman el esfuerzo, la inversión y el crecimiento.
- Introducen a los jóvenes en nuevos niveles de responsabilidad y libertad.
- Crean una experiencia intergeneracional.
- Nos ayudan a conectar como comunidad: una familia de familias.
- Construyen recuerdos y nos ayudan a transmitir valores mediante historias.
- Nos ayudan a integrar a Dios en las etapas de nuestra vida.

También hablo de lo vacíos que nos sentimos si nunca recibimos la bendición de nuestros padres, pero de lo capacitados que nos sentimos cuando la recibimos.

—Ahora es momento para que ustedes, padres, pasen su bendición a sus hijos graduados—anuncio yo—. Utilicen las hojas que les hemos dado y tomen unos cuantos minutos para escribir lo que quieran decir para cada una de las cinco partes de la bendición. Los graduados se unirán a nuestro equipo del ministerio de jóvenes para tomar unos refrigerios. Después de unos minutos, se reunirán con ustedes en sus mesas, y ustedes tendrán veinte minutos para afirmar a sus hijos dándoles una bendición bíblica según el modelo de la de Isaac en Génesis 27.

Algunos de los padres se quedan mirando al techo con miradas perdidas en sus rostros, ya que nunca han hecho algo parecido. Finalmente, se centran y comienzan a ser creativos. Cuando los graduados regresan y se unen a sus padres, algunos se sientan en las mesas, mientras que otros se trasladan a un rincón tranquilo en la habitación.

Un año Mark se sentó en un rincón junto con su papá y su mamá, que se habían divorciado un año atrás. Mark me dijo después:

—Fue la primera vez en años que estuve a solas con mi papá y mi mamá. Ellos no peleaban ni se lanzaban miradas malas. Solo se centraron en mí y en darme sus bendiciones—dijo secándose las lágrimas.

Cuando terminaron de bendecir a Mark, su mamá y su papá también derramaron lágrimas. Abrazaron a Mark y luego esperaron en silencio.

—Yo me sentía un poco torpe, porque otros padres continuaban, pero los míos no decían nada; pero estaba bien. Simplemente estar allí sentados, en silencio, me hizo sentir que les importaba. Me hizo sentir que yo tenía valor, y no había sentido eso por años.

Nuestros jóvenes necesitan monumentos, recordatorios simbólicos y celebraciones cuando llegan a ciertos puntos de su desarrollo. Yo creo lo bastante en ello como para haber escrito un libro: *Family Traditions: Practical, Intencional Ways to Strengthen Your Family Identity* (Tradiciones familiares: formas prácticas y determinadas de fortalecer la identidad de su familia). En él, el coautor, Otis Ledbetter, y yo escribimos:

> **Principio:** Los hitos en la vida de un niño son importantes y deberían estar marcados con una ceremonia o celebración significativa.
>
> **Impacto determinado:** Estableceremos ritos de paso en la vida de nuestros hijos que representen la libertad de elección unida a la responsabilidad como adultos... Las líneas de crecimiento crean claros marcadores visuales para que un niño los recuerde. Tomando en consideración los aspectos *espirituales, emocionales y sociales* de la vida, los hitos se producirán en diferentes intervalos. Llega un momento en la vida de cada niño en que el intervalo entre la adolescencia y la madurez espiritual debe ser conectado. La conexión debería recordarse situando un monumento simbólico en su vida, una marca en el quicio de su puerta espiritual que le recuerde al niño que está bien convertirse en adulto. Sirve para dar lugar a que se haga responsable de sus propias decisiones y actos como adulto espiritual.[13]

Sugerencias de ritos de paso

Algunos momentos claves para edificar monumentos y celebrarlos con ritos de paso son:

- Cuando su hijo o hija acepta a Cristo
- La primera comunión
- El bautismo
- La graduación en la escuela elemental
- El fin de semana de preparación para la adolescencia
- La graduación en la escuela secundaria
- Cuando se hace un voto de castidad
- La bendición paternal
- El Bat Mitzvah o Bar Mitzvah cristiano
- El decimosexto (o decimoquinto) cumpleaños
- La graduación en la escuela superior
- La graduación en la universidad
- El compromiso
- El matrimonio

Si podemos afirmar a nuestros hijos en esos momentos claves, ellos se sentirán queridos y valorados, pero no sucederá por accidente. Tenemos que ser determinados y tomar la iniciativa. Un recurso útil para planificar ritos de paso es el libro *Spiritual Milestones* (Hitos espirituales), publicado por el ministerio Heritage Builder´s de Enfoque a la Familia y escrito por Jim y Janet Weidmann y Otis y Gail Ledbetter, cuatro de mis amigos que han expresado el valor de sus hijos mediante celebraciones regulares de pasajes espirituales. Tres de esos libros están escritos específicamente para abordar el clamor por ser valorado.

Considere lo que los autores han escrito en *Spiritual Milestones*:

> ¿Aparta usted tiempo para sus hijos adolescentes? Para algunos padres es útil ayunar y orar por sus hijos al menos una vez por semana. Podemos ayudar a que nuestros jóvenes vean el poder de la oración cuando les preguntamos cada semana por qué cosas podemos orar por ellos. Puede que ellos estén preocupados por un examen difícil o por

una amistad que ha encallado. Puede que incluso nos hablen de alguna tentación en particular que hayan estado enfrentando. Al final de la semana, recuerde decirle a su hijo o hija que estuvo orando por él o ella. Juntos, verán cómo Dios responde sus oraciones. Abrácense delante de Dios, y que orar mutuamente sea un placer.[14]

Oración en las escuelas

Brooke mostraba signos de estrés, y yo le pregunté:

—¿Qué te está causando estrés?

—La escuela. Demasiadas tareas y todas al mismo tiempo; ¡simplemente es demasiado!

Como sabía que no podía ayudarla en las asignaturas que daba, le dije:

—Oraré por ti.

Aquella noche la acosté en su cama y oramos para que pudiera dormir bien y experimentar paz y alivio de la ansiedad mientras se preparaba para su examen oral, que era uno de los cinco grandes proyectos que debía realizar. Le di un beso a nuestra hija de diecisiete años y le aseguré:

—Estoy seguro de que Dios te ayudará a relajarte, a prepararte y a hacerlo bien.

A la mañana siguiente le prometí que iba a orar por ella durante su examen.

Cuando regresó a casa aquella noche, preguntó:

—Papá, ¿oraste hoy por mí?

—Sí que lo hice; a las once, justo cuando se suponía que tenías el examen.

—Gracias. ¡Funcionó! Ya sabes que hice el examen junto con Mal, pues era nuestro examen oral, así que le pedí que orase conmigo en clase, justo antes del examen. Ella me miró de forma un poco extraña, pero dijo que lo hiciéramos. Así que ella oró, aunque no creo que esté muy a favor de orar por las cosas de la escuela, y menos hacerlo mientras está *en* la escuela. De todos modos, ¡funcionó! Nos salió muy bien; de verdad muy bien. Gracias por haber orado—y se fue.

Los hitos espirituales comienzan con pequeñas inversiones, como orar con sus hijos adolescentes. No se preocupe de preparar ritos de paso muy elaborados.

Comience sencillamente con cosas rutinarias con las que pueda poner el fundamento, como expresar cómo valora a su hijo o hija hablándole a Dios de ellos.

Desafío a iglesias y padres

George Gallup Jr. ha sido líder de las encuestas a la juventud y en abordar los asuntos descubiertos en la Encuesta Gallup de la Juventud. Él desafía a los padres y los líderes de las iglesias con sus palabras:

> El ambiente escolar norteamericano está siendo contaminado por grupos violentos, como se afirma en números recientes de *YouthViews.* Gran parte del peso del cambio de esta cultura juvenil para pasar de ser peligrosa a ser pacífica recae en las comunidades, ya que la mitad de los jóvenes asisten a servicios religiosos cada semana. Sin embargo, solo el 13% de los jóvenes dice que la gente de su edad está influenciada "mucho" por la religión, indicando que el impacto de las iglesias no es muy profundo. El resto dice que los jóvenes se apoyan en sí mismos, abriendo la puerta a la autoridad de los grupos y las sectas violentas. Los programas para jóvenes en muchas iglesias y otras comunidades de fe son, con gloriosas excepciones, faltan o son del todo inexistentes; sin embargo, se necesitan desesperadamente. Muchos jóvenes viven en un mundo de temor e incertidumbre, así que no es posible exagerar la importancia de prestar una cuidadosa atención a la vida espiritual en las escuelas, las iglesias y los hogares. Los jóvenes que tienen una dimensión de fe sincera y saludable en sus vidas tienden a ser más felices y a ajustarse mejor a la vida que sus compañeros, y también tienen más posibilidades de que les vaya bien en la escuela, siendo más aptos para mantenerse alejados de los problemas.
>
> Fallar en darles a los jóvenes plena atención en este momento de profunda necesidad espiritual es almacenar problemas para las generaciones venideras.[15]

Como miembro del Instituto Internacional George H. Gallup, tengo el privilegio de asistir a los seminarios de "Ideas para el progreso". Recientemente, el tema fue: "La juventud al borde: ¿qué hay detrás de la violencia?". Una tarde tuvimos una charla con expertos sobre la violencia juvenil en las escuelas. Entre ellos estaban dos administradores del distrito escolar del condado Jefferson, de Colorado, que es el distrito escolar de la escuela Columbine High. Se nos animó a realizar preguntas a los presentes.

—¿Tenía Columbine algún programa de autoestima? Todos los informes parecen indicar que Dylan y Eric batallaban por ser aceptados y arremetieron por causa de una baja autoestima.

—Sí—respondió Betsy, una de las administradoras—, teníamos un programa bastante intenso sobre la confianza en Columbine, como hacemos en todas nuestras escuelas superiores.

—Bien, ¿por qué no fueron descubiertos? ¿Tenían algún programa de intervención?

—Ciertamente que lo teníamos. Teníamos un programa de intervención muy global, basado en la formación de grupo, la consejería, remisiones y apoyo desde nuestro distrito, servicios sociales, el departamento del sheriff y el departamento de libertad condicional. Estaba muy bien desarrollado.

—¿Y los programas sobre manejo del enojo? ¿Tenían algo parecido a eso?

Betsy se mantuvo calmada y respondió a las desafiantes preguntas.

—Sí, teníamos un programa sobre el manejo del enojo y también una campaña contra el odio y sistemas para tratar con las presuntas novatadas y los casos de acoso sexual—hizo una pausa para dar un sorbo de agua antes de continuar—. Permítanme describirlo. El distrito escolar del condado Jefferson tiene dieciocho escuelas superiores, y Columbine solo es una de esas dieciocho. De alguna manera, es nuestra escuela principal, y tenía todos los programas sobre autoestima, y todos los programas de intervención y manejo del enojo.

Ya han visto las instalaciones en televisión y saben que teníamos unas buenas instalaciones y unos maestros estupendos. Teníamos diez programas diferentes de los que Dylan y Eric podrían haberse beneficiado, pero no lo hicieron.

Alguien dio palabras a nuestros pensamientos.

—Bien, ¿entonces qué ocurrió? ¿Cómo ellos pudieron pasar desapercibidos?

Betsy se puso derecha en su asiento y miró al grupo, estableciendo contacto visual, y captó toda nuestra atención.

—Ustedes me están preguntando por qué se produjo el tiroteo en Columbine, y no es un asunto de programas escolares, instalaciones, seguridad o responsabilidad de los padres. Es una enfermedad del alma. Sinceramente, todos nos sorprendimos simplemente de *lo malvados* que eran Dylan y Eric.

De alguna manera, todos los que estábamos en la sala sabíamos exactamente de lo que ella estaba hablando, y estábamos de acuerdo. Hubo un momento de silencio a la vez que reflexionábamos en sus palabras: *enfermedad del alma*. Sus palabras me recordaron un familiar versículo:

> "Nada hay tan engañoso como el corazón. No tiene remedio. ¿Quién puede comprenderlo?" (Jeremías 17:9 NVI).

Escoger bendición o maldición

Cuando los jóvenes no se sienten valorados, están más inclinados a buscar poder por medio del comportamiento indeseable. Podemos ayudarlos fortaleciendo su perspectiva sobre sí mismos como miembros valiosos de la comunidad, la escuela y el hogar. Pero nuestros jóvenes necesitan algo más que un programa de autoestima en la escuela; necesitan padres que los afirmen y los ayuden a desarrollar un sentido de valor personal. Se requiere tiempo y esfuerzo para hacerlo, pero podemos convertirlo en una parte natural de nuestra vida familiar diaria. Tal como yo lo veo, cada día podemos escoger ofrecerles a nuestros jóvenes una maldición o una bendición. Yo escojo la bendición.

> "Yo, el Señor tu Dios, soy un Dios celoso. Cuando los padres son malvados y me odian, yo castigo a sus hijos hasta la tercera y cuarta generación. Por el contrario, cuando me aman y cumplen mis mandamientos, les muestro mi amor por mil generaciones" (Deuteronomio 5:9-10 NVI).

Cada generación transite sus disfunciones, su pecado y sus rarezas a la siguiente generación. Según Deuteronomio 5, la consecuencia de odiar a Dios produce un impacto negativo en los hijos y los nietos. Los principios de Dios son absolutos, y aquellos que lo desafían a Él y a sus caminos están abocados a los problemas.

Pero si amamos a Dios, aceptamos sus mandamientos, y los enseñamos a nuestros hijos y nietos, experimentamos su bendición durante mil generaciones. Bendecimos a nuestros jóvenes cuando los valoramos; bendecimos a nuestros jóvenes cuando les mostramos que tienen un alto grado de valor. Los bendecimos cuando les transmitimos nuestra apreciación; los bendecimos cuando oramos por ellos y le pedimos a Dios que guíe sus vidas y les dé un corazón que le sirva; los bendecimos cuando somos ejemplos ante ellos de nuestra pasión por Dios.

La interrupción de Tom

Un domingo yo enseñaba a nuestro grupo de jóvenes sobre cultivar la pasión por Dios. Hablé de que ser cristiano es algo más que ser amable. Ser un cristiano apasionado significa estar en un viaje de aventuras, lleno de batallas que luchar, gente que rescatar y una causa por la que morir. De hecho, una pasión por Dios siempre implica riesgo, y puede que también implique duda.

—Si tienen dudas, diríjanlas a Dios—animé a los 240 jóvenes—. Ustedes no le estarán diciendo nada que Él no haya oído ya. Él quiere que acudamos a Él con nuestras dudas; después de todo, nos está llamando a la batalla, nos está llamando a la aventura. Es inevitable que tengamos dudas. El viaje cristiano no es fácil, y es cierto que no se trata de ser manso y amable.

Todo el tiempo que estuve hablando, un muchacho de cabello oscuro y con ropa informal que estaba sentado en la segunda fila me hacía señas con sus manos. Yo lo ignoré hasta que llegué a un punto en que podía hacer una pausa. Me sorprendió un poco que él hubiera interrumpido mi charla. No lo reconocí, pero me arriesgué y pregunté:

—Sí, ¿tienes alguna pregunta?—y caminé hacia donde él estaba.

—Sí... bueno, no es realmente una pregunta—se puso en pie a la vez que yo me aproximaba—pero solo quiero decir que es la tercera vez que vengo. Mi amigo Ian me invitó. Yo no sé mucho sobre Dios, pero después de haberle oído describir cómo ser cristiano es una batalla y un viaje, eso es lo que yo quiero. Tenía muchas dudas, pero sentado aquí esta mañana le hablé de ellas a Dios, como usted dijo que hiciéramos—. Se volvió hacia la audiencia de sus iguales y habló con valentía—. Hoy voy a entregar mi vida a Dios. Quiero ser apasionado al seguirlo—y volvió a sentarse.

Aunque yo hubiera hecho un guión de la mañana, no podría haber ido mejor.

—Eso es exactamente de lo que se trata ser apasionado para Dios. ¿Cómo te llamas?

—Tom.

—Tom, muchas gracias por ser valiente y hablar. Se necesita mucha valentía para decir lo que tú acabas de decir. Agradezco que hayas corrido el riesgo de decirlo, y agradezco tu valor y sinceridad para admitir que necesitas a Dios. ¡Demos gracias a Dios por Tom!

Muchos aplausos, silbidos y gritos de ánimo.

Creo que Tom se sintió valorado.

PREGUNTAS PARA FOMENTAR EL DIÁLOGO

De padre a padre

1. ¿Está de acuerdo o en desacuerdo con que los niños de hoy son susceptibles a riesgos desconocidos para sus padres? Explique sus ideas.
2. ¿Cuáles son algunas maneras en que puede expresar que valora a sus hijos?
3. ¿Cómo responde usted a la afirmación: "Los jóvenes del nuevo milenio están aislados y sin falta de supervisión por los adultos"?
4. ¿Recibió usted una bendición de sus padres? Si es así, ¿qué impacto produjo en usted? Si no es así, ¿qué impacto podría haber tenido una bendición?
5. Cuando se trata de intentar comprender la violencia juvenil, ¿qué indicadores hay de que nuestra cultura está sufriendo una enfermedad del alma?

Para hablar con su hijo o hija

1. ¿Cómo pone énfasis nuestra cultura en tener el cuerpo perfecto?
2. ¿Cómo pueden los padres mostrar valor a sus hijos adolescentes?
3. ¿Se necesita un pueblo para educar a un adolescente? ¿Por qué crees eso?
4. ¿Cómo podemos hacer un trabajo mejor de establecer un sentido de comunidad entre las generaciones?
5. ¿Necesitan los jóvenes ritos de paso? Si es así, ¿cómo deberían ser?

CÓMO RESPONDER AL CLAMOR

El clamor

Clamor por ser valorado.

El desafío

Hacer tiempo para ayudar a nuestros jóvenes a sentirse valorados, en particular en momentos clave de transición.

Herramientas para usar en casa

1. Rente el vídeo *Rudy*, que trata de un jugador de fútbol de escuela superior muy dedicado pero de muy poca talla. Véala con su hijo o hija adolescente y hablen de los obstáculos que Rudy venció para convertirse en jugador. ¿Cómo le ayudó a Rudy su sentido de valor personal?
2. Compre dos espejos pequeños, uno para usted y otro para su hijo o hija. Con un marcador permanente escriba la referencia 1 Samuel 16:7 y las palabras: *Dios mira al corazón* que se refleja en el espejo. Sitúe uno de ellos donde su hijo lo vea a diario y el otro donde lo vea usted. Lea el versículo y hable de él con su hijo o hija.
3. Haga un estudio bíblico con su hijo o hija sobre quiénes somos en Cristo. Intente encontrar todos los versículos posibles que describan quiénes somos como cristianos y escríbalos. Cuando tenga una docena o más, escríbalos en la computadora con una letra bonita y enmárquelos. (Ejemplos: Yo soy un hijo, una hija de Dios, 1 Juan 3:1; el pueblo escogido por Dios, Colosenses 3:12.)
4. Para ayudarlo a valorar a sus hijos, mantenga un informe sobre ellos. Busque cosas como nombres de sus amigos, su helado favorito, sus lugares favoritos para ir a comer, los videojuegos que a su hijo le gusta jugar, su marca de ropa y su tienda favoritas, ideas para regalos o su snack favorito. Deje que la información surja de forma espontánea (¡no interrogue a su hijo!). Apunte la información. Yo uso mi propio asistente digital. Cuando tenga tiempo, puede sorprenderlos con un regalo. Prestar atención es una manera eficaz de demostrar que usted valora a sus hijos.

5. Lea los ritos de paso (página 173) y hable con su hijo o hija de cuáles le gustaría celebrar. Comience a recopilar ideas para actividades a incorporar en la celebración.

Herramientas para usar en la iglesia

Para afirmar a los niños y jóvenes de su iglesia, reclute un "equipo Bernabé" de padres que alienten. Su misión es planificar ritos de paso para las siguientes ocasiones. También se enumeran sugerencias para regalos.

- Aceptar a Cristo (Biblia para jóvenes)
- Bautismo (toalla de mano con un versículo bíblico bordado)
- Comunión/Eucaristía (cáliz de barro o peltre con el nombre del niño grabado)
- Preparación para la adolescencia (navaja o collar con piedra natal)
- Voto de pureza (un anillo o collar con cruz)
- Bendición (certificado y fotografía)
- Graduación (libro de recuerdos con fotos, consejos de los mentores y bendición de los padres)

Para obtener más información sobre planificación de ritos de paso, vea *Spiritual Milestones* (Hitos espirituales) de Jim y Janet Weidman y Otis y Gail Ledbetter.

CAPÍTULO 7

CLAMOR POR APOYO

El séptimo clamor de los jóvenes de hoy es el clamor por *ser apoyados en sus esfuerzos.* Nuestros jóvenes quieren que los apoyemos en las cosas que son importantes para ellos. El concepto de apoyo me parecía un poco vago, y por eso les pregunté a algunos jóvenes.

—¿Qué significa para ti el apoyo? ¿Cómo te gustaría que tus padres te apoyaran en tus esfuerzos?

—Quiero que estén ahí cuando los necesite.

—Apoyo significa sentir que no estoy solo con mis problemas.

—Creo que apoyo sería que me dieran consejos cuando esté atrapado o confundido.

—Alentarme cuando esté triste o tenga miedo.

—Para mí, el apoyo tiene que incluir motivación. A veces sencillamente soy demasiado vago para seguir adelante.

—Creer en mí, tener confianza en que puedo lograrlo, y luego dejarme que lo intente; estar ahí todo el tiempo como una red de seguridad en caso de que yo lo eche todo a perder.

El 87% de los jóvenes encuestados en nuestra Encuesta Gallup

"El clamor de los jóvenes" dijeron que ser apoyados en sus esfuerzos era una necesidad "muy fuerte" o "fuerte" en sus vidas.

¿Qué están pidiendo?

Basándome en la encuesta, las entrevistas personales y mis observaciones de los jóvenes del milenio, creo que los jóvenes están pidiendo apoyo a través de la *conexión, dirección, motivación, y dejar ir.*

Puede hallar estos temas en sus comentarios.

- Estar ahí cuando te necesite (conexión)
- Darme consejo cuando esté atascado o confuso (dirección)
- Motivarme cuando sea perezoso (motivación)
- Darme más libertad (dejar ir)

La palabra *apoyo* tiene sus raíces en dos palabras latinas: *sub*, que significa bajo o cerca de, y *portare*, que significa llevar el peso. La palabra *porteador* viene de *portare*. Un porteador es un sirviente que lleva el equipaje o las pertenencias de otro. Apoyar significa llevar el peso o la carga de otra persona; transmite las ideas de contacto y refuerzo físico, confianza y dirección mental, y ánimo y esperanza emocional. El concepto de apoyo es bíblico:

> "Ayúdense unos a otros a llevar sus cargas, y así cumplirán la ley de Cristo" (Gálatas 6:2 NVI).

Podemos ser como Cristo llevando las cargas de nuestros jóvenes. Comunicamos a nuestros hijos que estaremos ahí para ellos y que no tienen que llevar el peso de sus cargas ellos solos. Podemos apoyar a nuestros jóvenes compartiendo sus cargas.

Me gusta lo que escribe John Gottman: "La clave para la educación exitosa no se encuentra en las complejas teorías, las elaboradas normas familiares o enrevesadas fórmulas de comportamiento. Se basa en sus más profundos sentimientos de amor y afecto por su hijo, y se demuestra simplemente mediante la empatía y la comprensión.

Ser unos buenos padres comienza en sus corazones, y luego continúa momento a momento ocupándose de sus hijos cuando los sentimientos están a flor de piel, cuando están tristes o asustados. El corazón de la educación es estar ahí de manera particular cuando realmente cuenta".[1] Para conectar con nuestros jóvenes necesitamos estar a su lado, en especial "cuando cuenta".

Jesús demostró un adecuado sentido del tiempo. Él parecía conectar con las personas, en particular cuando lo necesitaban. Mientras que los adultos discutían sobre el rango y la importancia, Jesús abrazaba a un niño y los amonestó por estar más preocupados por la competencia que por la conexión.

> "Luego tomó a un niño y lo puso en medio de ellos. Abrazándolo, les dijo: —El que recibe en mi nombre a uno de estos niños, me recibe a mí; y el que me recibe a mí, no me recibe a mí sino al que me envió" (Marcos 9:36-37 NVI).

Jesús indicó su apoyo a los niños abrazándolos con afecto, incluyéndolos en las conversaciones y estableciendo que Él los valora. Los niños le importaban a Jesús.

De igual modo, nuestros jóvenes se sentirán apoyados por nosotros cuando conectamos con ellos, los dirigimos y los motivamos. ¿Cómo hacemos todo eso?

El apoyo se aprende

La forma más básica de apoyo puede verse cuando un padre enseña a un niño una actividad que es nueva para el niño. En este intercambio, vemos conexión, dirección, motivación y dejar ir.

¿Recuerda usted cuando aprendió a montar en bicicleta? Yo recuerdo con claridad mis esfuerzos por aprender a montar en bici. Me pregunto por qué era tan importante para mí. ¿Podría ser que necesitaba que mis padres me apoyaran en mis esfuerzos por aprender a montar en bicicleta?

Para tener éxito al enseñar a un niño a montar en bicicleta, un padre debe conectar con el niño. Recuerdo cuando enseñaba a nuestras hijas a montar en bicicleta. Yo usaba el mismo método que mi padre usó conmigo. Quité una de las ruedas pequeñas de la bici de mi hija después de que ella hubiera montado en la bici con ella durante meses. Un sábado quité la otra rueda pequeña y enseñé a nuestra hija a montarse en el asiento.

—Pero papá, me caeré de lado.

—Puede ser, cariño, pero por eso quiero que aprendas a montar en tu bici sin las ruedas pequeñas. Tienes que mantener el equilibrio para estar sobre dos ruedas—. Agarré el manillar y el asiento para mantener firme la tambaleante bicicleta de dos ruedas.

Los jóvenes norteamericanos, por tanto, necesitan que se les haga un llamamiento no solo a estar a la altura de las normas sociales —a encajar—, sino a ser los ayudadores y sanadores que comenzarán a dar la vuelta a nuestra sociedad. Necesitamos ver que los jóvenes trasciendan a la cultura, no simplemente que se adapten a ella. Los jóvenes necesitan apoyo y trabajo en equipo en el hogar. La mayoría de los adultos supondrían que el aislamiento tiene que ver con los grupos, pero en realidad tiene más que ver con lo que ocurre en el hogar. El nivel de apoyo de los padres determina el nivel de aislamiento de los jóvenes. En la Encuesta Gallup de la Juventud descubrimos que el grupo aislado dijo tener una vida de hogar menos que satisfactoria. Esos jóvenes tienen menos oportunidad de hablar de sus vidas con los adultos en sus hogares. Es menos probable que vean a otros leyendo en su casa y es menos probable que recuerden que les leían a ellos. Desean poder tener más ayuda con sus tareas escolares en el hogar. También es más probable que provengan de un hogar donde la comida es escasa. La Encuesta también indicó que a seis de cada siete jóvenes les gustaría pasar más tiempo con su padre. Seis de cada diez dijeron que les gustaría pasar más tiempo con su madre.

Encuesta Gallup de la Juventud,
24 de octubre de 1997, adaptado

Brooke se situó a duras penas en el asiento.

—¿Y ahora qué?

—Comienza a pedalear, como lo hacías con las ruedas pequeñas.

—Pero puedo caerme; no puedo hacerlo.

—Solo inténtalo. Estaré aquí para sujetarte.

—Bueno, allá voy—. Comenzó a pedalear lentamente, y la bici empezó a moverse por el sendero. —¡No me sueltes, papá!

—No te soltaré. Estoy aquí; no te preocupes—. Yo caminaba a su lado con mi mano izquierda agarrando el manillar y la derecha agarrando su asiento, manteniendo derecha la bicicleta.

Sus piernecitas de cinco años comenzaron a pedalear más fuerte, generando más velocidad. Yo comencé a correr para mantenerme a su lado.

—Papá, ¡lo estoy haciendo! ¡Estoy montando sin las ruedas pequeñas!—. Miró sus piernas, que pedaleaban ferozmente a la vez que el sendero se iba nublando.

Como iba mirando hacia abajo, no vio el poste de la luz. Yo seguía agarrando el manillar con mi mano izquierda, así que la eché hacia mí. La bicicleta dio un giro a la izquierda y a duras penas evitó el poste de la luz. Sorprendida, ella levantó la vista.

—¿Qué haces?

—Conducir. Tienes que mirar por donde vas. Tienes que ser capaz de pedalear y mirar hacia delante al mismo tiempo. No puedes mirar solamente a los pedales.

Ella levantó su cabeza y miró al sendero.

—Puedo conducir, papá. Suéltame.

Yo solté el manillas y corrí a su lado durante cinco zancadas; luego la lancé hacia delante con un gran empujón. Cuando solté, me sentí preocupado y orgulloso a la vez; preocupado por que pudiera caerse y hacerse daño, y orgulloso de que ella fuera lo bastante mayor y valiente para intentarlo sola.

Con una mirada de determinación en sus ojos, ella se hizo cargo de su bicicleta de dos ruedas. La rueda de delante se tambaleó a un lado y otro durante unos metros, pero ella la controló y condujo su bicicleta derecha por el sendero.

—¡Muy bien, Brooke! Sigue pedaleando. No te detengas, o perderás el equilibrio.

Lo estás haciendo muy bien. ¡Sigue así!—le grité a la vez que ella se alejaba de mí.

Ella condujo hasta el final del bloque, bajó por el sendero y salió a la calle. *¿Qué he hecho? Va en bicicleta por la calle. ¿Por qué le enseñé a montar en bicicleta? Me va a abandonar.* Esos pensamientos llenaban mi cabeza a la vez que me detuve para recuperar el aliento.

Brooke hizo un giro y regresó hacia mí. Se quedó mirando fijamente sus pies, que pedaleaban con furia para mantenerla erguida. Al acercarse más, levantó la mirada y yo vi una gran sonrisa.

—Papá, mírame. ¡Estoy montando en bici! ¡Mira! ¡Yo sola!—. Y pasó por mi lado.

Nuestros jóvenes necesitan que los apoyemos; necesitan que sigamos conectados. "¡No me sueltes, papá!".

Necesitan que los guiemos y los dirijamos. Eso se llama *conducir.*

Necesitan que creamos en ellos y que los motivemos. "¡Lo estás haciendo muy bien! ¡Sigue así!".

Apoyo quiere decir conexión, dirección, motivación y dejar ir.

Conexión

Debido a que Dios nos creó como criaturas que se relacionan, tenemos una necesidad y un impulso inherentes de conectar con otras personas y de pertenecer a algo más grande que nosotros mismos. Dios creó la familia, en parte, para satisfacer esta necesidad, en especial durante los años de formación. Pero a medida que las familias tradicionales han sufrido un ataque cada vez mayor, a medida que hay más matrimonios que se rompen y más "unidades familiares alternativas" se forman, el diseño original de Dios ya no existe en muchos hogares. Sin embargo, la necesidad no ha desaparecido. Seguimos anhelando y buscando relaciones significativas que satisfagan los deseos centrales de nuestras almas de aceptación, afirmación, identidad y lugar. La triste verdad es que si el hogar no satisface esas necesidades, si la familia ya no ofrece un lugar de pertenencia para los niños, ellos hallarán algún otro lugar donde conectar, ya sea en grupos o en otra organización.

Muchos jóvenes están creciendo solos. Es cierto que puede que tengan un papá y una mamá, pero están abandonados emocionalmente. Muchos jóvenes llevan vidas rodeadas por otros jóvenes pero vacías de cualquier relación significativa con adultos.

Muchos adultos suponen que los jóvenes de hoy quieren que se los deje solos; y debido a que papá y mamá están en su propia búsqueda de significado y satisfacción, se aíslan a sí mismos de sus hijos. El resultado es que, más que en ninguna otra generación anterior, los jóvenes del milenio llevan vidas sin ningún diálogo importante con adultos. Sus padres puede que estén ahí, pero no están conectando. El estudio sugiere que la mayoría de los jóvenes no anhelan solo la presencia, sino la conversación significativa.

Tres cuartas partes de los jóvenes dicen que sus padres generalmente conocen lo que a ellos les pasa en la escuela y que a menudo hablan con los adultos sobre sus intereses o sus problemas. Una mayoría (68%) también dice que cuando regresan de la escuela, normalmente hay un adulto en casa. En los hogares de quienes trabajan en oficinas, es más probable que los jóvenes digan que hay un adulto en casa cuando ellos regresan de la escuela. Pero es menos probable que este sea el caso de los adolescentes más mayores, los de raza blanca y los que viven en barrios residenciales, quizá porque hay menos preocupación por la seguridad en el hogar en estos grupos.

Estar ahí

Jim Burns, notable conferencista y obrero de jóvenes, dice: "Tengo el privilegio de hablar y escuchar a miles de jóvenes cada año. La petición número uno de los jóvenes a sus padres es que tengan una relación con ellos. Buscan el tiempo y la atención de sus padres. Por favor, nunca subestimemos el poder de estar ahí en la vida de sus hijos. Dos puntos clave a recordar son: (1) bendiga a sus hijos con su presencia y (2) bendiga a sus hijos con su afecto".[2]

Si el 68% de los jóvenes tienen a alguien en su hogar cuando regresan, ¿por qué hay tantos que se sienten aislados? ¿Por qué los jóvenes y sus padres se sienten aislados mutuamente? ¿Es posible que estar ahí no sea suficiente? ¿Es única esta generación, o todos los jóvenes se sienten separados de la generación de sus padres?

De cierta manera, los jóvenes y los padres de cada generación sienten algo de distancia entre ellos, pero para los jóvenes del milenio parece ser algo más radical. Si la mayoría de ellos llegan a su casa y hay un adulto, ¿por qué no causa eso una diferencia? ¿Podría ser que tener un adulto *cerca* no es lo mismo que tener a alguien con quien hablar?

Aunque sus necesidades y clamores son comunes, es probable que los jóvenes de hoy muestren sus necesidades de varias maneras. Como resultado, a menudo son aislados aun en un cuarto lleno de otros jóvenes. Un joven no puede representar a su escuela, y menos a su generación. En un nivel, los jóvenes parecen tener muchas cosas en común, pero si miramos más allá encontraremos diferencias distintivas: en la moda, las preferencias musicales, los valores y los pasatiempos. Esto puede parecer algo insignificante para los adultos, pero para los jóvenes, las distinciones son inmensas.

Cuando hablo con adultos sobre la generación del milenio, a menudo me preguntan: "¿Son ambiciosos u hostiles? ¿Violentos o tradicionales?".

Mi respuesta es: "Sí. Sí, esta generación es todas esas cosas. Puede llamarse la generación del avivamiento o la generación de la venganza. Hay muchos que son ambiciosos y tradicionales cuando se trata de sus valores; anhelan conexión y una familia. Hay otros que están agitados y arremeten; son una minoría, pero ahí están.

Ocupados y solos

En una encuesta reciente, una quinta parte de los encuestados dio una alta puntuación al aislamiento. A menudo se sienten confundidos, presionados, ignorados, enojados y solos en la escuela. Tienden a pensar en la muerte "a menudo" o "casi siempre". Estos jóvenes en riesgo tienen también más probabilidades de derrochar su tiempo; es más probable que salgan con los amigos después de las clases en lugar de hacer sus tareas. Les gusta recorrer el centro comercial o relajarse en casa de algún amigo. No están involucrados en actividades después de las clases, pero encuentran difícil terminar sus tareas. De manera irónica, pasan mucho tiempo con sus amigos, y siguen sintiéndose aislados.

¿Por qué ocurre esto? Yo creo que se debe a que los jóvenes generalmente no están equipados con las capacidades sociales que necesitan para conectar con otro joven.

Carecen de las ventajas sociales que fortalecen las relaciones y solucionan los conflictos; como resultado, no se sienten equipados para manejar y mantener las amistades. Se sienten solos.

Los jóvenes aislados dicen que la vida en su hogar no es aceptable; dicen tener menos diálogo con los adultos en casa que otros jóvenes, tienen menos probabilidades de tener ayuda con sus tareas escolares, y tienen menos probabilidades de ver leer a sus padres. También tienen menos probabilidades de provenir de hogares donde la comida es escasa.[3]

De manera ideal, las familias proporcionan oportunidades para conectar, crean un sentido de pertenencia, y satisfacen las necesidades de los hijos. Cuando los jóvenes regresan a sus casas y se encuentran con alacenas vacías y padres distraídos, no se sienten apoyados. No sienten que pertenecen o que están conectados con la familia.

Parece que el aislamiento puede tener que ver más con lo que ocurre en el hogar que con lo que ocurre en la escuela. Durante años, hemos creído la idea de que los jóvenes sufren presión de grupo y posible rechazo, y que eso puede herir su auto estima y conducir al aislamiento. Pero parece que lo que ocurre en el hogar es un factor determinante en el hecho de que los jóvenes se sientan aislados o aceptados. Los padres influyen en lo que ocurre en el hogar. Tomando la iniciativa y creando un ambiente donde los jóvenes se sientan apoyados, los padres en realidad ayudan a sus hijos a conectar con otros jóvenes.

Consecuencias de no conectarse

Hay un precio que pagar por la falta de conexión y apoyo que los jóvenes sienten. Ellos generalmente llegan a la conclusión de que no pertenecen. Yo conozco a jóvenes que admiten estar confundidos, solos, aburridos o presionados en la escuela. La escuela se convierte en un ambiente negativo para ellos, y por eso no tienen motivación para hacer sus tareas. En cambio, pasan sus tardes con sus amigos, y muchos de estos jóvenes se ven envueltos en los medios orientados a la muerte para unir su preocupación con el hecho de morir. Puede que estén interesados en grupos musicales oscuros; los jóvenes en este grupo algunas veces cambiarán su forma de vestir para reflejar su obsesión por la muerte y la oscuridad. No sienten que encajan en las camarillas dominantes en la escuela, así que comienzan la suya propia. Algunos jóvenes aislados comienzan a mostrar un comportamiento muy radical: abuso de sustancias, actividad sexual (a menudo sin protección), asistencia a clubes nocturnos, aprenden a disparar y a hacer bombas, visitan páginas web sobre el odio y faltan a las clases.

Debido a que no se sienten conectados o apoyados, esos jóvenes aislados se llenan de cinismo y, a veces, de odio.

En encuesta tras encuesta, muchos jóvenes —aun aquellos con matrículas de honor— dicen que se sienten cada vez más aislados, incapaces de conectarse con sus padres, maestros y algunas veces hasta con sus compañeros de clase. Están desesperados por obtener guía, y cuando no tienen lo que necesitan en su hogar o en la escuela, se refugian en camarillas o se adentran en un universo que está fuera del alcance de sus padres: un mundo definido por los juegos de computadora, televisión y películas donde la brutalidad es tan común que se convierte en algo trivial. Los padres de Eric Harris y Dylan Klebold han contado a sus amigos que nunca soñaron con que sus hijos fueran capaces de matar. El suyo es un caso extremo que ha hecho que muchos padres se pregunten: *¿Conocemos de verdad a nuestros hijos?* [4]

> Hay mucha ira en mi generación. Se puede escuchar en la música. Los jóvenes están enojados por muchas razones, pero principalmente por sus padres no están a su lado.
>
> Richard Rodriquez, 17[5]

Dirección

Un segundo elemento necesario para el apoyo es la guía que ofrecemos a nuestros jóvenes. Expresar "vayamos en esta dirección" les hace sentirse apoyados y no perdidos en la jungla juvenil.

No es suficiente con correr al lado y mantener firme la bicicleta cuando su hijo está aprendiendo a montar en ella. Los padres también tienen que ayudarlos a conducir mientras ellos aprenden. Los padres son algo más que "colegas" para sus hijos; deben guiarlos a hacer lo correcto. Considere a Abraham, una de las figuras paternales más fuertes en la Biblia:

> "Yo lo he elegido [Abraham] para que *instruya a sus hijos* y a su familia, a fin de que se mantengan en el camino del Señor y pongan en práctica lo que es justo y recto. Así el Señor cumplirá lo que le ha prometido" (Génesis 18:19 NVI, énfasis del autor).

¿Cree su hijo o hija adolescente que usted se preocupa por lo que él o ella escoge y por su dirección? ¿Le ha comunicado que está intentando dirigirlo para que "mantenga el camino del Señor", y que por eso usted tiene normas que pueden parecer injustas, aunque están diseñadas para ayudarlo a conocer lo que es correcto y justo? La conexión nos ayuda a conocer a nuestros jóvenes y asegurarnos de que ellos sepan que los comprendemos. La dirección comunica: "Ahora que nos comprendemos el uno al otro, deberías ir por aquí". Hay demasiados padres que son pasivos y se sienten intimidados por sus hijos; tienen temor de pasar de la conexión a la dirección y, como resultado, sus hijos no se sienten apoyados. Los padres son algo más que "colegas" para sus hijos; son sus maestros.

> "Y ustedes, padres, no hagan enojar a sus hijos, sino críenlos según la disciplina e instrucción del Señor" (Efesios 6:4 NVI).

Efesios 6 no incluye nada acerca de crear un ambiente multisensorial que fortalezca la autoestima de un niño. Trata de instrucción y formación; trata sobre romper malos hábitos y demostrar cómo desarrollar buenos hábitos. Trata sobre cómo educar a los hijos para que conozcan y sigan al Señor. Si dirigimos a nuestros jóvenes con formación e instrucción del Señor, los estamos apoyando. Si no lo hacemos, los estamos frustrando (enojando).

La meta final de la educación cristiana no es tener hijos e hijas que conozcan de Dios.

La meta es tener hijos e hijas que tengan una relación personal con Dios y que crean que la Palabra de Dios tiene relevancia para cada aspecto de sus vidas. Eso implica enseñar a nuestros hijos los caminos de Dios, ayudarlos a comprender el carácter de Dios, y ayudarlos a ser sensibles a la oscuridad de sus propios corazones y el peligro de caminar solos confiando en sí mismos. Implica enseñarlos el poder de la cruz y la provisión de las promesas de Dios. Dios nos ha llamado a guiar, a dirigir, a alimentar, a corregir y a disciplinar a nuestros hijos, y Él de forma soberana nos ha dado autoridad sobre ellos. Debemos estar dispuestos a asumir responsabilidad.[6]

Las familias saludables establecen límites, establecen barreras, y cumplen con las consecuencias de manera consistente. Los padres no tienen temor de formar a sus hijos, y eso significa corregirlos cuando hacen algo que está mal y dirigirlos mediante la instrucción y el ejemplo para hacerlo bien. La educación de calidad no es fácil, pero merece la pena. Su tarea es ayudar a su hijo o hija adolescente a madurar y convertirse en un adulto responsable, no ser su "colega".

Jim Burns, experto en juventud y en familia, describe acertadamente nuestro papel como padres:

> El propósito de la disciplina paternal es enseñar responsabilidad en lugar de evocar la obediencia. Hay muchas maneras tóxicas de manipular la obediencia, pero si usted las utiliza, saldrá perdiendo a largo plazo. Nuestra meta como padres es pasar del control a la influencia. Al igual que los niños pasan de la dependencia a la independencia, un plan de educación saludable pasará del control extremo a la influencia. Usted no puede ser el mejor amigo de su hijo *y* ser la persona que establece barreras y límites. En

cada etapa del desarrollo, su hijo necesita algo distinto de usted cuando se trata de control, influencia y disciplina, pero lo que su hijo más necesita es consistencia.[7]

Los valores fundamentales de nuestra familia

Honestidad
Nos comunicaremos con verdad con los demás.

Honor
Trataremos a los demás con dignidad y respeto.

Verdad
Mantendremos integridad en todo lo que hagamos.

Rectitud
Buscaremos ser como Cristo.

Compasión
Serviremos a los demás, no a nosotros mismos.

Diligencia
Trabajaremos duro en lo que hagamos.

Nuestros jóvenes necesitan una dirección consistente para sentirse apoyados por nosotros. Para ayudar a tener en mente el fin, considere desarrollar un mapa, un plan, para guiarlo a lo largo del camino. Al mantener a la vista el destino y consultar el mapa de forma consistente, es más probable que usted llegue donde quiere estar. Escriba lo que es importante para usted, y haga una lista de esas cosas como los valores fundamentales de su familia. Hable de los valores fundamentales de su familia con su hijo o hija adolescente. Puede que quiera hacer preguntas como estas:

- ¿Por qué crees que hemos escogido estos valores?
- ¿Qué valores hemos enfatizado más?
- ¿Cuáles no hemos enfatizado mucho?
- ¿Cuáles con algunas maneras en que has visto a nuestra familia demostrar algunos de estos valores fundamentales?
- ¿Qué sugerencias puedes hacer para desarrollar algunos de ellos?

Cuando dirigimos a nuestros jóvenes con señales claras, se sienten apoyados, lo cual da como resultado el aumento de su confianza. La consistencia por parte de los padres conduce a la confianza en los jóvenes.

> Los padres sirven como importantes maestros, mentores, ejemplos a seguir, compañeros de juegos y confidentes.
>
> Departamento de Sanidad y Servicios Humanos de los Estados Unidos

Motivación

El tercer elemento necesario para el apoyo es la motivación. Es el apoyo que dice: "sigue así; puedes lograrlo", la creencia en su hijo adolescente que le alienta y le da esperanza. La conexión es física: estar al lado; la dirección es mental: guiar hacia la confianza; la motivación es emocional: dar ánimo para continuar.

Me gusta pensar en la motivación como lo contrario de la exasperación (recuerde Efesios 6:4). Motivar significa inspirar y mover hacia la acción. Exasperar significa frustrar, bloquear el progreso y golpear el espíritu de alguien. ¿Alguna vez ha compartido de forma entusiasta su emoción por un viaje o un proyecto solo para obtener como respuesta: "Oh, espero que no te metas en problemas en ese país. He escuchado informes terribles", o: "Ese es un proyecto muy ambicioso; parece imposible. No vaya a ser que te estés comiendo más de lo que puedes"? Las personas que hacen eso son unos *ladrones de sueños*. Disfrutan robando el sueño del corazón de alguien que tiene pasión, entusiasmo o visión. Son personas peligrosas, y seremos sabios si los evitamos.

Nuestros jóvenes necesitan que creamos en ellos y en sus sueños; necesitan que los apoyemos en sus esfuerzos por convertirse en adultos responsables. Necesitan que los alentemos —pongamos ánimo en ellos— y les prestemos nuestra esperanza cuando se sientan desesperanzados.

Yo he prestado mi esperanza a docenas de jóvenes cuando ellos estaban listos para tirar la toalla en su vida, en su fe, en sus amistades y en sus familias. Yo digo: "Sé que sientes que no tienes ninguna esperanza; las cosas se ven mal y esperas que vayan peor. Pero quiero prestarte mi esperanza. ¿Te gustaría tomar prestada una parte de la mía? Ahora mismo tengo una parte extra, así que te la prestaré para ayudarte a atravesar estos momentos difíciles. Pero me gustaría que me la devolvieras cuando hayas terminado, ya que puede que la necesite para mí mismo más adelante. No hay prisa, sin embargo. Tómate tu tiempo".

Estoy bateando cien veces. Cada vez que me he ofrecido aprestar mi esperanza, el joven me ha mirado con una sonrisa y ha dicho: "Sí, podría utilizar eso". Cada uno de los siguientes jóvenes necesitaba que alguien creyese por él o ella lo que no podían ver por ellos mismos:

- Erin (15) fue admitido en un hospital psiquiátrico por depresión.
- Scott (17) dudaba de su fe y de la existencia de Dios.
- Angela (16) se negó la comida hasta llegar a la UCI por la anorexia.
- Sheryl (18) era una víctima suicida por violación.
- Tom (13) fue arrestado por vender marihuana.
- Jeff (14) era adicto a la pornografía en la Internet.
- Germaine (15) tuvo relaciones sexuales con su novia.
- Allison (16) estaba muy triste por la muerte de su papá.

Cada uno de esos jóvenes atravesaron sus valles de oscuridad y me devolvieron mi esperanza. Entonces pude prestársela a otros. La mayoría de ellos dijeron algo parecido a: "No lo habría logrado sin su esperanza prestada. Me dio el coraje extra que necesitaba para seguir adelante".

Nunca olvidaré lo que Erin y Sheryl me dijeron, separados por seis años y cuatrocientos kilómetros: "Su esperanza prestada me mantuvo vivo".

Nuestros jóvenes necesitan adultos que hayan estado a su lado durante un tiempo y que puedan decirles: "Saldrás de esto". Necesitan padres que tengan esperanza en ellos cuando ellos no tengan esperanza en sí mismos. John White lo expresa muy bien:

> ¿Qué necesitan los hijos? ¿Y cómo pueden los padres satisfacer sus necesidades? Los hijos necesitan aceptación; necesitan elogio y apreciación; necesitan aprender que pueden

> confiar en padres que no los engañen o quebranten sus promesas. Necesitan sentir que sus padres comprenden sus temores, sus deseos, sus sentimientos, sus impulsos inexplicables, sus frustraciones y sus incapacidades. Necesitan saber exactamente dónde están los límites, lo que está permitido y lo que está prohibido. Necesitan saber que el hogar es un lugar seguro, un lugar de refugio y un sitio donde no tienen necesidad de sentir temor. Necesitan la cálida aprobación cuando hagan bien las cosas, y la firme corrección cuando las hagan mal. Necesitan aprender un sentido de proporción. Necesitan saber que sus padres son más fuertes que ellos, capaces de aguantar las tormentas y los peligros del mundo exterior y capaces también de mantenerse firmes ante los enojos de sus hijos y sus irrazonables demandas. Necesitan sentir que les gustan a sus padres y que ellos se toman el tiempo para escuchar. Necesitan respuestas perceptivas a su creciente necesidad de independencia.[8]

El apoyo significa alentar a nuestros jóvenes para que sigan pedaleando cuando están aprendiendo a montar en bicicleta... o escorándose a través de la adolescencia. Es gritar: "¡Sigue así! ¡Puedes lograrlo! No te des por vencido ahora. ¡Lo estás consiguiendo!".

Apoyar significa conectar, dirigir y motivar; también significa dejar ir.

Dejar ir

Al igual que finalmente tenemos que dejarlos ir cuando estamos enseñando a nuestros hijos a montar en bicicleta, tenemos que darlos un empujón y dejarlos ir cuando se hacen adultos; no tenemos otra alternativa. ¿Puede imaginarse un padre que vaya corriendo al lado de la bicicleta de su hijo, agarrándolo cuando va a la escuela secundaria? Algunas veces apoyar significa dejar ir.

Dejar ir comunica a nuestros jóvenes que creemos en ellos. Les estamos diciendo: "Te he dado conexión, dirección y motivación; ahora te dejo ir porque puedes seguir desde aquí". Pero dejarlos ir no es siempre fácil, en particular para el padre. Tenemos pensamientos como estos:

- ¡Pero aún no he terminado contigo!
- ¿Estás seguro de que puedes manejar esta situación?
- ¿Qué harás si te caes o fallas?
- Sin ti me siento perdido.

Estos pensamientos son normales; no se preocupe.

Recientemente yo tuve un resurgir de ese tipo de pensamientos. Habían pasado dieciséis años desde que enseñé a nuestra hija mayor a montar en bicicleta, pero tenía que seguir aplicando las lecciones que había aprendido: conectar, dirigir, motivar, dejar ir.

Cuando llevé a Nicole a la estación de tren, sentí que debería decirle algo, algo profundo, algo inspirador y sabio, algo paternal; pero lo único que se me ocurría era: "¿Tienes dinero suficiente?". Más tarde: "¿Has traído una botella de agua?". Ninguna otra cosa parecía encajar.

¿Qué se le dice a una niña adulta que se va en un tren en un viaje de seis horas para visitar a su novio que está en la universidad? Yo ya le había presentado mis sermones sobre el sexo, las citas y cómo escoger una pareja; incluso había plasmado mis pensamientos en cartas para ella. Era momento de cerrar la boca y dejarla ir. Era tiempo de orar con ella, darle un beso de despedida y decirle: "Te quiero. Espero que pases un tiempo divertido".

—Gracias, papá; yo también te quiero. Gracias por traerme.

—¿Quieres que me espere contigo o que te deje en la estación y me vaya?

—Solo déjame; estaré bien.

Al alejarme de la estación de tren, miré por el espejo retrovisor y la vi esperando en el andén, alta, segura y emocionada. Mientras tanto, yo me sentía pequeño, débil y asustado. *¿Qué le ocurrirá? ¿Podrá subir al tren con todas las cosas que lleva? ¿Tendrá que sentarse al lado de una persona rara? ¿Estará bien?* Di otra vuelta por el aparcamiento una vez más para asegurarme de que estaba bien. Yo quería aparcar el auto y sentarme con ella hasta que llegara su tren, pero ella me había dicho que estaría bien. Yo no estaba seguro, pero me obligué a soltarla; me obligué a mí mismo a salir del aparcamiento y dirigirme a la autopista. Sentía como si la estuviera abandonando; sentía que la estaba decepcionando. Pero la estaba soltando, igual que lo hice cuando la enseñé a montar en bicicleta.

A veces apoyar significa dejar ir.

Agarrar y soltar

Me encanta la autenticidad y vulnerabilidad que Virelle Kidder comparte en su libro *Living, Launching and Letting Go* (Amar, lanzar y soltar): "Comprobamos que los últimos años de educar y soltar a nuestros hijos son los años más arduos emocionalmente, más perplejos y que más desafían nuestra fe que ningún otro. Parecía no haber fin para la cantidad de sabiduría que necesitamos para lanzar a los hijos a la madurez, al igual que paciencia, genio financiero, humor y compasión. Ninguno de nuestros nervios se sentía fuera de forma. Amar, lanzar y dejar ir no son muy distintos al dolor de dar a luz; la mayor tensión y los mayores esfuerzos por dar vida son a menudo el grandioso final".[9]

Me identifico con eso. Mi lucha en la estación de tren tenía que ver más conmigo que con Nicole. Yo no estaba seguro de haberla preparado para el desafío que tenía por delante; pero para mí, en esa situación, la manera de apoyar era dejándola ir. No fue fácil, pero intenté recordarme a mí mismo que habíamos pasado tiempo preparándola para un momento como aquel.

Cuatro maneras de saber si los jóvenes están preparados

Virelle Kidder ofrece una útil lista para dejar ir. Puede que no sea una fórmula mágica para asegurar el éxito, pero son cuatro maneras bastante precisas de medir la preparación de nuestros jóvenes para vivir por sí mismos. Los padres pueden apuntar a estas áreas de madurez como la cuenta atrás para lanzar los progresos. Estas áreas no tienen nada que ver con el aspecto exterior o los logros académicos. En cambio, son indicadores de carácter, sabiduría y madurez espiritual. Al mirar a los jóvenes adultos que hay en su hogar, considere estas cuatro preguntas:

- ¿Son capaces de estar de pie sin su ayuda continua?
- ¿Demuestran algún grado de sabiduría y madurez en su estilo de vida y en sus decisiones?
- ¿Pueden mantener relaciones saludables dentro del hogar y fuera de él?

- De importancia capital para los padres cristianos, ¿tienen ellos una auténtica relación con Dios que cause impacto en cualquier otra relación?[10]

Llegue a conocer a su hijo o hija adolescente

Es más fácil dejar ir a nuestros hijos adultos si sabemos que están preparados para ello. Si están preparados y confiamos en ellos, podemos soltarlos, ¿pero cómo sabemos si están preparados?

Los jóvenes quieren conocer a sus padres y que éstos los conozcan a ellos. La idea de la brecha generacional de los años sesenta —"simplemente déjenlos solos"— no se aplica a los jóvenes del milenio. Ellos quieren conectar; quieren ser comprendidos. ¡Incluso quieren conocerlo a usted! Los jóvenes del milenio claman por un contacto más regular con adultos que se preocupen por ellos y los respeten. Quieren contribuir al diálogo acerca de las cosas que les preocupan: protección de las drogas, de la violencia y de las bandas; asuntos económicos y ambientales; y cómo edificar un sentido de comunidad en su mundo, por el que parecen desesperados.

> ¿Son el grupo y los medios de comunicación las influencias más poderosas de los adolescentes de hoy? ¿Determinan todos los valores y creencias? Según los investigadores, la respuesta es no. Los estudios están de acuerdo en que los padres siguen siendo la única influencia más importante, durante todo el tiempo de la universidad.
>
> Wayne Rice y David Veerman[11]

Según los resultados de la Encuesta Gallup de la Juventud, la mayoría de los jóvenes dicen comer al menos una vez al día con su familia, y casi todos disfrutan de ello: ¡noticias alentadoras! Darle a su hijo o hija adolescente un lugar donde pertenecer y ser escuchado puede ser algo tan sencillo como una comida familiar. Simplemente asegúrese de apagar la televisión durante la comida. El 50% de los jóvenes encuestados dijeron que vieron la televisión la última vez que compartieron una comida con sus padres. También dijeron que una mayoría (56%) dieron gracias por los alimentos y oraron antes de comer la última vez que compartieron una comida con sus padres. Esta cifra se eleva a nueve de cada diez hogares de jóvenes afroamericanos. La mayoría habló de la escuela (66%) o problemas e intereses familiares (53%), y la mayoría de ellos ayudaron después a lavar los platos (65%).

Un abuelo del Tennessee rural me dijo recientemente:

—¿Quiere saber que electrodoméstico hará daño a la familia?

—Claro.

—¿La televisión?

—No. ¡El lavaplatos! Cuando una familia hace la comida junta, come la comida junta y después lava los platos junta, aprenden a servirse los unos a los otros y a hablar. Tienen que hacerlo, ¿qué otra cosa van a hacer si no?

Nuestros descubrimientos indican que algunas familias están haciendo un buen trabajo en cuanto a conectar con sus hijos.

Encuesta Gallup de la Juventud[12]

Se les preguntó a los jóvenes: "¿Cuál de estas afirmaciones describe tu familia y tu vida en el hogar?"

Afirmación	**Porcentaje de respuestas positivas**
Tus padres en general saben lo que te ocurre en la escuela.	75
En el hogar, hablas a menudo con adultos sobre cosas que te interesan o que te turban.	75
Tu familia generalmente come junta al menos una vez al día.	71
Disfrutas de la comida familiar.	69
Desearías poder pasar más tiempo con tu papá.	68
Cuando regresas a casa de la escuela, generalmente hay un adulto allí.	68
Desearías poder pasar más tiempo con tu mamá.	64
Los fines de semana tu familia hace muchas cosas junta.	55

Digamos que queremos mejorar intentando realizar regularmente una cena familiar con conversación. ¿De qué deberíamos hablar?

Antes de nada, unas cuantas pautas:

- Sea positivo – haga que las cenas sean algo esperado.
- Deje la disciplina y la corrección para momentos posteriores más privados.
- Considere la atmósfera. Al menos una vez por semana, intente que la comida verse sobre un tema y decore la mesa según esa comida. Una noche de tacos puede ser muy divertida con un sombrero lleno de papas fritas en el centro de la mesa.

Conversación en la mesa

La mayoría de los jóvenes están cansados de oírnos hablar sobre los peligros del alcohol y las drogas. Algunos de ellos dicen: "Ya es suficiente" acerca del tema del sexo. ¿De qué quieren hablar los jóvenes la mayoría de las veces?

- Economía familiar
- Religión y fe
- Escuela

¡Está bien! Dos temas que la mayoría de los padres quieren evitar —el dinero y la religión— son los temas sobre los cuales a los jóvenes más les gustaría hablar.

A menudo les pido a los padres que imaginen de qué temas querrían hablar más los jóvenes; lo he preguntado docenas de veces a cientos de padres. Nunca a nadie se le ha ocurrido el tema de la economía familiar. ¿Por qué nuestros jóvenes quieren hablar de dinero? Yo creo que podría ser porque ellos han oído que "los jóvenes de hoy son la primera generación que crece con menos recursos que sus padres". También han visto a mamá y a papá salir a trabajar para poder llegar a fin de mes. La mayoría de los jóvenes no pueden imaginarse dónde va todo el dinero (desde luego, ¡la mayoría piensa que debería ir a ellos una mayor cantidad!). Yo sugiero que revise las facturas, la chequera y el presupuesto mensual con su hijo o hija adolescente, para que vea las prioridades económicas de usted y algunos

Tema de conversación entre joven y padre

Se les preguntó a los jóvenes si preferirían hablar de los siguientes temas con sus padres con más frecuencia, al mismo nivel, o con menos frecuencia.

Tema	Más	Igual que ahora	Menos
Economía familiar	38%	35%	27%
Drogas	33%	43%	24%
Bebida	27%	44%	29%
Religión	34%	42%	24%
Escuela	33%	39%	28%
Política	31%	29%	40%
Sexo	20%	49%	31%

de los puntos no negociables (alquiler o hipoteca, seguro). Esté preparado para hablar de los asuntos en los cuales él o ella estén interesados. Para obtener más información vaya a las páginas web *www.crown.org* y *www.mm4kids.org*.

Cualquier cosa que podamos hacer para apoyar y comprender a nuestros jóvenes aumenta el nivel de confianza y fortalece el nivel de obediencia. Los jóvenes tienen más probabilidades de obedecer cuando sienten que valoramos nuestra relación con ellos. Si les mostramos respeto, tienen más probabilidades de mostrar respeto por las normas que nosotros decimos que son importantes. Conviértase en un estudioso de su hijo o hija adolescente. Utilice la tabla de la página siguiente como su guía.

Estos son algunos hechos útiles:

- Los jóvenes representan apenas un 10% de la población estadounidense.
- La mitad de los jóvenes ha pasado por el divorcio de sus padres.
- El 63% proviene de hogares donde ambos padres trabajan fuera de casa.
- Habrá 35 millones de adolescentes en el año 2010, un aumento de la población mayor que el 'baby boom' en su auge.

- Los jóvenes son más grandes, más ricos, mejor educados y más sanos que los jóvenes durante cualquier otra época en la historia de EE.UU., sin embargo, muchos están en riesgo.
- El joven promedio pasa cada día tres horas y media solo.
- El 47% de los jóvenes usan la computadora para conectarse. La mayoría lo hacen para escribir mensajes de correo electrónico a los amigos, ver páginas web o estudiar e investigar para sus clases.
- El 85% de los jóvenes dicen que sus mamás se preocupan "mucho" por ellos. El 58% dicen lo mismo de sus papás.
- Los jóvenes pasan 11 horas por semana viendo televisión, 10 horas escuchando música, 4.1 horas haciendo tareas, 4 horas asistiendo a fiestas, y 2.5 horas en funciones religiosas.
- Uno de cada cuatro jóvenes piensa en el suicidio cada año.
- La media de gasto de los jóvenes es de menos de 100 dólares a la semana.[14]

El mundo de Maggie

Maggie, que tiene catorce años, regresa a su casa caminando desde la escuela todos los días a las 2:30 de la tarde. Tiene que llegar a su casa antes que su hermano de once años y su hermana de doce años. Maggie tiene las llaves de la casa y la responsabilidad de vigilar a sus hermanos, supervisar sus tareas escolares y terminar las suyas propias, hacer la cena, y recoger antes de que su mamá y su padrastro lleguen a casa alrededor de las 6:30 de la tarde.

"Desearía que mis padres cambiaran de idea —dice ella. Primero me tratan como adulta, con todo este trabajo que hago por ellos, y al minuto siguiente me tratan como una niña, en especial los fines de semana. Es como si quisieran un tercer padre durante la semana, pero vuelvo a ser una niña los fines de semana. Es entonces cuando quiero salir con mis amigas. Algunos días me siento sola, y me gustaría que mi mamá estuviera conmigo. Básicamente, tengo mi propia vida".

¿Cuán bien conoce a su hijo o hija adolescente?

1. ¿Cuál es el mejor amigo de su hijo?
2. ¿Cuál es la estación de radio favorita de su hijo?
3. ¿Tiene su hijo un apodo en la escuela? ¿Cuál es?
4. ¿Cuál es el mayor héroe de su hijo?
5. ¿Cuál es la posesión más preciada de su hijo?
6. ¿Cuál es la mayor preocupación de su hijo?
7. ¿Qué carrera está considerando su hijo?
8. ¿Qué clase en la escuela le gusta más a su hijo?
9. ¿Quién es un amigo adulto (fuera del hogar) con el que su hijo tiene una buena relación?
10. ¿Qué le gusta hacer a su hijo en su tiempo libre?

Los jóvenes a menudo compaginan tantas tareas como sus padres, haciéndose cargo de la casa y las comidas familiares, estando involucrados en actividades extra en la escuela, haciendo sus tareas escolares y pasando largas horas trabajando. Ya que los adultos están a menudo fuera de la acción (manteniéndose en contacto con sus hijos mediante teléfonos celulares y buscadores), los amigos se alimentan y aconsejan mutuamente, creando su propia comunidad. Es cierto que muchos padres equilibran el estrés de su trabajo y sus responsabilidades como padres planificando el tiempo que pasan con sus hijos: saliendo a comer fuera con la familia, asistiendo a conciertos o películas en lugar de ver televisión. Pero hay muchos otros padres que simplemente no están, ni física ni emocionalmente.[15]

Los jóvenes desean nuestro apoyo

En nuestra Encuesta Gallup "El clamor de los jóvenes" descubrimos algunos hechos interesantes. Las muchachas más mayores (dieciséis a diecisiete años) dijeron tener una mayor necesidad de ser apoyadas que los muchachos más jóvenes (trece a quince años). El 81% de esas muchachas dijeron que la necesidad de ser apoyadas en sus esfuerzos era una necesidad "muy fuerte" en sus vidas, en contraste con el grupo de muchachos con un 56% y el grupo de muchachos más mayores (dieciséis a diecisiete años) con un 68%. Las muchachas, en particular las adolescentes más mayores, sienten profundamente la necesidad de ser apoyadas. Podría ser que los muchachos no son conscientes de que necesitan apoyo aún. Culturalmente, no se alienta a los varones a buscar apoyo; se los alienta a ser el macho, el llanero solitario.

El lugar donde viven influyó en las respuestas de los jóvenes. Quienes viven en el campo dieron la respuesta más baja. Solo el 57% expresaron que la necesidad de ser apoyados en sus esfuerzos era "muy fuerte". Los jóvenes que viven en las ciudades dieron la respuesta más alta, con un 73%, seguidos del 65% de los jóvenes que viven en zonas residenciales. Es probable que los jóvenes de zonas rurales se sientan apoyados debido a relaciones estables con sus familiares. Crecer en una granja, a menudo con el abuelo, la abuela y el tío Steve cerca, parece provocar una diferencia para los jóvenes de esas áreas.

Con respecto a este clamor, el grupo que corre mayor riesgo es el de las muchachas africanas-americanas que viven en ciudades (dieciséis a diecisiete años), quienes dieron la respuesta más alta sobre la necesidad de ser apoyadas. Yo creo que esto se debe a sentimientos de vulnerabilidad y desprotección.

Los jóvenes cuyo padre (o quien gana el dinero) trabaja en oficinas también tenían más probabilidades de indicar que el apoyo es una necesidad muy fuerte en sus vidas (76%). Los jóvenes con padres universitarios dijeron que el apoyo era una necesidad menor (58%). Los jóvenes se sienten más capacitados, valiosos, autosuficientes y apoyados cuando sus padres se han educado en la universidad.

Los hijos son como flechas

> "Como flechas en las manos del guerrero son los hijos de la juventud. Dichosos los que llenan su aljaba con esta clase de flechas" (Salmo 127:4-5 NVI).

Nuestros hijos son como flechas. Cuando son jóvenes los mantenemos seguros en nuestra aljaba: el hogar.

A medida que maduran, los sacamos de los límites de la aljaba y los preparamos para enviarlos. Nos *conectamos* con ellos mediante el toque. Ellos nos pertenecen; los tenemos en nuestras manos. Los *dirigimos* poniéndolos en la dirección correcta. Guiamos la punta de la flecha hacia el blanco. Los *motivamos* añadiendo presión, tensando el palo de la flecha. A medida que lo hacemos, seguimos conectados; comprobamos nuestra meta, nos aseguramos de seguir conectados, tiramos más fuerte, y después soltamos. Los *dejamos ir*.

Dios nos ha confiado a nuestros jóvenes: nuestras flechas. Él nos ha bendecido con ellos. Para algunos de ustedes, puede que esto sea difícil de reconocer, así que repita conmigo: "Dios me ha bendecido dándome a mi hijo o hija adolescente". Dígalo de nuevo.

Apoyar significa conectar, dirigir, motivar y dejar ir. Como en el tiro con arco, si uno de esos elementos falta en la educación, los resultados pueden ser desastrosos. Imagine a un arquero que no sujete la flecha con cuidado, o que no apunte con precisión, o que tense el arco de cualquier modo, o que no quiera soltar la flecha.

Es ridículo, ¿verdad?

Apoye a su hijo o hija. Conecte, dirija, motive y deje ir.

Entonces usted —y su hijo o hija adolescente— será bendecido.

PREGUNTAS PARA FOMENTAR EL DIÁLOGO

De padre a padre

1. Describa sus experiencias en cuanto a enseñar a su hijo o hija a montar en bicicleta.
2. ¿Cómo podemos ayudar a nuestros jóvenes a sentirse conectados?
3. ¿Qué piensa usted sobre la afirmación: "La mayoría de los jóvenes llevan vidas que están muy libres de adultos"?
4. ¿Qué piensa sobre los valores familiares fundamentales? ¿Cuáles son los suyos? ¿Cuáles quiere añadir?
5. ¿Qué otras imágenes mentales, además de la de conducir bicicletas y tirar flechas, le vienen a la mente cuando piensa en apoyar a sus hijos?

Para hablar con su hijo o hija

1. ¿Qué elemento del apoyo creen que los jóvenes necesitan más: conectar, dirigir, motivar o dejar ir?
2. ¿Cuándo sientes que tú y yo conectamos? ¿Desconectamos?
3. ¿En qué podrías utilizar más dirección por mi parte? ¿Menos?

4. ¿Cómo evaluarías los temas de conversación de la página 203?
5. Haga el ejercicio "¿Cuán bien conoce a su hijo o hija adolescente?" de la página 205.

CÓMO RESPONDER AL CLAMOR

El clamor

Clamor por apoyo.

El desafío

Tomar la iniciativa de apoyar a nuestros jóvenes conectando, dirigiendo y motivando.

Herramientas para usar en casa

1. Una vez esta semana haga un lado su periódico, retírese de su computadora y haga ver que está lo más disponible posible cuando su hijo o hija esté en casa. Mantenga esa disponibilidad durante seis minutos. Siéntese en el sofá, dejando lugar para que su hijo o hija se una a usted. Si le pregunta qué está haciendo, diga: "Simplemente pienso. Puedes sentarte a mi lado si quieres". Compruebe lo que ocurre.
2. Haga un póster de aislamiento con su hijo o hija. Pongan fotos y titulares de revistas y periódicos que representen cosas que pueden aislar a los jóvenes. Hable con su hijo o hija de los informes que indican que la mayoría de quienes tirotean en las escuelas se sentían aislados y perseguidos. Pregúntele si conoce a alguien en la escuela que parezca estar aislado. ¿Qué podría hacer alguien para ayudar? ¿Qué podría hacer su hijo o hija para ayudar?
3. Programe tiempo para estar a solas con su hijo o hija adolescente cada semana. Considere las siguientes ideas:

- desayunar en McDonald´s antes de ir a la escuela
- ir a patinar sobre hielo o sobre ruedas
- asistir a un partido de jockey

- jugar baloncesto
- leer juntos un buen libro
- visitar un museo
- tomar clases de arte
- subir a la montaña
- jugar a un juego de mesa o de cartas
- jugar a juegos de vídeo de realidad virtual
- montar en bicicleta
- diseñar una página web familiar

4. Algunos padres han descubierto que sus hijos en realidad se abren cuando van a arroparlos en su cama, en especial si les llevan leche y galletas. Si su hijo se siente demasiado mayor, diga: "Sé que te sientes demasiado mayor para esto, pero déjame que lo haga por mí". Si su hijo no tiene ganas de hablar, pregunte: "¿Qué te parece si oro por ti?". Haga una breve oración para que duerma bien, tenga un buen día en la escuela, esté seguro y viva para Dios.
5. Diseñe un escudo familiar con su hijo o hija. Pueden dibujarlo o tallarlo en madera. Busquen en la web —miren *escudo o heráldica familiar*— para añadir algunas posibilidades interesantes a esta actividad. Los símbolos en el escudo representan virtudes como la valentía y la perseverancia.

Herramientas para usar en la iglesia

1. En su grupo de padres de adolescentes, evalúen cuánto tiempo pasan solos sus hijos. Imaginen cómo pasan su tiempo desde que regresan de la escuela hasta que se acuestan en períodos de quince minutos. Escriban sus ideas, entreguen los papeles a sus hijos y que ellos los corrijan. Compare sus hallazgos con los de otros padres de su grupo. Hablen de soluciones para los jóvenes que pasan mucho tiempo "libres de adultos".
2. Ayude al equipo del ministerio de jóvenes a evaluar el ministerio para ver si los programas se están ofreciendo durante el tiempo en que los jóvenes están disponibles. Algunas iglesias ofrecen programas para jóvenes en momentos en que entran

en conflicto con los deportes y no ofrecen actividades cuando los estudiantes están aburridos o buscando algo interesante que hacer.

3. Pídales a los líderes de estudiantes en el grupo de jóvenes que le den sus ideas sobre el diseño de ministerios que podrían estar dirigidos a jóvenes aislados o aburridos. Compartan ideas y prioricen las cinco más importantes. Pregunten: "¿Qué podríamos hacer con un poco de dinero y unos cuantos adultos como voluntarios que causara un gran impacto en los jóvenes?". Intenten hacer realidad una de las ideas.
4. Pregunte en una tienda de ropa si podría tomar prestado un maniquí por varias semanas. Lleve el maniquí a la reunión del grupo de jóvenes y anuncie: "La próxima semana vamos a vestir a nuestro maniquí con la mejor moda de diseño.

   Ustedes son los diseñadores. Traigan ropa y cualidades que les gustaría ver un adulto que sirva de ejemplo". La semana siguiente vistan al maniquí con varios tipos de ropa y virtudes. Escriban las cualidades y virtudes en tarjetas, hagan agujeros en ellas, pónganles una cuerda y cuélguenlas del maniquí. Cuando hayan terminado, anuncie: "Esto es lo que ustedes quieren en un adulto que sirva de ejemplo". Lean los elementos. "Pondremos esto en la entrada de la iglesia porque necesitamos más líderes así. De hecho, tres de cada cuatro jóvenes sienten que los adultos que pueden ser ejemplos para ellos no están presentes en sus vidas. Nuestra meta es ayudarles a ustedes a que tengan alguien como éste, ¡pero que esté vivo!".
5. Para crear un sentido de pertenencia y conectividad en la iglesia, invite a varios miembros de la iglesia al grupo de jóvenes para que compartan sus viajes de fe y cómo tomaron importantes decisiones en sus vidas (universidad, carrera, cónyuge, negocios, etc.). Asegúrese de dar tiempo para preguntas al final.

CONCLUSIÓN

CÓMO RESPONDER AL CLAMOR DE LOS JÓVENES

Hemos leído acerca del clamor de los jóvenes de hoy. La respuesta está en nuestras manos. ¿Pondremos atención a su clamor? ¿Responderemos a sus peticiones de atención? ¿O regresaremos a nuestra rutina, evitando su clamor con el murmullo de nuestros repletos calendarios? Puede que usted esté batallando con los *si*....

- Si hubiera tenido un mejor padre.
- Si no nos hubiéramos divorciado.
- Si viviéramos en un vecindario mejor.
- Si tuviera más ayuda.
- Si tuviera más dinero.

Los padres de los jóvenes frecuentemente me preguntan: "¿Dónde me equivoqué? ¿Me estoy perdiendo algo aquí?".

Yo les recuerdo que Dios fue el Padre perfecto. Él creo al hombre y la mujer perfectos y los puso en el ambiente perfecto. ¡Era el mejor vecindario que había en los alrededores! ¡Y miren lo que ocurrió! ¿Quiénes somos nosotros para pensar que podemos ser padres y no sufrir también desafíos con nuestros jóvenes?

Dios comprende lo que es ser padre. Él sabe lo que es tener hijos rebeldes. Él conoce el dolor de ver morir a un hijo. Él también conoce las alegrías de la nueva vida y el hijo pródigo que regresa al hogar. Usted no está solo; Dios comprende y tiene compasión. Él se identifica.

> "Estoy convencido de esto: el que comenzó tan buena obra en ustedes la irá perfeccionando hasta el día de Cristo Jesús" (Filipenses 1:6 NVI).

Recuerde

Cuando esté cansado y listo para tirar la toalla,
Recuerde: no está solo.
Cuando su hijo adolescente presione todos sus botones y usted esté listo para explotar,
Recuerde: no está solo.
Cuando su hijo regrese a las 2:00 de la madrugada apestando a alcohol,
Recuerde: no está solo.
Cuando su hija le presente a su nuevo novio (que tiene 19 años mientras que ella tiene 15),
Recuerde: no está solo.
Cuando su hijo suspenda un examen, le echen del equipo, no le pidan que se gradúe, o rompa con su novia,
Recuerde: no está solo.
Cuando su hija ponga todas sus cosas en su Honda (incluyendo su peluche preferido) y le diga adiós cuando salga para ir a la universidad,
Recuerde: no está solo, aun cuando se sienta solo.
Dios está con usted.

Usted no está solo. Dios está trabajando dentro de usted y en su hijo o hija adolescente; Él está comprometido a ayudarlo a completar la tarea de perfeccionar a su hijo para que sea un adulto maduro y recto.

Sé que queda mucho trabajo por hacer para preparar a nuestros jóvenes para la vida, pero este es el secreto: ¡*Nosotros no lo tenemos todo!* Dios enviará personas a las vidas de nuestros hijos para perfeccionarlos. Dios enviará algunas lijas y raspadores a sus vidas para limar sus bordes ásperos. Para ponerlo en perspectiva, recuerde esto: *Dios está más comprometido que usted a completar la buena obra que Él comenzó en su hijo.*

No tenemos que hacerlo todo antes de que nuestros jóvenes se vayan de casa. El día final no es cuando ellos se trasladan; es cuando Cristo venga. Por eso puede que se necesiten más de los dieciocho años que usted pasa con su hijo o hija adolescente.

¿Pero qué hará con el tiempo que tiene? ¿Cómo responderá al clamor de los jóvenes de hoy?

¿Recuerda cuando su hijo era un bebé y lloraba en mitad de la noche? Lo más probable es que usted se levantara de su cálida y cómoda cama y respondiera al llanto de su hijo. Sería insensible ignorar el llanto de su hijo y no satisfacer sus necesidades. Sería ridículo escuchar llorar a su bebé y acudir a la puerta de al lado para atender a las necesidades del hijo de su vecino. Usted se centra en el llanto de *su* hijo.

Lo mismo es cierto para los jóvenes. Cada uno de nosotros necesitamos prestar atención al llanto de nuestro propio hijo y tratar de satisfacer su necesidad. No tenemos que responder al clamor del hijo del vecino; no tenemos que responder al clamor de los jóvenes que están en la secundaria; no tenemos que responder al clamor de todo joven angustiado que veamos perdiendo el tiempo y fumando en la esquina. *Respondemos al clamor de nuestros propios hijos.*

Todo padre necesita responder al clamor de su propio hijo o hija adolescente. Si todos lo hiciéramos, tendríamos un escenario completamente diferente con los jóvenes de hoy.

Pero es necesario que salgamos de nuestro cómodo asiento, cama o rutina para involucrarnos con nuestros hijos. Es necesario el compromiso para proporcionar seguridad y refugio. Nuestros jóvenes se sentirán seguros cuando respondamos a sus necesidades; y el hogar se convertirá en un refugio para la tormenta de la adolescencia.

Nunca habrá un momento ideal para edificar una relación con sus hijos. Nunca habrá un momento ideal para enseñar. Nunca habrá un joven ideal o un padre ideal para dirigir en el proceso de madurez. Lo único que usted tiene es la realidad de este día, este joven y quien usted es.

En un país que ha sido conmovido hasta sus cimientos, es crucial que proporcionemos seguridad y refugio a nuestros jóvenes. La seguridad es algo más que seguridad pública; es confianza interior: confían en mí, me quieren y tengo un propósito. Es el sentido: me escuchan y tengo valor. Estas son maneras en que podemos apoyar a nuestros jóvenes en tiempos inciertos.

Estos son regalos que solo los padres pueden dar a sus hijos. Si los hijos no reciben estos regalos de sus padres, tienen dificultad para adquirirlos después. Todo depende de que la familia norteamericana pueda proporcionar un refugio seguro para nuestros jóvenes: un cobijo.

Un lugar donde su clamor sea escuchado.

Apéndice A

El pastel de conflictos

Divida el círculo en pedazos en forma de cuña que reflejan las áreas de conflicto mayores y menores en su relación padre-adolescente. Si tiene usted muchas áreas de conflicto, puede que quiera enfocarse solamente en las principales. Marque cada pedazo del pastel según el conflicto específico que represente, y dele el tamaño según la intensidad de la categoría de ese conflicto. Puede usted utilizar las categorías enumeradas o crear las suyas propias.

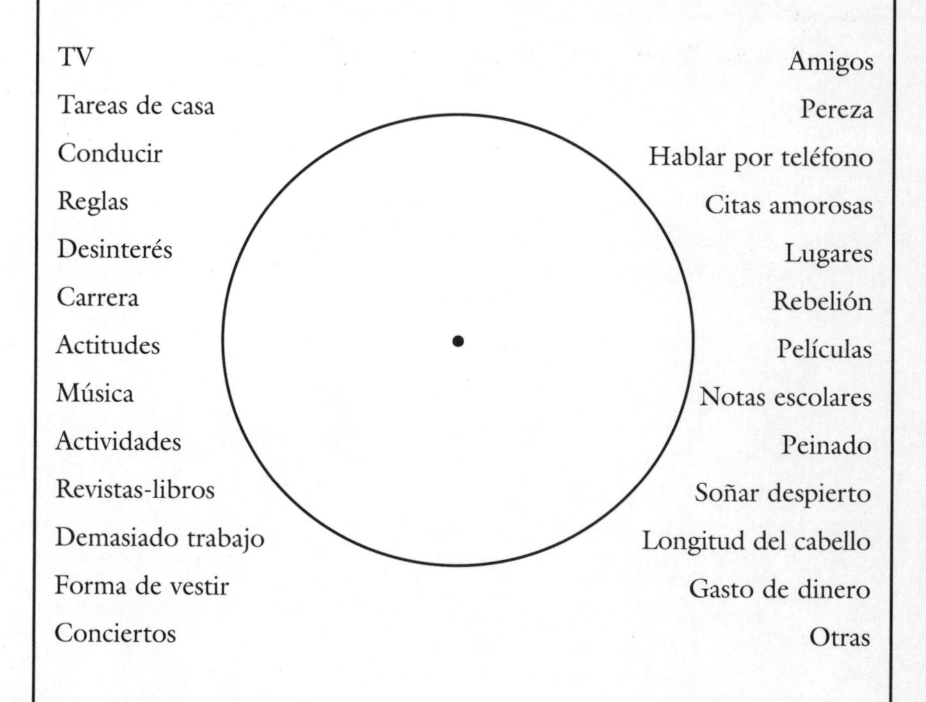

Notas

Introducción

1. "Poll Shows Teens Try Hard, Enjoy Life" (La encuesta demuestra que los jóvenes lo intentan, disfrutan de la vida), *Ventura County (Calif.) Star*, domingo, 29 de agosto de 1999., D-9. Encuesta completa en www.countonshell.com/shellpoll.html. Realizada por Peter D. Hart Research Associates para Shell Oil Company.
2. Adaptación de Wendy Murray Zoba, "Elegy for a Jesus Freak" (Elegía de un loco por Jesús), *Christianity Today*, 6 de diciembre de 1999, 88. Énfasis añadido.
3. *Ibíd.*
4. William Strauss y Neil Howe, *The Fourth Turning: An American Prophecy* (El cuarto giro: una profecía norteamericana), (New York: Broadway Books, 1997), 293.
5. Peter Zollo, citado en Rick Lawrence, ed., *Trendwatch: Insights That Fuel Authentic Youth Ministry* (Tendencias: Perspectivas que fomentan el auténtico ministerio de jóvenes), (Loveland, Colo.: Group Publishing, 2000), 27.

Capítulo 1

1. John Rosemond, *Teen-Proofing: A Revolutionary Approach to Fostering Responsible Decision Making in Your Teenager* (A prueba de jóvenes: un enfoque revolucionario sobre fomentar el proceso de toma de decisiones en su hijo adolescente), (Kansas City: Andrews McMeel Publishing, 1998), xii.
2. Haim Ginott, *Between Parent and Teenager* (Entre padre y joven), (New York: Avon Books, 1982), 23.

3. Walt Mueller, *Understanding Today's Youth Culture* (Comprendiendo la cultura juvenil de hoy), (Wheaton, Ill.: Tyndale House, 1994), 340.
4. Rosemond, *Teen-Proofing*, 15-16.
5. George Gallup Jr. y Alec Gallup, "Teens and Parents Getting Along Better" (Adolescentes y padres que se llevan mejor), *Gallup Youth Survey* (Encuesta Gallup de la Juventud), 7 de febrero de 1996.

Capítulo 2

1. Esta Encuesta Gallup de la Juventud, realizada desde diciembre de 2000 hasta febrero de 2001, estuvo basada en entrevistas telefónicas a 501 personas de edades comprendidas entre los 13 y los 17 años en todo el país. Se realizó exclusivamente para este libro.
2. John Trent, *Be There! Making Deep, Lasting Connections in a Disconnected World* (¡Está ahí! Cómo hacer conexiones profundas y duraderas en un mundo desconectado), (Colorado Springs: WaterBrook Press, 2000), 5.
3. Christopher John Farley, "Kids and Race" (Los jóvenes y la raza), *Time*, 24 de noviembre de 1997, 88.
4. *YouthViews: The Newsletter of the Gallup Youth Survey 6*, (Boletín de la Encuesta Gallup de la Juventud), n. 8 (abril de 1999), 1.
5. Para más información, visite www.heritagebuilders.org.

Capítulo 3

1. George Gallup Jr., "What Americans Believe About Fatherhood and the Role of Religion" (Lo que los norteamericanos creen sobre la paternidad y el papel de la religión), *The Faith Factor in Fatherhood: Renewing the Sacred Vocation of Fathering* (El factor fe en la paternidad: renovando la sagrada vocación de ser padre), ed., Don E. Eberly (Lanham, Md.: Rowman and Littlefield), 39.
2. Michael McMagnus, citado en Gallup: "What Americans Believe About Fatherhood", 43.
3. *Ibíd.*, 44.
4. *Ibíd.*, 55.
5. Colin L. Powell, "Worry About the Children" (Preocupación por los hijos), *Ventura County (Calif.) Star*, 20 de junio de 1999, D-9.
6. Adaptado de Michael Medved y Diane Medved, *Saving Childhood: Protecting Our Children from the National Assault on Innocence* (Salvar la niñez: protegiendo a nuestros hijos del asalto nacional a la inocencia), New York: HarperPerennial, 1999), 205.
7. Nancy Gibbs, "Special Report" (Reportaje especial), *Time*, 31 de mayo de 1999, 33.

8. Ann Oldenburg, "Parents See Violence, Not Sex, as Biggest Concern with Media" (Los padres ven la violencia, y no el sexo, como la principal preocupación en los medios), *USA Today*, 6 de mayo de 1999, D-1.
9. Afirmado en Adam Cohen, "Criminals as Copycats" (Los criminales como emuladores), *Time*, 31 de mayo de 1999, 38.
10. James Garbarino, *Lost Boys: Why Our Sons Turn Violent and How We Can Save Them* (Muchachos perdidos: cómo nuestros hijos se vuelven violentos y cómo podemos salvarlos), (New York: The Free Press, 1999), 5.
11. Michael Gurian, *A Fine Young Man* (Un joven exquisito), (New York: Jeremy P. Tarcher/Putnam, 1999), 12-13.
12. Garbarino, *Lost Boys*, 15-16.
13. *Gallup Poll Releases,* (Comunicados de encuesta Gallup), 23 de abril de 1999, 1.
14. *Gallup Poll Releases,* (Comunicados de encuesta Gallup), 21 de mayo de 1999, 1-2.
15. *Ibíd.*, 5.
16. *Ibíd.*
17. *Ibíd.*, 4.
18. *Ibíd.*
19. Medved y Medved, *Saving Childhood*, 221.
20. Adaptado de "Teens Often Live in a Climate of Fear, Uncertainty and Danger" (Los jóvenes a menudo viven en un clima de temor, incertidumbre y peligro), *Gallup Poll Releases,* (Comunicados de encuesta Gallup), 28 de abril de 1999, 1-3.

Capítulo 4

1. Charles Colson y Nancy Pearcey, *How Now Shall We Live?* (Ahora, ¿cómo viviremos?), (Wheaton, Ill: Tyndale House Publishers, 1999), 139.
2. Francis A. Shaeffer, *He Is There and He Is Not Silent* (Él está ahí y no está en silencio), (Carol Stream, Ill.: Tyndale House Publishers, 1972), 147.
3. Colson and Pearcey, *How Now Shall We Live?*, xi.
4. *Ibíd.*
5. C.S. Lewis, *The Weight of Glory* (El peso de gloria), (Grand Rapids, Mich.: Eerdmans Publishing, 1949), 86.
6. Adaptado de Joe White y Jim Weidmann, ed. generales, *Parents' Guide to the Spiritual Mentoring of Teens: Building Your Child's Faith through the Adolescent Years* (Guía para padres sobre el apoyo espiritual de los jóvenes: cómo edificar la fe de su hijo en los años de la adolescencia), (Wheaton, Ill.: Tyndale House Publishers and Heritage Builders/Focus on the Family, 2001), 105.

7. William Strauss, entrevista, otoño de 1996, citado en Wendy Murray Zoba,
8. *Generation 2K: What Parents and Others Need to Know About the Millenials* (Generación 2K: lo que los padres y los demás necesitan saber sobre los jóvenes del milenio), (Downers Grove, Ill.: InterVarsity Press, 1999), 64.
9. Zoba, *Generation 2K*, 65.
10. James Dobson, *Bringing Up Boys: Practical Advice and Encouragemet for Those Shaping the Next Generation of Men* (Cómo educar a los varones: consejos prácticos para aquellos que forman la próxima generación de hombres), (Wheaton, Ill.: Tyndale House Publishers, 2001), 250.
11. Colin L. Powell, "Worry About the Children" (Preocupación por los hijos), *Ventura County (Calif.) Star*, 20 de junio de 1999, D-9.
12. *Encuesta Gallup de la Juventud*, julio de 2000.
13. *Encuesta Gallup de la Juventud*, diciembre 2000-febrero 2001.
14. Adaptado de Tim Smith, *Almost Cool: You Can Figure Out How to Parent Your Teen* (Casi estupendo: usted puede descubrir cómo educar a su hijo adolescente), (Colorado Springs: Cook Communications, 2000), 10-11.
15. Adaptado de Tim Smith, *Almost Cool: You Can Figure Out How to Parent Your Teen* (Casi estupendo: usted puede descubrir cómo educar a su hijo adolescente), (Chicago: Moody Press, 1997), 162.
16. *YouthViews 7*, n. 5 (enero de 2000): 1,3, citando una encuesta en *The Journal of the American Medical Association*, 10 de septiembre de 1997.
17. "The Naked Truth" (La verdad desnuda), Newsweek, 8 de mayo de 2000, 58.
18. Princeton Survey Research Associates afirmado en "A Snapshot of a Generation" (Instantánea de una generación), *Newsweek*, 8 de mayo de 2000, 56.
19. D. Michael Lindsay, "A Generation on the Edge: Young People and Violence in the U.S." (Una generación al borde: Jóvenes y violencia en los Estados Unidos), (informe dado en el seminario 2000 Ideas para el progreso, en The George H. Gallup International Institute, Princeton, N.J., 15-17 de junio de 2000).
20. George Barna, *Third Millenium Teens: Research on the Minds, Hearts and Souls of America's Teenagers* (Jóvenes del tercer milenio: estudio sobre las mentes, corazones y almas de los adolescentes norteamericanos), (Ventura, Calif.: The Barna Research Group, 1999), 24.

Capítulo 5

1. Encuesta Gallup "El clamor de los jóvenes", febrero de 2001, no publicada.
2. H. Norman Wright y Gary J. Oliver, *Raising Kids to Love Jesus* (Cómo educar a los hijos para que amen a Jesús), (Ventura, Calif.: Regal Books, 1999), 64.
3. Albert Metowbian, *Silent Messages* (Mensajes silenciosos), (Belmont, Calif.: Wadsworth Publishing Co., 1971), 42-44.
4. Wright y Oliver, *Raising Kids to Love Jesús*, 74.
5. Adaptado de "Entertaining Teens" (Entreteniendo a los jóvenes), *YouthViews* 7, n. 3 (noviembre de 1999), 4.
6. "Teens Go to Movies More Than Once a Month" (Los jóvenes van al cine más de una vez al mes), *YouthViews 7*, n. 3 (febrero de 2000), 3.
7. *Ibíd.*
8. Robert D. Putnam, *Bowling Alone: The Collapse and Revival of American Community* (Jugando bolos a solas: el colapso y el avivamiento de la comunidad norteamericana), (New York: Simon and Schuster, 2000), 115.
9. Sharon Begley, "A World of Their Own" (Un mundo suyo), *Newsweek*, 8 de mayo de 2000, 54, citando a William Strauss, *The Fourth Turning* (El cuarto giro).
10. *Ibíd.*, citando a William Damon.
11. Patricia Hersch, *A Tribe Apart: A Journey into the Heart of American Adolescence* (Una tribu apartada: viaje al corazón de los adolescentes norteamericanos), (New York: Ballantine Books, 1999), 54.
12. *Newsweek*, 8 de mayo de 2000, 54.

Capítulo 6

1. *Webster's New World Dictionary,* 3d college ed., s.v. "worth" (valor).
2. *John Eldredge, Wild at Heart: Discovering The Secret of a Man's Soul* (Corazón salvaje: descubriendo el secreto del alma de un hombre), (Nashville: Thomas Nelson Publishers, 2001), 18. Énfasis añadido.
3. Patricia Hersch, *A Tribe Apart: A Journey into the Heart of American Adolescence* (Una tribu apartada: viaje al corazón de los adolescentes norteamericanos), (New York: Ballantine Books, 1999), 12.
4. *Ibíd.*
5. Sharon Begley, "A World of Their Own" (Un mundo suyo), *Newsweek*, 8 de mayo de 2000.
6. Hersch, 20.

7. Robert D. Putnam, *Bowling Alone: The Collapse and Revival of American Community* (Jugando bolos a solas: el colapso y el avivamiento de la comunidad norteamericana), (New York: Simon and Schuster, 2000), 111-112.
8. Michael Medved y Diane Medved, *Saving Childhood: Protecting Our Children from the National Assault on Innocence* (Salvar la niñez: protegiendo a nuestros hijos del asalto nacional a la inocencia), New York: HarperPerennial, 1999), 177.
9. *Ibíd.*, 178.
10. Hersch, 18.
11. Jim Weidman, Janet Weidman, J. Otis Ledbetter y Gail Ledbetter, *Spiritual Milestones: A Guide to Celebrating Your Children's Spiritual Passages* (Hitos espirituales: Guía para celebrar los pasos espirituales de sus hijos), (Colorado Springs: Focus on the Family/Cook Communications, 2001), 81.
12. Pamela J. Erwin, *The Family Powered Church* (La iglesia potenciada por la familia), (Loveland, Colo.: Group Publishing, 2000), 59.
13. Tim Smith y J. Otis Ledbetter, *Family Traditions: Practical, Intentional Ways to Strenghten Your Family Identity* (Tradiciones familiares: Maneras prácticas y determinadas de fortalecer su identidad familiar), (Colorado Springs: Focus on the Family/Heritage Builders/Cook Communications, 1998), 170.
14. Weidman, Weidman, Ledbetter y Ledbetter, *Spiritual Milestones*, 41.
15. George H. Gallup Jr., "In Perspective: Views on the Gallup Youth Findings" (En perspectiva: puntos de vista sobre los descubrimientos sobre la juventud), *YouthViews* 7, n. 4 (diciembre de 1999), 5

***Capítulo** 7*

1. John Gottman, *The Heart of Parenting* (El núcleo de ser padre), (New York: Simon and Schuster, 1997), 18, énfasis añadido.
2. Jim Burns, *How to Be a Happy, Healthy Family* (Cómo ser una familia feliz y saludable), (Nashville: Thomas Nelson Publishers, 2001), 6.
3. George Gallup y Alec Gallup, *Encuesta Gallup de la Juventud*, 24 de octubre de 1997.
4. "Beyond Littleton: How Well Do You Know Your Kid?" (Más allá de Littleton: ¿Cuán bien conoce a su hijo?), *Newsweek*, 10 de mayo de 1999, 37-38.
5. Sharon Begley, "A World of Their Own" (Un mundo suyo), *Newsweek*, 8 de mayo de 2000, 55.

6. H. Norman Wright y Gary J. Oliver, *Raising Kids to Love Jesus* (Cómo educar a los hijos para que amen a Jesús), (Ventura, Calif.: Regal Books, 1999), 21.
7. Burns, *How to Be a Happy, Healthy Family*, 64.
8. John White, *Parents in Pain* (Padres que sufren), (Downers Grove, Ill.: InterVarsity Press, 1979), 181.
9. Virelle Kidder, *Loving, Launching and Letting Go: Preparing Your Nearly Grown Children for Adulthood* (Amar, lanzar y soltar: preparando a sus hijos para la edad adulta), (Nashville: Broadman and Holman Publishers, 1995), 15.
10. *Ibíd.*, 18-19.
11. Adaptado de Wayne Rice y David Veerman, *Understanding Your Teenager* (Cómo comprender a su hijo adolescente), (Nashville: Word Publishing/Thomas Nelson, 1999), 117.
12. *Encuesta Gallup de la Juventud*, 22 de agosto de 1997.
13. *Encuesta Gallup de la Juventud*, 10 de julio de 1996.
14. Bret Begun, *Newsweek*, 10 de mayo de 1999, 38-39.
15. Patricia Hersch, "Home Alone" (Solos en casa), *Noise*, verano de 2000, 34.

Recursos recomendados

Libros

Barna, George. *Real Teens—A Contemporary Snapshot of Youth Culture* (Auténticos jóvenes: Una instantánea contemporánea de la cultura juvenil), Ventura, CA.: Regal Bookd, 2002. La sección "Por qué los jóvenes confunden a los adultos" bien se merece el precio del libro; pero hay mucho más, en especial el material sobre la fe y la espiritualidad.

Burns, Jim. *How To Be a Happy, Healthy Family* (Cómo ser una familia feliz y saludable). Nashville, TN: Thomas Nelson Publishers, 2001. Descubra diez principios que ayudarán a su familia a tener éxito. Jim aprovecha sus años de experiencia como pastor de jóvenes y padre de adolescentes para escribir un libro muy útil y fácil de leer.

Cloud, Dr. Henry y Dr. John Townsed. *Boundaries with Kids* (Límites con los hijos). Grand Rapids, MI: Zondervan, 2001. Cómo ayudar a nuestros jóvenes a que tomen responsabilidad por su comportamiento, sus valores y sus vidas.

Dobson, Dr. James. *Bringing Up Boys: Practical Advice and Encouragement for Those Shaping the Next Generation of Men* (Cómo educar a los varones: Consejo práctico y aliento para aquellos que forman a la próxima generación de hombres.

Eldredge, John. *Wild at Heart: Discovering the Secret of a Man's Soul* (Corazón salvaje: Cómo descubrir el secreto del alma de un hombre). Nashville, TN: Thomas Nelson Publishers, 2001. Una búsqueda poderosa e interesante de lo que constituye a "un verdadero hombre".

Edwin, Pamela, J.. *The Family Powered Church*, (La iglesia que funciona con familias). Loveland, Colo.: Group Publishing, 2000. Un libro de primera sobre cómo valorar a las familias en la iglesia local.

Garbarino, James. *Lost Boys: Why Our Sons Turn Violent and How We Can Save Them* (Muchachos perdidos: Por qué nuestros hijos se vuelven violentos y cómo podemos salvarlos). New York: The Free Press, 1999. Un llamado a que nuestra cultura sea más amigable con los varones.

Gurian, Michael. *A Fine Young Man* (Un joven estupendo). New York: Jeremy P. Tarcher/Putnam, 1999. Un bosquejo de lo que se necesita para que un joven madure y se convierta en un ciudadano de bien, a veces contra todo pronóstico.

Hersch, Patricia. *A Tribe Apart: A Journey into the Heart of American Adolescence* (Una tribu apartada: Un viaje al corazón de los adolescentes norteamericanos). New York: Ballantine Books, 1999. Una mirada popular e intrigante a la manera en que nuestra sociedad ha abandonado a los jóvenes y luego los ha culpado por ello.

Kimmel, Tim. *Basic Training for a Few Good Men* (Formación básica para unos cuantos hombres buenos). Nashville, TN.: Thomas Nelson, 1997. Una guía para convertirse en un hombre recto, paso a paso.

Lewis, Robert. *Raising a Modern-Day Knight: A Father's Role in Guiding His Son to Authentic Manhood* (Cómo educar a un caballero moderno: El papel de un padre a la hora de guiar a su hijo hacia la auténtica masculinidad). Wheaton, IL: Tyndale House Publishers, 1997. Creo en el poder del mensaje de este libro y lo he incorporado a la manera de formar a los padres.

Medve, Michael y Diane Medved. *Saving Childhood: Protecting Our Children from the National Assault on Innocence* (Salvando la infancia: Cómo proteger a nuestros hijos del asalto nacional a la inocencia). New York: HarperPerennial, 1999. Una mirada provocadora a algunas de las influencias comunes pero a la vez tóxicas sobre nuestros hijos.

Mueller, Walt. *Understanding Today's Youth Culture* (Cómo entender la cultura juvenil de hoy). Wheaton, IL: Tyndale House Publishers, 1994, 2000. Es un compendio extremadamente estudiado sobre cómo cada aspecto de la cultura juvenil afecta a los adolescentes. En especial aprecio su trabajo sobre el impacto de la música en la juventud de hoy.

Rice, Wayne y David Veerman. *Understanding Your Teenager* (Cómo entender a su hijo adolescente). Nashville, TN: Word Publishing/Thomas Nelson, 1999. Posiblemente la herramienta más útil para los padres de adolescentes porque ofrece consejos para lo que usted más necesita.

Rosemond, John. *Teen-Proofing—A Revolutionary Approach to Fostering Responsable Decision Making in Your Teenager* (A prueba de jóvenes—Una perspectiva revolucionaria para fomentar la toma de decisiones en su hijo adolescente). Kansas City, MO: Andrews McMeel Publishing, 1998. Consejos refrescantes y con sentido común ofrecidos de forma humorística y práctica.

Smith, Tim y J. Otis Ledbetter. *Family Traditions: Practical, Intentional Ways to Strengthen Your Family Identity* (Tradiciones familiares: Maneras prácticas y determinadas para fortalecer su identidad familiar). Colorado Springs: Focus on the Family/Heritage Builders, 1999. Docenas de ideas sobre cómo utilizar momentos formales e informales para fortalecer a su familia.

St. Clair, Barry y Carol St. Clair. *Ignite the Fire: Kindlind a Passion for Christ in Your Kids* (Encienda el fuego: Cómo avivar la pasión por Cristo en sus hijos). Colorado Springs: Cook, 1999. Barry es el experto en hacer discípulos a los jóvenes, comenzando en el hogar. Es un excelente recurso como libro de estudio para los padres o para grupos de estudio bíblico.

Trent, John, Rick Osborne y Kart Bruner. *Parents' Guide to the Spiritual Growth of Children* (Guía para padres sobre el crecimiento espiritual de los hijos). Wheaton, IL: Tyndale House, 2000. El libro de instrucciones que todo padre cristiano necesita comprar cuando regresa a su casa del hospital con su bebé. Es una herramienta de referencia práctica y fácil de usar.

______. *Be There! Making Deep, Lasting Connections in a Disconnected World.* (¡Está ahí! Cómo realizar conexiones profundas y duraderas en un mundo desconectado). Colorado Springs: WaterBrook Press, 2000. En una cultura que desea desesperadamente conectar, este libro muestra cómo, comenzando en el hogar.

Weidmann, Jim, Janet Weidmann, J. Otis Ledbetter y Gail Ledbetter. *Spiritual Milestones: A Guide to Celebrating Your Children's Spiritual Passages* (Hitos espirituales: Guía para celebrar los pasos espirituales de sus hijos). Colorado Springs: Focus on the Family/Cook Communications, 2001. Cómo sacar el máximo provecho a los ritos de paso con sus hijos.

Wright, H. Norman y Gary J. Oliver. *Raising Kids to Love Jesus* (Cómo educar a los hijos para que amen a Jesús). Ventura, Calif.: Regal Books, 1999. Una guía completa para ayudar a sus hijos a descubrir a Jesús y crecer espiritualmente en todas las etapas de la niñez.

Páginas web

Heritage Builders es un ministerio diseñado para ayudar a las familias de fe. Vea sus recursos gratuitos en: www.heritagebuilders.org

El compromiso de John Trent para edificar familias fuertes es bien conocido. Él tiene herramientas prácticas y poderosas en: www.strongfamilies.com

El ministerio de Jim Burns de formar a obreros de jóvenes y padres de adolescentes ha fijado la norma de integridad y eficacia. Aprenda más en: www.youthbuilders.com

El Dr. James Dobson dirige Enfoque a la Familia, un ministerio dedicado a la preservación del hogar. Vea sus numerosos ministerios en su página: www.family.org

El ministerio de Tim Kimmel, *Family Matters*, ofrece información sobre encuestas, recursos y conferencias en su página: www.timlive.com

Integrity Publishers está continuamente produciendo libros cristianos de calidad; vea lo que hay a su disposición en: www.integritypublishers.com